中华现代学术名著丛书

中国民治论

鲍明钤 著
周馥昌 译

2017年·北京

图书在版编目(CIP)数据

中国民治论/鲍明钤著;周馥昌译. —北京:商务印书馆,2010(2017.1重印)
(中华现代学术名著丛书)
ISBN 978-7-100-07447-6

Ⅰ.①中…　Ⅱ.①鲍…　Ⅲ.①宪法-研究-中国-民国
Ⅳ.①D921.04

中国版本图书馆CIP数据核字(2010)第202227号

所有权利保留。

未经许可,不得以任何方式使用。

本书据商务印书馆1925年版排印

中华现代学术名著丛书
中 国 民 治 论
鲍明钤　著
周馥昌　译

商 务 印 书 馆 出 版
(北京王府井大街36号　邮政编码 100710)
商 务 印 书 馆 发 行
北 京 冠 中 印 刷 厂 印 刷
ISBN 978-7-100-07447-6

2010年12月第1版	开本 880×1240　1/32
2017年1月北京第2次印刷	印张 10¾　插页 1

定价:32.00元

鲍 明 铃

(1894—1961)

鮑明鈐 中國民治論

中華民國十四年八月出版

商務印書館發行

商务印书馆1925年版《中国民治论》封面

出版说明

百年前,张之洞尝劝学曰:"世运之明晦,人才之盛衰,其表在政,其里在学。"是时,国势颓危,列强环伺,传统频遭质疑,西学新知亟亟而入。一时间,中西学并立,文史哲分家,经济、政治、社会等新学科勃兴,令国人乱花迷眼。然而,淆乱之中,自有元气淋漓之象。中华现代学术之转型正是完成于这一混沌时期,于切磋琢磨、交锋碰撞中不断前行,涌现了一大批学术名家与经典之作。而学术与思想之新变,亦带动了社会各领域的全面转型,为中华复兴奠定了坚实基础。

时至今日,中华现代学术已走过百余年,其间百家林立、论辩蜂起,沉浮消长瞬息万变,情势之复杂自不待言。温故而知新,述往事而思来者。"中华现代学术名著丛书"之编纂,其意正在于此,冀辨章学术,考镜源流,收纳各学科学派名家名作,以展现中华传统文化之新变,探求中华现代学术之根基。

"中华现代学术名著丛书"收录上自晚清下至20世纪80年代末中国大陆及港澳台地区、海外华人学者的原创学术名著(包括外文著作),以人文社会科学为主体兼及其他,涵盖文学、历史、哲学、政治、经济、法律和社会学等众多学科。

出版说明

出版"中华现代学术名著丛书",为本馆一大夙愿。自1897年始创起,本馆以"昌明教育,开启民智"为己任,有幸首刊了中华现代学术史上诸多开山之著、扛鼎之作;于中华现代学术之建立与变迁而言,既为参与者,也是见证者。作为对前人出版成绩与文化理念的承续,本馆倾力谋划,经学界通人擘画,并得国家出版基金支持,终以此丛书呈现于读者面前。唯望无论多少年,皆能傲立于书架,并希冀其能与"汉译世界学术名著丛书"共相辉映。如此宏愿,难免汲深绠短之忧,诚盼专家学者和广大读者共襄助之。

商务印书馆编辑部
2010年12月

凡　　例

一、"中华现代学术名著丛书"收录晚清以迄20世纪80年代末,为中华学人所著,成就斐然、泽被学林之学术著作。入选著作以名著为主,酌量选录名篇合集。

二、入选著作内容、编次一仍其旧,唯各书卷首冠以作者照片、手迹等。卷末附作者学术年表和题解文章,诚邀专家学者撰写而成,意在介绍作者学术成就、著作成书背景、学术价值及版本流变等情况。

三、入选著作率以原刊或作者修订、校阅本为底本,参校他本,正其讹误。前人引书,时有省略更改,倘不失原意,则不以原书文字改动引文;如确需校改,则出脚注说明版本依据,以"编者注"或"校者注"形式说明。

四、作者自有其文字风格,各时代均有其语言习惯,故不按现行用法、写法及表现手法改动原文;原书专名(人名、地名、术语)及译名与今不统一者,亦不作改动。如确系作者笔误、排印舛误、数据计算与外文拼写错误等,则予径改。

五、原书为直(横)排繁体者,除个别特殊情况,均改作横排简体。其中原书无标点或仅有简单断句者,一律改为新式标点,专名号从略。

六、除特殊情况外,原书篇后注移作脚注,双行夹注改为单行夹注。文献著录则从其原貌,稍加统一。

七、原书因年代久远而字迹模糊或纸页残缺者,据所缺字数用"□"表示;字数难以确定者,则用"(下缺)"表示。

弁　言

《中国民治论》原书名 Modern Democracy in China，鲍明钤博士所著也。鲍博士研究中国政治，颇有心得。在美曾著有《中国外交论》(The Foreign Relations of China) 与《门户开放主义》(The Open Door Doctrine in Relation to China) 两书，先后在美国 Fleming H. Revell Co. 与 Macmillan Co. 出版，颇博美国报纸之欢迎。不惟赞其言论之价值，并认为有文学上之意味。今春，鲍博士主讲北京法政大学，即以《中国民治论》为讲材，盖期其切实而有用也。馥昌幸获聆教，并随时为之译录，以供讲义。鲍博士于原著之外，且旁及于新宪法，馥昌亦一一纂入，故本书内容较原著为富。书成，鲍博士以中国此时正待讨论政治与宪法问题，愿以此书公之国人，为将来制宪之参考。嘱付梓。惟馥昌学植浅陋，讹舛恐多，不足以尽鲍博士之义。尚望大雅亮而教之。本书译录讲稿，多得同学耿勉之、周淦两君襄助，又经鲍博士代为校正，谨此致谢。

周馥昌识

目　录

叙 ··· 1
第一章　导言：中国之危机及问题 ··········· 3
第二章　中国宪法政体之历史 ··················· 6
第三章　《临时约法》及其缺点 ················ 39
第四章　十余年来之教训 ·························· 53
第五章　废除督军制 ·································· 61
第六章　制宪 ·· 67
第七章　民国之七大根本 ·························· 74
第八章　民国之危险及其补救之方法 ······· 80
第九章　内阁制与总统制之比较：内阁制 ········· 85
第十章　内阁制与总统制之比较：总统制 ········· 95
第十一章　联邦制与统一制之比较：联邦制 ····· 101
第十二章　联邦制与统一制之比较：统一制 ····· 110
第十三章　立法部之构造及组织 ·············· 123
第十四章　立法部之职务及权力 ·············· 139
第十五章　行政部之选举 ·························· 157
第十六章　行政部之权力 ·························· 168
第十七章　司法之独立及职权 ·················· 182
第十八章　省自治政府 ······························ 194

第十九章　地方自治 ·················· 208
第二十章　预算之职务及其程序 ·········· 217
第二十一章　政党之功用及要需 ·········· 230
第二十二章　私权之种类及保障 ·········· 239
第二十三章　国民会议 ················ 248
第二十四章　中华民国宪法草案 ·········· 254
附录 ································ 274
　清室宪法之大纲 ···················· 274
　满清十九信条 ······················ 277
　清帝退位旨 ························ 279
　关于大清皇帝辞位后优待之条件 ······ 281
　修正清室优待条件 ·················· 282
　中华民国临时约法 ·················· 283
　中华民国国会组织法 ················ 289
　大总统选举法 ······················ 292
　中华民国约法 ······················ 294
　中华民国宪法 ······················ 302
　中华民国临时政府制 ················ 319

鲍明钤先生学术年表 ············ 王平原　320
时间虽过　原理犹存
　——鲍明钤先生与《中国民治论》 ······· 徐葵　熊先觉　325

叙

本书目的在研究关于吾国各种政治的、宪法的问题,冀以研究所得贡之吾国国宪。吾国以君主独裁一旦而跃登共和宪政,岂但革命以后旋即陷于无良善政府状态,而军人专政也,内乱也,财政破产也,外国干涉与共管也,类皆足以使吾国陷于四面楚歌,而为世界各国历史上殆未曾有之危机。内睹国内此种情状,外感列强干涉吾国之事实,又恻乎全国无辜小民,以勤以忍,尤爱和平,而均陷于水深火热之中,吾人受良心之督促,能不思拯救之、指导之乎?是以谨将吾国诸重要问题一一加以研究,除人智所不逮者外,不揣冒昧,而有所拟议,冀作将来制宪之一种提议。

著者是书之作,其动机在此。又著者与任何政党并未发生关系,自信并无偏袒于任何方面。故凡所主张,均以事理之真否为归,以全国人民之福利为前提。盖完全本于个人之良心、正直心、爱国心,以研究学问之态度出之。至其冒昧的、大敢的所提出诸主张,尤希读者诸君加以体谅!否予说者,若肯加以批评,自所拜赐。若夫赞同予说者,尤望积极主张之、赞助之,俾能实行。

著者欲使作书目的可以成功,与其精神可以表现,故竭力使之务合于实用。因此之故,除得华盛顿美国国会图书馆(Library of Congress)诸有价值参考书之助外,并遍访美国诸宪政专家及著作家,务使吾书不偏于理论及新试验之政制,而立于各国有长久历史的与中国近年来历史所表现的政治经验之上。

既从人类经验的稳固基础上立论,乃将本书分为两部。第一,研究吾国近年来之历史与政治,而分析其附于宪法政治上诸问题——即《临时约法》及其缺点、十年来之教训、废督、制宪及救济危机诸问题。第二,研究宪政本身,讨论宪法中诸争点——即内阁制与总统制、统一制与联邦制、立法部、行政部、司法部、省自治、地方政府、预算、政党、私人权利、召集制定国宪的国民会议方法,并以研究结果草成国宪。更将清廷以迄今时的重要宪文作一附录,以资参考。

著者去岁在国立北京师范大学校及国立北京法政大学担任讲座,即以此书为教材。惟此时北京国会又公布一种新宪法,著者又将新宪法加入讨论,较切于事实。法大学友周馥昌君愿为笔记,并于课暇将原书翻译,并将新宪法讲义汇入。新宪法在今日本已发生问题,不过,将来或修改或重制,此书均可贡献意见。此书意思由著者代为修正,全书校正亦由著者担任。今秋周馥昌君毕业急于返里省亲,又承周淦君继续任文字修改之劳,著者均深为感谢。

鲍明钤叙于北京

第一章 导言:中国之危机及问题

吾国近代民治之起,实为二十世纪之一奇事,盖中国为东方民治古国之一,而亦东方文化之母也,孤立数千年,与西方隔绝,一旦弃其原有制度,衣泰西宪政之衣,而列于现代民治国之林,其足以惊骇世界,不待言矣。

美儒John Hay 有言曰:"中国在以后五百年,无论社会上、政治上、经济上、宗教上,实操世界政治之钥,夫人而知。"观此言,则吾国在世界政治上之重要,从可知矣。夫新中国之勃起于二十世纪也,亦犹德、意、日之勃起于十九世纪,岂仅表现其重要,而于世界之政治及文化,实发生莫大之结果焉。

新中国之屹起,虽无异一种时代创造之巨业,然当其屹起之初,其所蒙灾祸之夥,即世界各国历史上亦莫或俦焉。泊乎清社既屋,人民既乏教育和经验,又不晓然于宪政之为何物,中枢遂一任武人主持。夫以人民既乏教育,一旦由君主独裁而跨到共和宪政,实无异使之超无梁之溪,其危险固矣!革命之后,若能如美合众国然,自共和成立以迄南北战争,其间几七十年,得以太平无事,其国或有一线生机,藉以不夭。奈何吾国自革命后,旋即陷于彼此互相残杀之中!以言外患,又不能如美国之可以幸免;虽经华府会议声言尊重我国主权,并予吾国以绝大机会以图强,无如各国为保持其条约上之权利及利益起见,吾国殊能免外人共同干涉之忧乎。加以频年战争之结果,各军阀皆拥巨兵,军饷既多,国帑遂罄,国家财产,典质几空,而国家财政遂又不能不频于破产矣。似此,新中国之能否产生,既产生矣,能否维持其强固之政府与对外独立,抑因频年革命与内争而为墨西哥第二,或终不免陷于国际共管之中,吾人不能不视之将来。

在此可怖之现象中,又遇如许之危险,强固政府之演进,与乎现代宪政之制度,遂不仅为吾国爱国之士所当努力,而亦世界各国人民之所注意也。作者感于国事之艰难,而又责无旁贷,遂勉成此书,将吾国自革命以后之历史情状条分缕析,欲与吾国之根本问题——政治的、宪法的——努力求种种解决之方。所谓根本问题为何?即

(1)宪法之起草及认定由国会乎?抑由国民会议乎?

(2)废督及废督后用何制以代之?

(3)采用总统制乎抑内阁制乎?

(4)采用联邦制抑统一制乎?

(5)选举总统由国会乎?由人民或选民乎?抑由国民会议乎?

(6)各省长之任命,由总统乎?抑由省议会或选举区选举?

(7)司法独立。

(8)省自治。

(9)市自治。

(10)预算手续之采用。

(11)两大政党之发起。

(12)保护人民生命、自由、财产之司法程序。是也。

欲解答上述诸根本的并其相关的问题,遂将本书分为两部:第

一,叙述吾国最近历史及政治,冀得其历史背境;若夫对于近年来诸纷扰情形——如内乱也,已往之种种教训也,临时约法之缺点也,督军制度也,宪法之制定也,种种危难之救济也——吾人更不能不有正确之了解。第二,研究宪政问题,察各国过去之经验,复审吾国现在之国情,冀得种种解决方法而纳之将来之宪法中。

著者于此有当声明者,即仆于国内各政团或政党均未有若何之关系。此书之作,纯然为求真理之精神所驱使,种种主张仅就予个人自信为最合适于吾国者而主张之,他非所问也。既乏实验之助,又欲免去理论之错误,著者乃以人类在政治上和宪法上之种种经验为其书之基础。以经验为证,以实际可行之理论为据,细究各大国行之已久之政制,复参照吾国之历史国情,以建立吾国最完善之制度,冀使中国免蹈他人之覆辙,兼能适应中国之历史与国情,此即著者此书之微意也。

第二章　中国宪法政体之历史

　　政治上问题，不似化学可以实地试验。无已，惟将过去：（一）中国现有之历史，（二）西洋各国宪法政体之阅历，相互参照，不失其为空论已耳。中国数千年专制积习，一旦推翻，创建民主，而此民主又非中国固有产物，譬之煌煌电灯，其来也既由西洋，则必经一番研究，而后知电灯之煌煌。民主亦然，吾人苟不从而研究之，而欲明民主之实质，宁有是理？考吾国自庚子乱后，饱尝列强之侵侮，瓜分之议，叠耗频来，人民知满清既无改良希望，故为自卫计，乃倡言建设民主。然迄今民主国家建设完全乎？国人对于民主之义，了解者犹寥若晨星，更何冀有完全之国家？若然，则吾国此时所居之地位，其危险殆未可以言喻也！夫吾国向者闭关自守，虽有战争，恒在户内，强大者出，则荡平内乱而帝之，尚无若何反动；第在今日重门洞辟，一有内乱，动关外人生命财产，以十余年兵连祸结，外人啧有烦言，共管之声，日激一日，倘仍执迷不悟，则前途实有不堪设想者矣！昔者，英国人民移殖美利坚，其知识高尚，故华盛顿（Washington）一出，政治阅历又深，而国家安于无事者垂七十年，虽南北战争（Civil War）异常激烈，然亦在此七十年以后，而我国乃自袁世凯维持三四年之太平，迄今竟无宁日，是亦大可慨矣！说者曰：十九世纪崛兴之三强国：一曰德意志（Germany），二曰意大利（Italy），三曰日本（Japan），其运已渐微。今二十世纪，其继之崛兴者，则惟中国与俄罗斯（Russia）乎？由是观之，各国皆注意于我，宜如何速研究宪法政体历史，以造成良好之国家也？

中国自一九〇一年庚子之乱，清太后出亡西安，于是始知非改良政体不足以图存，故于是年一月（阳历），即谕允国人研究政治；第以君主之尊荣，不忍敝屣，仍无改革之希望，识者痛之！迄一九〇五年，日俄战事发生，日以蕞尔之国胜俄，益足鼓舞国人改革之念，群情愤激，不可遏止。于是满洲知民气之不可抗，乃派遣五大臣出洋，考察各国政治；然五大臣皆固陋无新学问，不谙西文，名为考察，实则观光而已。至一九〇六年九月一日，又上谕先允中国将来采用西洋宪法政体，次年九月二十日，又谕设资政院；及一九〇八年，外人侵犯中国，瓜分之议复炽，国人更为恐慌，乃促满洲政府开国会，改君主宪法政体，故同年八月二十七日上谕：说明将来宪法之原则，大意中国人民有参政权，但实在大权仍操清室人中。又将九年预备立宪表列出，如选举国会、地方自治、法庭法律之改良、文官考试……均逐年预备，以期实行。当时国会虽未成立，然于一九〇九年十月十四日，各省省会，依九年预备表开会。一九一〇年，资政院开会，内分两种代表，作为二院基础：其一，省会选出之代表（下院），其二，贵族代表（上院）。然人民犹以为未足。适湖广铁路风潮发生，人民以满洲政府四国借债，危险殊甚，各省遂派代表五十，至沪集商。旋又诣京，请其速开国会，各省督抚，亦纷电敦促，故于一九一〇年十一月四日，满洲政府减九年预备立宪期间为五年。然其时革命潮流，膨胀全国，遂于次年十月十日起义于武昌矣。革命既起，满洲政府乃容资政院之请，赦戊戌国事犯，撤盛宣怀，起复一九〇八年被废之袁世凯为总理，颁布上谕十九条之满洲宪法,允人民有参政权,总理由内阁选举,国会对内阁可投不信任票,冀以缓和民心;孰知西南继续宣布独立,民军蜂起,北军胜于武汉而败于南京(或谓此系袁氏之诡计,欲以此促满洲政府退位)。满洲政府遂依南方之请,于一九一二年二月十二日退位。民军设政府于南京,举孙文为临时大总统,与满洲人立条约:(一)满洲政府退位后,年给四百万国帑,暂居北京,将来再移颐和园;(二)皇族权利与汉族人同;(三)五族在中国同等;(四)清室所持饷糈照常付给。旋南北媾和,以袁世凯为临时大总统,而其时所订之约法,遂为今日中国大乱之源。

南北讲和条件:一则承认袁世凯为临时大总统,一则承认"南方约法"为《中华民国临时约法》,其为中国之乱源,吾既言之矣。夫宪法政体有三大部分:曰立法部(Legislature)焉,曰行政部(Executive)焉,曰司法部(Judiciary)焉。三者之中,立法与行政关系尤为密切,必行政部与立法部同为一党党员,或不尽同为一党而有合作之精神,其政始能举。今也何如?野心勃勃矫伪奸诡之袁世凯,与头脑纯洁、富于革新之国民党对峙,即行政与立法处于背驰地位,几何其不至于破坏而酿战争也?溯自一九一三年,新国会至京,国民党员占据多数,不与袁氏合作而败。一九一六年,袁氏虽死,而北洋派之段祺瑞承其绪,国民党议员又败,凡此皆立法部与行政部不同党不合作之弊也。当南京之订《临时约法》也,举制宪权与诸国会,夫人既持大权在握,自非至愚,亦安肯效春蚕作茧拱手奉诸他人而不居哉?由是而国会所制之宪,其大权即在国会,袁、段何人,能甘居人下而俛首听命乎?此国会之所以不能不横罹解散而国民党议员之所以卒无发展者,吾今请分别言之。

当和约既成,孙中山即于其年二月十四日退位,袁膺临时大总统之职,黎元洪副之。一九一三年四月八日,国会在北京开会,中华民国之雏形亦既渐渐有成矣。国会中党派之如何,实与政局前途有莫大之关系,而此时国会之党派,在众议院则国民党二六九人,共和党一二〇人,统一党一八人,民主党一六人,分党不清者一三七人,其余二六人,都为五九六人*,而分党不清者其后亦有加入国民党者,而国民党议员遂为全院势力最大之党焉。在参议院则国民党一二三人,共和党五五人,统一党六人,民主党八人,分党不清者三八人,其余四四人,都为二七四人,而分党不清者其后又有加入国民党者,而国民党之势力又为全院最大之党,遂骎骎乎不可炙手矣!

虽然,立法部势力既大,其所立之法,必赖行政部执行而后有效,吾既已言之。苟无行政部之执行,其法虽有,亦等于无也。今国民党既拥立法大权,他方又为袁氏从中梗阻,则其法之不行,亦可断言也!夫内阁制之国家,倘国会不信任时,不辞职,必解散;总统制之国家,其提案不通过于国会时,如美总统威尔逊(Wilson)主张之国际联盟,为上院否决,其政策亦不能实行。犹之物理之吸摄二力之原则焉,稍一排斥,则危险动生。明乎此,而立法部与行政部相需之理即可知,此袁氏与民党**之所以终归失败也。

袁氏与立法部冲突之第一次,即一九一三年六月之预算案也。袁氏以预算案提交国会,国会否决,袁氏怏甚,次则建国伊始,百端待理,如解散军队、清理外债等,而有一九一三年四月二十八日善

---

* 按上述人数累加,应用"五八六人",此处疑误。——编者注
** 本书中"国民党"时或简作"民党"。——编者注

后大借款二千五百万磅之举，袁氏以为临时国会时，曾已通过此案，遂悍然为之，孰知借款须经国会同意，载在约法，而袁氏竟弁髦如是，遂致国会之攻击，国会即宣布此案无效；参院议长，且通电全国，痛诋袁氏，谓二次革命将再见矣。袁氏知国民党之不可侮，遂阳藉为立法、行政冶为一炉，阴行奸险残忍之计，任宋教仁为国务总理，宋教仁者，民党之中坚人物也，时居上海，适欲北上，被刺客狙毙，至是民党恨袁氏尤深，袁亦欲破坏民党，遂先开除江西督军李烈钧职，安徽、广东督军亦相继撤换，李烈钧遂在江西宣布独立，黄兴于七月十四宣布南京独立、安徽之栢文蔚、广东之陈炯明、福建之孙道仁亦皆先后响应，即世称第二次革命是也。惟人民舆论大都不以再见革命为然。袁氏逞其淫威，遂一鼓而荡平乱事。推原其故，皆由立法行政二部之不谋，民党假法以毁袁不成，又假武力以济之，而其结果，终致涂地，良可慨已！

民党既败，孙、黄远逸，斯时在北京苟延残喘者，仅一国会而已！国会设委员，制国宪，所谓"天坛宪法草案"者，以大权归于立法部，袁氏一再派代表说明，均未得直，于是袁氏知民党存在一日，袁氏之位即一日不安，不得不设法以去之。然国会为选举总统之机关，倘去国会，则正式总统，末由产出，故即先以选举为阴谋，制定选举法，而正式大总统、副总统即于一九一三年十月六日、七日成立。袁氏之狡计，盖至是而已逞而无余。国民党之机关遂于同年十一月四日解散，而国会亦因此停闭。自是阻挠物去，为所欲为，而中国之乱亦弥不可收拾矣！

然则袁氏既解散民党，停闭国会，其何以服天下人之心哉？曰袁氏亦知之，知之而必求其所以弥天下人之口，于此有二途焉：一曰依法递补议员,重开国会;一曰不允递补,别图救济。虽然,候补之议员亦国民党选出之议员也,彼袁何心,讵不知前门拒虎后门进狼之为害等乎？此法之不行,在愚者亦早在洞鉴之中。袁氏既不行第一法,则必出于第二法无疑。夫用第二法亦必有所假借而后能不为他人所制。于是以南北讲和时,承认其为大总统,而彼亦承认《临时约法》,不啻一合同也。今合同既坏,犹之购物者当然无付值之义务,乃引满洲政府起复时之上谕,曾予政治大权故别设政治会议,委派己之心腹为会员,或令外省选派,而代替国会之机关以成,国人敢怒而不敢言。政治会议乃议决令组织宪法会议,每省派代表二人,北京四人,商会四人,蒙、藏、新疆共出八人,共为五六人,组成斯会,名为修改《临时约法》,实则另制一宪。于一九一四年五月一日颁布。无以名之,名之曰:"袁世凯之临时约法"可耳！

制宪由立法部,则大权在国会,今制宪由行政部,则大权在袁氏无疑矣。果也,宣战、媾和,向之须国会同意者,今皆不必同意,得径行之。大总统对于立法部之议决案,仅有提交复议之权者,今竟有完全否决之权(absolute veto power)。诸如此类,无一而不规定于此宪法之中,是其权力直驾美国总统而上之矣。不特此也,袁氏又为总统选举法于一九一四年十二月二十九日公布。其言曰:候补总统之资格者,必年在四十以上、居中国二十年而有完全之公民权者,其任期十年,且有被选连任之权利。现任大总统书候补者三人姓名于金牌(gold plate)上,钤以玉玺(national seal),藏之金匮(gold box),其钥掌管于大总统。复以此匮储于总统之石房(stone house),其钥之掌管有三:一大总统,一参政院长,一国务卿。选举会组织为百人:参政院、立法院各选出五十。当选举之日,总统以公函通知选举会,指定人名,并于指定三人之外,现任总统亦可当选连任。其候补者当选票数,须有四分三出席,三分二票数。倘参政院于选举时认为有政治必要,则现任总统经参政院三分二之同意尚可延期于次年选举。如遇现任总统缺位时,则由特别总统选举会会长指定之十人之委员会,启石房开金匮而为之证明焉。选举既竣,则连任总统或新选总统亦可照例指定三人而为副总统。此总统选举法既成,遂于一九一三年十月五日,宣布以前之选举法无效矣。然袁氏之心犹未足也! 一九一五年三月十二日复制永久宪法,以京兆四〇人,各省共二〇二人,特别区域九人,蒙古、西藏、新疆二四,立法、司法、行政三部各二〇,共三三五人组织之。然卒以其年之帝制运动(Monarchical Movement of 1915)而中止。

　　观上所述,则知袁氏得寸进尺,既欲为终身之大总统,复举天下之权力萃于一身,欲如何便如何而与外国之 dictator 无异。其阴险叵测,识者早已料其必有异志。一九一五年五月七日,日本二十一条之"哀的美敦"(Ultimatum)书来,全国鼎沸,舆论骚然,腐败之流,咸诟共和之不善而思有以君之。杨度之筹安会盖其尤为著者:彼以为真正之民主国家,其人民必有教育,必具政治阅历,政治道德而后可!否则四万万人中无一而不欲撄总统之尊荣,于是而武力从事也,金钱贿买也,二次革命可为殷鉴! 欲避此弊,舍固总统之位而无由;然欲总统之位固,又离采君主制度而不可得;君主既定,则兵权划一,国会无权,竞争既失,而国家可以长治久安矣! 杨氏本此义理,大放厥词,痛论吾国民智之未开,不宜于民主,乃有筹安会之设。古德诺(Goodnow)者,美人而中邦顾问也,业已解职西旋,任大学校长。此时国体问题发生,复延我国讨论,杨、古二家,各有相当之言。

　　古德诺(Goodnow)曰:

从南中美洲二国经验所得之教训,与从美国及法国经验所得之教训,似有相类之点,此教训维何?

(1)在民主国中行政权继任问题,固属困难之事,然使人民之智识高尚,学校繁兴,教育普及,而其人民又能运用政治权力参与于政府之中,则此问题解决,亦易易也。

(2)反之,若人民无高尚之智识,又不能运用政治权力参与于政府之中,则其总统继任问题,将无解决之希望。夫民主政体——即行政权非继续的政体——而有此种情形存在,则所谓武力专制(military dictator)之险象,亦将于是实现,可畏孰甚!故吾人于此种制度之下,所能希望者,厥为和平之时期,与扰乱之时期互换,而要求政权者将相互竞争,祸乱相寻,靡所底止矣!

夫中国数千年来狃于专制,教育既不普及,人民智识复低,其不能参与于政府之工作也明矣!惟然,故中国人民政治能力薄弱,四年以前,改专制为民主,变迁猛烈,不容吾人有立即成功之奢望也。

今也总统继任问题,尚悬而未决,而现行之办法,殊不能令人充怀满足,浸假而现任总统放弃其职务,则必发生最大之危险。而总统继任问题,此时遂发生困难。欲图解决,则不免引起骚乱,久之且将妨害中国之独立焉。

试觇夫中国之历史与习惯,其社会与经济之情形及与列强之关系,凡此种种,皆足证明中国发展宪法政治,采用君主政体,较胜于民主政体也!然则复何疑哉?

虽然,今欲由民主政体而回复君主政体,其亦必具以下之三条件而后可望成立:

(1)人民及列强对于此种变迁,须无反对者,不然,将引起骚乱如曩时人民之反对君主而有革命,其骚乱已为现行民主所扑灭,今日国家和平之景象,殆决不能受其影响也。

(2)继任法律必须确立,俾继任之人确定无疑,否则虽由民主变为君主,亦不能收若何之效。夫继任问题,不能由元首可决,前已言之。而君主权力之受人尊崇,实远胜于大总统,吾人亦无可置议,独是中国习于君主数千年,曾不知总统为何物!故同时不将继任问题解决而毫无疑义,则虽由总统而变为皇帝,其所增之权力,能否调节此种变迁,殊不敢必;良以君主之政体所以较胜于民主政体者,其最大之利益惟此一端已耳。

(3)若不规定于君主立宪政体之下发展一切,则变为君主以后,仍与中国无何等利益。使中国而欲在国际间取相当之地位,则必使人民奋发其爱国之精神,政府亦必须增强其权力以御外人之侵。而欲人民发展其爱国之精神,则必多予以参政之权,政府欲得最大之权力,则必须受人民热诚之拥戴,又必使人民知为政府中之一部、政府不过为一机关谋国利民福,人民对于政府,须具有监督之权也。

以上所提议由民主政体回复为君主政体必要之条件能否实现,应由深明中国国情及负有改革中国之责任者决定之,倘能不河汉予言,则于中国前途利益实无量也。

余观古氏之言,学者之言也,揆诸政治理论,固无刺谬之点,惜其以外人眼光而判断中国之事实,不详察中国人心与历史,此其所以失之远矣!

当是时,筹安会既通电各省商民团体,则有所谓全国请愿联合会而为帝制请愿,由请愿联合会一变而为召集国民会议,而参政院之代行立法院,实为之缔毂于其间。袁氏于其年九月六日,送达变更国体书于参政院,请其开会讨论,旋于二十日咨送建议于政府,谓:本院前据各地方各团体人民递到请愿书共计八十三件,当即交付审查,一再讨论,金谓国体所关,事端重大,解决之权应在国民会议云云。政府旋即咨复,并定于十一月二十日召集国民会议。惟筹安会诸人,急于幸进,以此时期距离太远,且国民会议为通过制宪机关,与此并不相符,故拟另行组织机关,从速决定。于是有国民代表大会之出现:其意以国民会议初选当选人为基础,选出国民代表,决定国体,则直省及特别区域蒙古、回、满、藏,均有代表之人,征求同意之法,普及国民全体,以之决定大计而定国本,庶可谓正大之机关,而真确之民意,可得而见,较之国民会议为有进也。参议院乃于十月六日议决国民代表大会组织法,八日公布。然其所投之票,既采用记名投票法,而其人又无集中之地点,一九九三票中竟无一不赞成变更国体,不赞成袁氏为帝者,向非有作伪于其间,何其如是之不谋而合也?呜呼!自由自由,天下几多矫伪之辈假汝之名以行,此罗兰夫人之言,吾人可据此以视袁氏假民意以逞不轨之手段,呜呼!民主国之取决于民意,民主国之所以亡也!

帝制既定,乃决定于一九一六年改元洪宪,二月九日为登大宝之期,袁氏从此可以安居新华深宫享受无上之尊荣,传大业于万万世矣!攀龙附凤,惶恐顿首皇帝陛下之流,亦可以弹冠相庆,富贵荣华,吃著不尽矣!而乃霹雳一声,从天而降,梁启超以文字鼓吹反对在先,蔡锷以武力起义于后,不旋踵而寰宇响应,如蓬从风,八旬天子,等诸春梦一场,身亡名裂,可怜亦复可笑!梁氏作"异哉所谓国体问题"一文,皇皇数万言,痛论世界惟自君主进为民主,从无民主退为君主之理;而由民主退为君主,乃革命行动,非变更行政,其语深中窾窍,舆论和之。未几,蔡锷由京潜赴云南,与唐继尧、任可澄等筹谋抵制袁氏之方，乃于十二月二十三日电请袁氏取消帝制，并限三日答复。而袁氏置若罔闻，蔡等遂于二十五日树帜起义，通电全国，拥护共和。袁氏命曹锟率兵征讨，虽侥幸获胜，然民气益张，不可遏抑。次年二月，贵州刘显世独立，次月，广西又宣布独立，袁氏乃疑劝进者之非出自肺诚，展延御极之期。二月二十八日，发布命令，召集立法院，然人民犹未已也。四月，浙江吕公望、广东龙济光亦皆先后独立，请袁氏退位，惩办帝制祸首。四月二十一日袁氏又令组织负责内阁，以段祺瑞为总理，冀平反对者之气。然湖南、四川又相继脱离袁氏，反对之声，仍未稍息。袁氏虽一再申辩，取消洪宪，然仍恋栈不去。冯国璋、张勋、倪嗣冲等乃召集南京会议，讨论应付袁氏之法，有以为另选大总统者，有以仍奉袁氏为大总统者，议论纷纭，莫衷一是。适其时南方已选黎元洪氏为大总统，袁氏又竟于六月六日暴亡。一切纠纷，均得天然之解决矣。

段祺瑞者，北洋派之领袖也。彼袁虽死，其毒犹存，段既为总理，则一切政见，自不能脱袁之巢臼。故以南方要求之恢复《临时约法》及旧国会，均被阻止。盖《临时约法》，以大权付诸立法部。段既惩前之弊，自不能不从而阻挠之，而以恢复袁氏时代之临时约法为当。对于国会，则主张改选，向非扬子江海军总司令李鼎新愤而独立，则二者久已绝迹于无何之乡矣！八月一日，象坊桥畔，国旗飘扬，国会重行开幕典礼，从此已亡之共和国又庆更生矣。忆国会自民国二年十一月四日解散，中间更历三载，已成非民主之国家。此时恢复旧观，特继续行使民二之职权，而其情形亦与民二无异：立法部为国民党，行政部为北洋派，所谓恢复职权者，直不啻恢复以前之斗争耳！曾几何时而立法部又横被行政部解散，前后如出一辙，亦重可悲矣！约法、国会既均恢复，南方于七月十七日取消临时军政府及海军独立。十月三十日选冯国璋为副总统,而督军会议之名遂出。盖自袁氏殁后,北洋派分为直、皖两系。北洋派欲恢复北洋势力,故召集各省督军会议于徐州,反对唐绍仪为外交总长而举伍廷芳代之。自是厥后,凡北洋派不能解决之争,皆付督军会议解决,其影响于政局甚巨也!

民二国会之恢复也,对于行政部纯取报仇态度,欲一泄其三年备尝艰辛之忿。其报仇之法也,不外减杀敌人之势力,增大自己之利器,而立法部抵御行政部之利器有五:曰公开毁骂焉,质问焉,弹劾焉,否决预算焉,不信任案焉。行政部抵制立法部之利器仅二:曰自卫器具,曰反攻器具。自卫器具者,即否决权(veto power)是也。然立法部议决之案,若被行政部否决再交立法部议时,照美国制必须三分二人数通过始为有效;今也改为过半数,与第一次之表决无异,是行政部所有之自卫权已失其效力矣!反攻器具者,即解散国会是也。然解散下院须得上院之同意,自法兰西一八七七年以来,从无再见之事。大抵上下两院,多属同党,狐兔同悲,决难得其同意。今立法部居然以此明定法中,是行政部反攻之具亦徒为理论上之空文。合二部而比较观之,立法部权力最大,行政部虽有等无,其不公平,殆未有逾于此者!今兹颁布之宪法,除国权地方制度外,皆为旧国会时所制定者,亦无怪今日政府不愿实行宪法,苟行之,于本身实有莫大之害也!

在宪法战争方酣之际,忽有对德宣战问题之发生,适足以促立法、行政两部感情之破裂,初亦为吾人所不及料也。盖德国政府自一九一七年以降,将采用海上封锁政策,对于中立国轮船实行破坏。美国即与德脱离外交关系,又忠告其余中立国亦取同样举动。中国既得此通牒,乃于二月九日致"哀的美敦"书于德国,久未答复,政府乃谋与德脱离外交关系。旋于三月四日,内阁开会讨论,主绝交者厥为段祺瑞氏,而大总统黎元洪以此问题重要,照约法须得大总统同意,今未得其同意,岂能遽行宣布绝交？然段之意,以为责任内阁(Responsible Cabinet)得有全权处理,无须得大总统同意,遂乃相互争执,莫之能下。段氏愤而辞职,遁迹津门。各阁员议员纷纷往劝,均置不理,卒以冯副总统国璋之言,以后大总统不干涉行政之事,始返斾入都。而对德问题,乃于三月十日得国会二院同意,适德国复文亦于是日送至,略谓：德国以海底船破坏商船,乃不得已之举,但对于中国人之生命财产,须特别加以保护云云。中国政府仍未允,依国际法之惯例言之：绝交之第二步,当然为宣战问题,于是政府乃于三月十四日布告对德绝交。虽然宣战乃协约之关系,苟徒劳而无益,则何取于世界上更增一仇以伤他人之感情？故段氏提举数事以为交换之条件：(一)延长庚子赔款时期；(二)修改海关税则；(三)修改一九〇一年与各国所订之条约。此关于要求方面也。其关于我国应尽之义务者,则：(一)供给最需要之物；(二)供给苦工是也。段氏以为势在必行,故于四月二十五日召集督军团在京开会,讨论对德方法,计莅会者为山西督军阎锡山、河南督军赵倜、山东督军张怀芝、江西督军李纯、湖北督军王占元、吉林督军孟恩远、直隶督军曹锟、安徽省长倪嗣冲、察哈尔都统田中玉、绥远都统蒋雁行、晋北镇守使孔庚等,均一致赞成对德宣战。此时黎元洪亦同意,所未通过者仅国会而已。

追五月七日,以参战案件送交国会,要求同意,孰意五月十日发生乱民包围议院之事,使议员困坐议场不敢离席者达九时之长。呼吁无路,求援不来,不得已乃请段莅场,段既至,解散乱民,挥之使去,于是议员始恢复自由。世之论者咸以乱民为当局指使,又谓乱民者,特驻畿军队去制服着褴褛之化装已耳。国会至是戒惧不敢重开。迄十九日,复开会讨论,金以参战问题,须俟新内阁成立方可从事讨论,遂以二二九人对一二五人、未投票者五四人之结果通过。盖至是已不啻变相之不信任而欲段之辞职也。夫立法与行政,积年以来,既水火不相容,而国会制宪法,又从而附益己身之利器,去行政部之爪牙,前此之乱民包围,安得不激刺议员诸公之愤而实行其制定之利器? 不信任之表示,特其见端之一耳!

国会既不信任内阁,即无异与北洋派宣战,其必自筹自卫之计固无足怪。独是民主政治原则,两党竞争,犹之赛球,胜败本属常事。甲党胜而执政,乙党固不足恤,一旦乙党胜而执政,则甲党亦同,此当然之理也。而北洋派则异是:溯自民国成立以来,主持行政者何一而非北洋人物? 其所以然者,则以北洋派每有竞争失败之时,不循原则以跻于守法之列,而惟武力以从事。行政部之事业,几视为万世一系之私产,而不容他人稍稍涉足,甚矣! 此宪法政体莫大之障碍也!

准是以观,故段内阁既为国会所不信任,不得不令其属系之督军抵死力争,以求全其位置,乃有五月二十日督军团之通告,今撮其反对国会之要点如下:

日前宪法会议二读会及审议会通过之宪法数条内有"众议院有不信任国务员之决议时,大总统可免国务员之职,或解散众议院,惟解散时须得参议院之同意;又大总统任免国务总理,不必经国务员之副署;又两院议决案,与法律有同等效力"等语,实属震骇异常!

查责任内阁之制,内阁对于国会负责,若政策不得国会同意或国会提案弹劾,则或令内阁去职,或解散国会,诉之国民,本为相对之权责,乃得持平之维系。内阁相对之权,应为无限制之解散,今更限以参议院之同意。我国参众两院,性质本无区别,回护自在意中。本以参议院之同意解散众议院,宁有能行之一日?是既陷内阁于时时颠危之地,更侵国民裁制之权,宪政精神澌灭已尽!

至议决案与法律有同等效力一层,议会专制口吻,尤属显彰悖逆,肆无忌惮!夫议员议事之权,本法律所赋予,果令议决之案与法律有同等之效力,则议员之于法律,无不可起灭自由,与"朕开口即为法律"之口吻更何以异?国家所有行政,司法之权将同归消灭,而一切官吏之去留,又不容不仰议员之鼻息,如此而欲求国家之治理,能乎不能?

况宪法会议近日开会情形,尤属鬼蜮!每一条文出,既恒阻止讨论,群以即付表决相哗请;又每不循四分三表决定例,而辄以反正表决为能事;以神圣之会议,与儿戏相终始,将来宣布后谓能有效,直欺天耳!此等宪法,破坏责任内阁精神,扫地无余,势非举内外行政司法各官吏,尽数变为议员仆隶,事事能听彼操纵,以畅遂其暴民专制之私欲不止!

考之各国制宪成例,不应由国会议定,故我国欲得良妥宪法,非从根本改正,实无以其善后!……如其不能改正,即请将参众两院即日解散,另行组织后,俾议宪之局得以早日改图,庶几共和政体,永得保障。

观以上所言,在政治学上颇有研究之价值,亦非漫无理由任意攻击者,倘使国会中人易地而居,以手无寸柄之行政部,受他人大力之压迫,其亦必有此反动无疑!然今日公布之宪法,除国权与地方制度二章为最近所增加外,皆旧时之草案也,乃北洋派反对于前,而今复承认于后,诚不知其何所用心?说者谓北洋派以选举总统为公布宪法之交换条件,故毅然诺之,证以选举以后不设施行宪法之事,殆庶几乎。

武人之反对宪法既如上述。文人之援助其势者则有研究系(进步党之一部),彼以为此种宪法,将酿成骚乱及革命之现象,其特要之意见:(一)此种宪法规定既未进步,组织复不完全;(二)行政部拒绝立法部之议决案,仅能咨请再议,用通常投票方法而不能有否决之权(the power of veto);(三)免除总理时,国务员不副署;(四)内阁无解散国会之利器,而有被不信任之攻击;(五)地方自治一章,仓卒规定于宪法中。研究会议员据此五点,以不出席为抵制,而宪法讨论之进行亦于是中止。

五月二十一日督军团要求大总统黎元洪解散国会,黎拒绝之。督军等乃离北京阳赴徐州与张勋会议,阴则至天津与北洋军阀所崇奉之徐世昌协商后乃至徐州。黎氏于此时掌握全权,于二十三日毅然决下免段祺瑞之令,而以伍廷芳继之。段于是径赴天津。

已而黎元洪又派李经羲为总理。李以未经国会同意辞而不就。适徐州督军团会议,反对李经羲,推荐将军府管理王士珍为总理。王仍举李经羲以自代,反对之声始息。然李畏处督军势焰之下,终未就职。

于斯时也,各省督军独立之风已始:五月二十九日奉天及安徽督军宣布独立,接踵而起者则有福建、浙江、直隶、山东及湖北诸省,联合一致,扣留津浦列车以为军事行动;而奉天之张作霖亦随而扣京奉列车,开拔军队至京。山东、安徽之军亦源源进发,遂于六月二日设临时政府于天津。

在他方面反对督军援助国会者,则有西南之云南、四川、贵州、广东及江西诸省。云南与广东且议决请求惩办反抗之督军。而广东一省,则允出其全力以挞伐凶顽。海军亦同时宣布援助国会,拥护宪法。云南及四川更促进讨伐督军,大有灭此朝食之概!

黎氏处于两姑之间,诚有所谓难为妇者在:欲维持国会,则军队立抵都门,欲解散国会,则西南即树叛帜,然两者必居其一。权其轻重,俾不至有南北之争,危及国家而已。故黎于六月一日召张勋入都调停。张即率四千辫兵,于六月八日抵津,电请总统解散国会,然终未能满足,复与黎氏最后通牒,要求数事:一解散国会;二建设责任内阁;三解散省会;四惩治总统府官吏;五另组新宪法会议;六赦免帝制余孽。

当是时,欲救中国免于南北战争之难,舍依从督军要请之一路盖无由,故黎于六月十二日,遂决然下解散国会之令,命国务总理伍廷芳副署,伍不允,又命李经羲,李亦拒之,不得已乃以步军统领江朝宗为总理而副署之。十三日,公布解散国会令。黎复宣言谓:"法律事实,势难兼列,实不忍为一己博守法之虚名,而使兆民受亡国之惨痛,为保存共和国体,保全京畿人民,保持南北统一计,迫不获已,始有解散之令。"云云。

张勋以国会解散,障碍既去,乃于十四日率辫军偕李经羲入都,为调停之工作。十五日,直隶、山东、河南、奉天及浙江诸省,均取消独立。天津之临时政府亦同时取消。督军等又请求各省派遣代表赴京进行宪法事宜,以为可以己意指挥去取矣。然在西南方面,益怒黎之违法,云南、广东、四川遂并起兵而攻击北政府矣。

六月二十日,代理总理江朝宗宣布张勋之政策:即,一,组织负责内阁,大总统不得干涉;二,人民另举代表,制定宪法;三,修改国会法律,取消参议院,采用一院制;四,撤免总统府不合秘书;五,赦免帝制运动祸首。此五者皆得黎元洪承认。迄二十二日,李经羲始正式就总理职。

当张氏在京如愿以偿其目的,宜其即归原任,不必款段都门矣。而张氏乃以手绾兵符,目空一切,逞平昔旧思,忽而为复辟之举。七月一日,遂拥满洲已退位之幼帝宣统,重造旧时君主之专制,深为黎氏所拒。夫张氏为爱新觉罗计则得,其如人民之痛怨何?而欲鼓其爱戴之遗思,承已隳余业,适足以增其臭名,陷弱子于速亡耳!李经羲遁逃津门,黎元洪避难日馆,保性命之不遑,民国之不中斩,间不容发哉!幸而黎于未去之先,免李经羲之职,又下起复段祺瑞之命,引咎让贤,而冯副总统国璋获以继承大位,尚可挽狂澜于既倒也。

段氏奉命,七月三日,起义于马厂,率领健儿,长驱入京,占据都门,恢复民国,而张氏踉跄窜于荷兰使馆,妖氛已灭,十四日,段氏遂凯旋入都,黎亦出于日馆,正式避贤以隐居津邸焉。

段既重膺揆席,南北分裂,即呈危险之状,卒酿南北之争;广东虽未独立,然已宣布自治;解散之国会议员,麇聚沪上,发表宣言,斥责解散之违法,且请求惩办督军祸首,其所公布之政策有五:

(一)违法解散国会之令无效。其他未按照法律者亦然。江朝宗及其他不合法阁员,其不依法之命令概不承认。

(二)优待清室条例,为民国意外之恩,在南京国会议决,今清室既叛民国,应受惩治,然其正当解决俟合法国会成立时再定之。

(三)无论何种立法机关、临时参议院、宪法会议、等皆属违宪、毁宪,一概否认。

(四)旧国会应立即自行召集。

(五)帝制余孽、复辟叛徒及违宪之祸首应按法惩究。

然段祺瑞置若罔闻，国会卒未恢复。议员等乃集中上海，依孙逸仙、唐绍仪二氏由沪赴粤，组织临时政府，反对北廷。各省反对北京政府之声，亦层见叠出。自是而中国之南北，判若鸿沟，阋墙之争亦于是不可遏止矣！对德宣战问题，始于八月十四日正式宣布。吾人初不料兹事，酿成轩然大波。其结果竟如是也！

孙逸仙以著名之革命家，缔造军政府于广东，拥护法律，对抗北廷，广西之陆荣廷、云南之唐继尧，皆主持军政，与孙合力，已解散之国会，亦重振于广东，发表宣言，称为民国惟一合法之立法机关，通缉段祺瑞，而海军一部亦于是时南向以拥护军政府焉。

国会既解，障碍无存，段氏安居北政府首领地位而无忧矣。于是令各省选举代表，组织国民会议，制定新国会选举法，预为民七下届总统之选举。其计划亦不可谓不周矣！虽然，民治国家，政府不但具有多数党之原则，而尤须有反对党始能长久生存。盖政府大多数党所以不瓦解者全为反对党存在之故也。今反对党之国会已排而之他矣，段氏以为可以为所欲为而无阻挠，然曾几何时而文治派有交通、进步两系之分，以握财政、交通之大权；军阀中有直系、皖系之裂，如枘凿之不相容。皖以段为首，其势力及于安徽、山西、山东、浙江、福建、河南、湖南诸省；直以冯为首，其势力及于直隶、江苏、湖北、江西而已。盖天下之事，迫之则合，纵之则分。昔人所谓无敌国外患者国恒亡。呜呼！此段氏之所以败也！

北洋派分裂之结果也，其对南政策，皖段主战，直冯主和，争持甚久。而冯终屈服于段势力之下，不能不用武力解决。然冯卒未出一兵，未发一矢，意亦狡矣！

对南政策既定，适西南独立政府侵犯湖南，于是遣傅良佐出兵征讨。傅败逃，军亦溃散，武力之锋，开宗明义，即蒙此挫折，此段之所以不安于位而有一九一七年十一月之辞职也。

西南既胜,胆益壮大,乃更进而图福建、四川、湖南、湖北,结成攻守同盟之势,前江西督军李烈钧以滇军二师进据汕头,遂统一广东。

南方势力既日益膨胀,督军团复于十二月集议天津。佥以主战远胜和解,若北京政府不实行此议,则彼等自行出兵,以曹锟赴湖南、张怀芝赴江西进窥广东,于是有"八省督军联盟"之实见,反对对南和平运动而贯彻武力主张。

继段祺瑞而代理总揆职务者为王士珍。王于十一月三十日就职,宣布和平统一政策。如以武力解决,彼即辞职云云。未几,王与冯以负责事发生纠纷,彼此以负责互相推诿,卒致百端停顿。于斯时也,冯复发表其和平之愿望,然直隶之曹锟、山东之张怀芝、安徽之倪嗣冲,则要求废除和平统一之声甚烈。冯不得已,乃遣曹锟、张怀芝、张敬尧率军征讨,而已亦出巡至天津、济南、蚌埠等处,与曹、张等讨论,冯乃觉有用武力之必要。当曹、张等进行之际,南方之龙济光亦从海南攻略广东,而北方之新国会制亦同时公布,排斥旧国会有重行召集之可能性焉。

然在北方政府,益感失败之苦痛,龙济光氏既不利于广东,而长江流域之岳州亦同时被陷,王士珍乃不得不辞职而代以钱能训。

一九一八年三月,北洋领袖复一致决议,重整旗鼓,讨伐南方。东三省之张作霖氏,亦愿助其为中央政府新由日本购获之器械,而进兵至南方以为后援。三月十五日,岳州果为北军张敬尧恢复。张怀芝亦由赣南侵入湘境,直捣长沙,其势汹汹,不可遏止。二十三日,段以张作霖之讽示及诸军阀之后援,乃复膺揆席。吾人于此,足见段氏之去就,纯以武力统一为转移矣!

虽然,北军虽初有胜利,第就其大体而观,仍无若何进展。各军以饷糈缺乏,亦拒绝前进。张怀芝军大败于赣粤边境,奉军失利于福建、湖南。惟吴佩孚、冯玉祥之军,纪律严明,每战必胜,为湘人所称。此时鉴于北军败绩,乃起而大倡和平,与南军司令赵恒惕订立休战条约,其部下基督将军冯玉祥氏力赞助之。

当此时也,次任总统问题又起,北廷于一九一八年二月十七日公布新国会选举法,定于其年夏季选举。其选举法规定如下:国会仍为两院制,参议院任期六年,每年改选三分一;众议院任期三年,其两院人数,则较前大减:参议院一六八人,其一三八由各省选出,余三〇由中央选出。众议院以每百万人口选出一代议士,合蒙古、西藏、青海约为四百余人。再由两院互选同等人数组织宪法会议,制定永久宪法。

依此选举法选举新国会,其结果如何,亦概可想见矣。西南各省拒而不选,其选举者,不过北京政府势力之下之数省而已。旧国会议员既摈而不用,愤懑之余,一部议员,遂于其年夏间相率赴粤,与非常国会中之议员协力合作,以足法定人数。于是国会遂分为二:一在岭南,一则冀北,互称合法,互相攻讦,累年不休焉。

南方军政府既成,旧国会遂于五月十八日开非常会议,组织总裁会议(administrative directorate)以负政府行政之责。总裁有七:即外交伍廷芳、内政岑春煊、参谋唐继尧、陆军陆荣廷、海军林葆怿及孙逸仙、唐绍仪是也。

北廷鉴于军政府结合之坚固,各督军乃开会议于天津,遂暗进行选举北洋领袖徐世昌为下届总统。新国会于其年九月四日遂一致选出徐氏。副总统本以曹锟为最有望,然卒以不足法定人数而失败。其所以然者,某氏渴望副座,竟以二千至三千元之票价贿买议员,为交通系之梁士诒所挠,于选举之日,率领该系议员至津,使不足法定人数,故卒未选出也。

十一月十一日,世界战争宣告停止。北廷以为倘不与世界有一致之希望,长此继续内乱,南北分裂,巴黎和平会议,我国决难有成。故于十六日,即颁停战命令,阻前敌将士进兵,并令立即调停内部之纷争以谋统一。而段祺瑞氏又以武力政策之不行,愤而辞职,钱能训遂复取其位而代之。

北廷宣布和平会议,解决内争之步骤:先在上海设立会议地址,南北两方,各派同类之代表出席会议,北廷愿推诚容纳。至民国八年二月二十日,和平会议遂开。北代表为朱启钤,南代表为唐绍仪。

和会既开,南代表首先要求停止陕西军事,北代表允向政府呈请。既而南代表复要求公布《中日军事协定》;北代表宣称须将该军事协定公诸和会之前;南代表复抗议,谓日本之二千万借款,已付三百万,其余不得再付;北代表申言日本曾经拒绝允许助以一切军械,运至北方,且忠告北政府于相当期间内勿得向北京朝鲜银行,提用存放之一千七百万日金云云。

二月二十六日,会议即遇一大阻碍。唐绍仪以陕西军事,并未终止攻击,拒绝会议,并云于陕西军事未止及该省督军未免职前,不得再提和平会议。二十八日,北代表朱启钤遂辞职,抗议陕省军事之进行,而会议遂无形停顿。

三月四日,徐世昌颁布命令,重申休战条规,令北方军士,恪守勿渝;次日内阁亦有同样之训令。六日,朱氏通知南代表,谓陕省军事已停,所余者防匪类之军,希即重开会议!惟唐氏称病不答。十日,南代表除唐氏外,皆趋访朱启钤,谓陕省军事仍未停止,不能开会。于时乃派人赴陕,调停战争及划分双方势力之疆界。

和平会议停顿月余,于四月十日乃重开幕。盖以陕西军事业已停止,势能继续会议。南代表提出问题十九项,北代表亦提出若干问题,分为二端:(一)关于军政之重制;(二)关于文官之改定是也。

五月十三日,唐绍仪以十九问题列为八条件:(一)巴黎会议通过之山东问题,决不承认;(二)公布及否认中日军事协定秘密条约;(三)殃民之督军,一概免职;(四)宣告民国六年六月十二日解散国会之命令违法;(五)组织临时行政机关,由和会选出职员,执行议决诸事务;(六)组织新内阁;(七)解释确定所有一切会议问题;(八)会议承认徐世昌为临时大总统,但须完全承认以上诸条件始可。此八条中,为南方最视为重要者,即取消民六解散国会命令之一项;然北方于此实有难堪者,故朱氏请求撤回此项要求。因此问题未得妥协。双方代表遂均辞职。

会议既停,国民益奋力反对关于巴黎会议议决之山东问题,且公然宣布北京政府之恶劣。曹汝霖者,北政府中声名狼藉之阁员,而以亲日著世,历年借款,皆由彼手所订,国人深恶痛疾之久矣!五月四日,北京各校学生,因爱国热忱鼓动,遂驰入曹邸,欲痛击卖国贼,讵曹氏已闻风远飏,学生等乃益宣传运动,全国舆论骚然,商业劳动亦相继罢市、罢工。徐氏以群情愤激,一致反对,遂于六月十日罢曹汝霖职。有陆宗舆、章宗祥二人者,与曹氏狼狈为奸,而章尤以媚日卖国名,此时亦均免职。内阁以酿成绝大风潮,亦引咎总辞职,龚心湛出而代理,然因财政及其他种种困难,未几亦辞职,于是乃以靳云鹏组织新阁。

六日,上海和会复开,先是,各国公使亦忠告北京政府,有重开会议之必要。惟朱启钤再三辞职,政府不获已,乃命王揖唐为代表。但南方以王声名素劣,不孚众望,王氏未之顾也!此时南方代表仍为唐绍仪氏。王毅然赴上海,要求会议。唐氏以公布中日军事上、财政上秘密条约为开会条件,否则无商议之余地,会议遂复停顿。广东军政府政学系首领岑春煊氏暗通北廷,谋立和平契约,唐氏不安于位,愤而辞职!

其时南北两方,均无重开和会之希望,而北方政局亦呈绝大之变化,督军团联盟,于九年三月发表解散南北国会之宣言。安福系者,曾以拥段亲日著名,北方政权几全为若辈掌握;其于直系,则示威以恫吓之。时吴佩孚军驻湘,已挫南兵前进,直系乃召吴氏撤防北归。

北方既平反对党,而有直、皖分裂之兆。南方亦以北洋内讧,无复南下之忧,亦有同类之崩析,互相仇视,盖亦势所然也。陆荣廷占据两广,以其军权之强,凌驾两省,大有不可一世之概。国民党则孙逸仙、伍廷芳、唐绍仪与云南之唐继尧,反居于附属之地位。因是积不相能,孙、伍等以不可与谋,遂挈旧国会离粤而至上海。

当南方破裂之际,正吴氏撤防之时,不意湖南督军张敬尧顿陷于困败之境。五月十八日,吴氏既全军远离湖南,而衡阳、浏阳等城遂为南军谭延闿占据。谭于六月长驱入长沙,城陷落,张敬尧出走,谭遂任湖南省长之职。

吴佩孚所部军队,既沿京汉路向京保间咄咄进驻,而他方面桂系既操大权,乃派温宗尧为代表,以继唐绍仪之职。国民党遂不得不与安福系缔结一致。六月,孙逸仙组织第三政府于上海。唐绍仪、王揖唐复开和会。

吴军既进驻近畿，乃请解散国会，取消安福俱乐部；又请免徐树铮之职。徐氏为安福系有名之政治家，段祺瑞之副佐，世称曰小徐者是也。徐世昌不获已，乃罢小徐。然安福方面，段祺瑞氏亦请褫直系首领曹锟、吴佩孚之职。双方挑战，不数日直系遂歼安福。

当战争正烈之际，张作霖以其势力操纵于直、皖之间，然张常表同情于直系，方战之开端也，即以其重心左袒直人，冀扑神人共愤之安福，派遣援兵，俾安系不惟不能战胜，抑且无报复之余力，其居心亦敏捷矣。

战事既竣，直系凯旋。张氏遂乘机高居于公断之地位，京畿势焰，炙手可热！是以宣布其关于改组内阁之主义，且禁绝吴佩孚干预国事，其藐视吴氏，殆亦甚矣！内阁改组，靳云鹏氏重膺揆席。安福祸首，皆遁匿日公使馆。和平会议之代表王揖唐亦逃至日本。北廷通缉安福十大祸首，于是南北和会遂终止进行，督军之国会，亦旋遭解散。

中国于此时发生最有价值之运动，足以促成中国建设一良美宪法政体。其一，为吴佩孚氏所倡之"国民大会"，以解决南北纷争、制成永久宪法为目的。其代表由人民推选，全国舆论皆赞助之。其二，为广东陈炯明、浙江卢永祥二氏所倡之"各省自治"。民十年，湖南、浙江皆制定省宪公布。其三，为卢永祥氏所倡之"废督"。当江苏督军李纯之死，苏人即要求废督，惜乎中国对此数事而皆不加意实行，失去良机，至堪浩叹耳！

北方既脱离安福羁绊，直系之曹、关外之张遂崛起把持一切，互争大权。南方陈炯明则扑灭桂系，奄有广东，博一省之英名。四川之刘成勋、熊克武，向之互相仇雠者，至是亦联合驱滇军出境。

未几,桂系取消广东军政府,北廷遂宣布统一,且按《临时约法》,以旧国会法,召集选举新国会,遂予国民党激烈之反对。其首领孙逸仙、伍廷芳、唐绍仪等遂于十一月二十五日离沪赴粤,旧国会议员亦随而南下,重组政府,抵抗北京。

十年四月七日,广东非常国会选举孙逸仙为中国大总统。计出席人数二二二,得票二一八。然据约法观之,"选举总统,须有两院三分二之出席,出席之四分三投票,始能当选",则八七〇人中须有五八〇之出席,复有四三五之票数始可也。

吾人于此所当注意者,即南方此次何以必选大总统而不采用总裁制?此盖吾国人政治阅历薄弱,不明委员制之精神;且中国地大物博,委员制只宜于小国或小城而不适用于人数众多之国或城也。前之七总裁,岂非隙末凶终乎?良以政治上之原理,讨论宜有多数,而行政则需一人,则责有专归,意见不致纷歧,然后可以举事。此政治所以重实际而不重理想,南方选举大总统之匠心也。

同月,天津巡阅会议,曹锟、张作霖、王占元及总理靳云鹏均列席。其所议之事,与本书所叙述历史有关系者,即改组内阁,通缉孙逸仙,促进新国会成立是也。五月,新内阁组成,靳氏以能措款行政,复任总揆。

孙氏既然被选为总统,粤桂战事旋即发生。桂系首领陆荣廷,私通北廷,粤则孙逸仙、陈炯明反对北京,其势不两立,无庸滋疑。然粤于桂未攻之先,即得滇、黔两军之助,一战而胜,陆氏即逃。

其时两湖亦有战事,湖北败绩,巡阅王占元辞职,北廷任命吴佩孚继之。维时川、湘兵力并进,鄂省腹背受敌,然吴氏卒能出其全力以御退之,亦可谓武矣!所可惜者,吴氏素以民意为归,颇得人心,而湘鄂之战,决堤以没湘人,损伤无算,怨声勃起,全国哗然,生平令誉盖自是而渐堕落矣!

十二月十八日,北京内阁因财政问题莫决,张作霖入都,发表政见,靳氏乃辞。交通系之财神梁士诒遂取而代之。

夫梁氏者,破坏某使之副总统,直系之罪人也,其衔之久矣。彼其所以不为他人谋者,特无间可乘耳!今梁有违逆人民平昔反对山东问题直接交涉之嫌疑,直系吴佩孚即藉以为口实而攻击之,谓背华会决议,罪不容诛,电谴梁氏,促其辞职谢罪,期以三日,若韩昌黎之驱鳄鱼然!一面则开拔军队,胁以武力。然梁氏倚张作霖为后盾,匪惟三日不去,乃五日、七日,亦仍恋栈如故。徐世昌为消弭双方间隙计,乃令梁请假,以颜惠庆暂代。然梁及其同系阁员,皆流连不去,请总统免职或重任。徐于此时,既不能挽梁,又不能痛快免之,遂铸成僵局之势。

直、奉争持既已见端,二月即有二会议以调停困难:其一在奉天,一在保定,意使直系与张氏双方破除意见,然卒归无效。徐不得已,又任张氏亲戚鲍贵卿氏为总揆,张拒绝不诺,终未实行也。

内阁问题既成僵局,直、奉两方主战之声日烈一日。张氏乃与南方孙逸仙联盟,又与段前总理祺瑞及安福党人联络一致,允以事成之日,举孙为中国大总统,段为副座;牺牲广东之旧国会,保持约法,实行地方自治诸条件。

张作霖既令吴处于孤立之地位,乃从事开拔军队,缘京奉路线,驻扼要地,越山海关而申其势于直隶矣。既而分驻大军于军粮城、马厂及近畿一带郊野之间,孙逸仙氏亦命李烈钧出兵北伐,进军江西,以掣吴氏之背。

当张氏调军之际,吴佩孚军队亦缘京汉路逐渐拔发,令前锋驻于京师西南之长辛店,又调陕西冯玉祥军,由陇海进阻皖、奉军队之联结,代揆靳云鹏以战机迫于眉睫,亦遂辞职,周自齐继之。

战云日益弥漫,调停于两间者,舌敝唇焦,卒未有效。徐氏亦竭力和解,令各军均撤回原防,己亦情甘告退,然亦徒为具文。十一年四月二十七日,战事开始,代揆辞职,徐氏勒令停战,各归原防,仍置未理。

长辛店者,此役之中心点也。吴氏计令攻制奉军之右翼,猛扑奉军。四日侵晨,大北之奉军溃亡津埠,如鸟兽散。

奉军在长辛店之败绩之耗传至京师,近畿奉军颇为震骇,其全线各军,亦皆动摇,张氏势力几从此一败涂地。张既退,吴益追之,奉军索车潜逃,而张氏犹欲停军于廊房、落堡之旁,重振旗鼓。卒以军心不固,旋里心切,遂止。渝关道上,络绎列车,无一而非奉军败回故里也。

五日,吴军胜闻,既已证实,奉张卫队之在京者,遂缴械遣散。次日,徐氏令褫张作霖东三省巡阅使之职,又通缉总理梁士诒、财长张弧、交长叶恭绰等。

然未几,张氏又在滦州设立军事行营,以御直军。旋闻徐氏褫职之令,大为愤怒。十三日遂宣布独立,建设自治政府,与中央政府将来一切关系概行断绝。又宣告行将与各国订约保护外人生命财产云云。张氏既热望建设自治政府,故不得不扣留邮政、关税、盐税及铁路之收入各款,储诸库内,以治理一切。

张氏军队既逗留于滦州。吴氏乃以支军逼其出境。张乃仓惶出走长城以北,破坏车轨,以断直军之追。二十一日,北廷宣布张氏叛逆罪状,谓煽动满洲、热河、察哈尔,内外蒙古脱离中央,干犯宪法,实为大逆不道云。

吴既然驱张入满洲,乃发表统一中国计划,其政策以恢复旧国会,同时取消南北政府及国会制宪,预备选举总统为要义;故其始即请徐世昌及粤孙退位。又得豫、鲁、秦、晋、陇、鄂、苏、赣、蜀、滇、黔、桂十二省召集旧国会之电,畀以示徐。徐以大势已去,遂宣告退职。旧议员以吴为后盾,先集会于津。六月二日,徐令阁员摄政,正式宣告下野。

徐既去,摄政内阁乃请黎元洪复职。盖黎于民六受张勋之复辟之压迫,解散国会而去位者也。是时人皆以其总统任期尚未完足,故请其复位。黎亦以合法总统自居,决定复职,惟以二条件为质,即废督裁兵,取消孙逸仙是也。六月六日,孙不允退位,并宣告广东政府为中国惟一合法之政府。十日,黎氏得张作霖之赞助,与以旧国会议员广东陈炯明等亦极力推崇,黎氏遂入都复职。

奉军虽退,然仍欲图死灰之复燃。直军乃于渝关一带为猛烈之攻击,奉军不支,遂败。十六日休战,订立条约,张氏遂撤兵回奉,召集三省会议,决定宣布自治,举张氏为保安总司令,其版图仍为中国之一,特命令不奉中央而已。

北方既起乱,南方纷争亦作:孙逸仙因奉、张之联盟,切于北伐,而陈炯明力拒之,大起冲突。孙遂免陈粤省长职,而调任陆长。又攫其兵权于掌握中,自是积不相能,北伐之军终辍。

既而陈炯明通吴之诡谋泄露。五月二十六日,陈氏声请孙氏退位。迄六月十六日,其部将叶举遂攻克广州,逐孙出城。孙氏逃于巡洋舰,获免难。八月九日,遂赴上海。尔时伍廷芳氏以政务过劳,又感于护法之功失败,心力交瘁,遂一病不起。孙氏至此,已失辅弼,盖亦不得不灰心也!嗟乎!伍氏以不副署黎元洪非法解散国会之令,敝屣总揆尊荣,拂袖而去,五载以来,在南与孙逸仙合力护法,始终不渝,九十老翁,复何所求,而卒鞠躬尽瘁,以至于殁,是诚护法之忠臣也!

广东既为陈炯明所有,孙逸仙乃撤回北伐军,徐图恢复。然其大部已攻克赣省,占据数城。因留守一部于赣南以卫后队,月余以后乃全撤归。七月杪,抵粤边,距广州北仅百三十英里,与陈军遇,剧战数日,孙军大败,仍退守赣南。

八月一日,旧国会在京开会,两院均足法定人数,所谓法统重光也。第一次会议,即讨论对于解散以来五年之时间当取如何态度?结果,认以前为休会时间,其所议之一切法案,宣布无效;即选举孙逸仙之大总统,亦同一无效,视于民国二年十一月四日至民国五年八月一日违宪所空之期同。然反对此政策为激烈之辩论者,亦随之而起。其后议长提出制宪一案,遂大起骚乱:南议员诋北议员自召督军解散之祸,北议员则宣言在解散中所制法案均不合法。两两毁詈,龈龈不休,故其后虽继续开会,而卒无发展者此也。时吴佩孚、黎元洪均切盼制宪以美合众国为法,早日告成。代揆颜惠卿辞职。北廷欲与西南携手,故令唐绍仪为总理,唐盖孙逸仙之亲近也。黎亦同时宣称:倘得国会同意,则亦愿退职。

时则张作霖氏已恢复其战败以前之元气,屡向吴佩孚及北廷挑战,复扩充军备于长城、山海关之间,与长江某督联盟,其意欲联亲日安福系失意之首领段祺瑞氏,重振中原。外此又南联孙逸仙氏,以壮军威。浙江军务善后督办卢永祥亦颇藐视北廷,凡政府所派在浙电报电话工作之人,一概免职。且通知北廷,谓以后此费留为己需。四川之内乱、江西之浑沌、皖局之骚扰,亦接踵而起,全国呈黑暗之象焉。

北廷任命唐绍仪为总理,徐谦为司法总长,然均未就。继以王宠惠组阁,然王与国会中人素昧平生,不能得多数党之帮助。外交大楼之宴,议长吴景濂竟以不入耳之言加诸王氏。未几而即藉财长罗文干签字奥约一事,痛击王阁,迫黎元洪违法逮捕罗氏,置之狱中,王阁遂塌。已而王正廷代理十日,即以张绍曾组阁,会南方孙逸仙谋得巨款,驱逐陈炯明出粤,复据广东。吴佩孚拟发兵讨伐,遂要求中央发表孙传芳督闽、沈鸿英督粤二命令。然张氏组阁之初,即以和平统一为宣言,若应吴氏之请,则口血未干,矛盾殊甚,毅然拒之。然卒以吴之强力仍允其请,国人哗然,而张氏亦不之顾。崇文门税关者,公府经济仰给之所也,冯玉祥为军糈计,派薛笃弼充监督,黎元洪斥之,遂生冲突,而黎犹贸然不悟,受政学系之包围,运动下届大选,妄冀非分,举世界立宪各国从来未有之"制宪费",以见好议员。张氏以此费未经内阁同意,力诋黎氏,又以黎擅撤军警督察长马龙标侵权问题,府院遂大生水火。六月六日张氏愤而辞职,远之天津,直系军阀遂起而驱黎氏矣。

　　黎氏之内阁凡二派:一政学系,一直隶系。前者如李根源、彭允彝,拥黎者也;后者如高凌霨、吴毓麟,拥曹者也。黎欲继续下届总统,于报章鼓吹,谓现役军人,非退职六月,不得当选大总统,益令直系痛恨。驻京之军警领首,遂以军饷支绌藉口,令军警罢岗,割断黎邸电线,组绝交通,以迫退职。复有被买之暴民,号称公民团,要求黎氏速退。黎氏至此,已众叛亲离,不得不求去。十三日,遂以出席国会为辞,径赴天津。同日,咨达国会,谓:元洪在京不能行使职权,已赴天津继续行使云云。又命令:一,准张绍曾辞职;二,派李根源署国务总理;三,张阁阁员均免职。又令:一,派代理陆军总长;二,废除督军巡阅使;三,国民自起解决国事。

黎氏于十三日午后二时出京,京中各机关已知其逃津,急电直隶省长王承斌,王氏遂驰车站阻黎索印,黎以印存法国医院如夫人黎本危之手,可径往取之。黎欲旋私邸,王不允。挟赴省署,黎拒之,王遂禁锢于津站内历十时之久,迨京中取印出,乃释归!王于站中又向黎氏强求:(一)黎须向国会辞职;(二)派内阁代行总统职权;(三)取消免张绍曾总理并署李根源总理命令,故黎后通电谓系强迫行为,当认为无效云云。

十四日,两院开联合会,讨论总统辞职等问题。惟两院联会限于选举总统及制宪乃可。今以一总统辞职问题,亦两院会合,殊于法律无所根据!黎氏既去,国会复行破裂,国民党政学系议员,二百余人之多,皆联翩南下,或逗留津门,或径赴沪上,群谋抵制之方矣。

十六日,两院复开会,否决黎氏十三日后所发表之命令,预备下届总统选举,然全国舆论多反对之。上海商会、北京学生联合会,通电否认北京政府及国会,上海商会发表:(一)不承认北京内阁;(二)不承认旧国会;(三)国民自行制宪;(四)召集全国各机关有势力者讨论制宪手续。

北京内阁零落不全,高凌霨等摄行总统职务。国会分直系、反直系二派。一方极力笼络议员,一方则极力破坏,斗角钩心,各神其技。迄九月七日,众院通过"国会修正案",谓须新国会选出,前届议员始解职。二十六日,参院亦通过。九、十两月,皆注意大选问题,五千元公开贿买声浪,遍于都门。十月五日,开总统选举会,据报章言,出席五九〇人,以四八〇票选曹锟任大总统。然其后有异论者,大肆攻击,吾人亦未敢遽断其是非也。

八日,开宪法会议三读会。十日,曹锟入京,新宪法亦于是日公布。所可异者,宪会自黎去后,流至四十余次之多,此次遂一举而成,其为仓卒了事无疑!八日,上海开国民大会,到会者万余人,议决(一)不承认贿选;(二)不承认国会非法延期。广东、广西、浙江、云南、贵州、东三省均响应之。

第三章 《临时约法》及其缺点

中国民治之发生及其发展,已于前章中言之綦详矣。吾人兹当分析研究中国之《临时约法》(*Provisional Constitution*),以觇其于中国之影响何如。盖在正式国宪尚未制定以前,此约法固为国家之根本大法也。夫然后内审吾国十年来宪政之经验,外察同时世界诸国之阅历,以与吾约法比较而讨论其缺点,庶于正式国宪之制定,不无几许贡献也。

考此约法为主权属于人民全体之根本原则。乃满洲逊位以后,清廷举其最高权力付诸人民,故此主权之移转,乃由君主而人民,曾经登记认可者也。

"中华民国之主权,属于国民全体。"(第二条)

此主权固属于国民全体,然其主权之行使,须由参议院、临时大总统、国务员、法院(第四条)。其关于主权在民之原理,曾加以说明,即中华民国由中华人民组织之(第一条)。又中华民国领土为二十二行省、内外蒙古、西藏、青海(第三条)。

《临时约法》既采"主权在民"之根本原则,故列举人民之权利而规定之:中华民国人民一律平等,无种族、阶级、宗教之区别。人民有生命、自由、财产之权利,非依法律不得逮捕、拘禁、审问、处罚;人民之家宅,非依法律不得侵入或搜索;人民有保有财产及营业之自由;人民有言论、著作、刊行及集会、结社之自由;人民有书信秘密之自由；人民有居住、迁徙之自由；人民有信教之自由。人民有请愿于议会之权。人民有陈诉于行政官署之权。人民有诉讼于法院受其审判之权。人民对于官吏违法损害权利之行为，有陈诉于平政院之权。人民有应任文官考试之权。人民有选举及被选举之权。（第五至第十二条）虽然以上所述人民之权利，有认为增进公益，维持治安，或非常紧急必要时，得依法律限制之（第十五条）。反之，人民依法律有纳税之义务。人民依法律有服兵役之义务。（第十三至第十四条）

中华民国之立法权，以参议院行之；参议员每行省、内外蒙古、西藏各选派五人，青海选派一人。其选派方法，由各地方自定之（第十六、十八两条）。参议院之职权如下：议决一切法律案；议决临时政府之预算决算；议决全国之税法、币制及度量衡之准则；议决公债之募集及国库有负担之契约；同意大总统任命国务员及外交大使、公使；同意宣战、媾和；大赦、特赦、减刑、复权；答复临时政府咨询事件，受理人民之请愿；得以关于法律及其他事件之意见、建议于政府；得提出质问书于国务员，并要求其出席答复；得咨请临时政府查办官吏纳贿违法事件（第十九条）。参议院对于临时大总统认为有谋叛行为时，得以总员五分四以上之出席，出席员四分三以上之可决弹劾之；对于国务员认为失职或违法时，得以总员四分三以上之出席，出席员三分二以上之可决弹劾之（第十九条）。参议院得自行集会、开会、闭会（第二十条）。参议院之会议，须公开之；但有国务员之要求，或出席参议员过半数之可决者得秘密之（第二十一条）。参议院议长，由参议员用记名投票法互选之，以得票满投票总数之半者为当选。参议院法由参议院自定之。（第二十四条、二十七条）参议院议员于院内之言论及表决，对于院外不负责任(第二十五条)。参议院议员除现行犯及关于内乱外患之犯罪外,会期中非得本院许可,不得逮捕(第二十六条)。本约法施行后,限十个月内由临时大总统召集国会;其国会之组织及选举法,由参议院定之(第五十三条)。参议院以国会成立之日解散,其职权由国会行之(第二十八条)。

制定国会组织法及选举法之权力,由前所述之法律,已于民国元年八月十日由参议院规定公布之。其组织法以参议院、众议院两院构成之。参议院议员,以各省省议会选出十名,蒙古选举会选出二十七名,西藏选举会选出十名,青海选举会选出三名,中央学会选出八名,华侨选举会选出六名组织之。其任期六年,每二年改选三分一。

参议院议员之资格,其重要与众议院选举议员同:年龄须在三十以上者,始有被选举权;其由华侨选举者,尤须具有中国文学及语言之知识。各省省议会议员,有在候补之列者,其被选为参议员之人数,不得超过派定该省应选参议员额数之半;关于候补议员,适用同一之规定。又选举会监督,由各省行政长官兼任之。

众议院以各地方人民所选举之议员组织之。各省选出议员之名额,依人口之多寡定之。每人口满八十万选出议员一名;但人口不满八百万之省,亦得选出议员十名。蒙古、西藏、青海选出众议院之议员为二十七名、十名、三名。任期三年。

众议院选举议员之资格:凡中华民国男子年在二十一岁以上,曾在该选举区住居二年以上,并每年纳直接税二元以上,或有不动财产价值五百元以上者,皆有选举之资格,惟蒙、藏、青海不在此限;此三处人民,凡有动产价值五百元以上,皆有选举之资格,或凡中华民国男子,曾在高等小学毕业或有同等之教育者,即有选举资格。众院议员被选举之资格,须中华民国男子年在二十五岁以上;蒙、藏、青海之被选举人,尤须具有中国文学及语言之知识,始有被选举资格。其曾被褫夺公权及破产宣告者、有精神病者、嗜鸦片者或未受教育者,皆无被选及选举之资格。其有投票权及候补选举权停止者,如陆海军服务之军官,或将出师任为候补军官者,法院巡警及行政之官吏,僧人或教士与其他宗教家者,但蒙、藏、青海,除在陆海军服务不得被选举外,其余皆免除之。此外,初级小学之教师、中小学及专门以上学校之学生及已取得办理选举事业之人员者,皆不得被选为议员。惟最末之限制,不适用于选举监督,亦不适用于蒙、藏、青海。各初选举区按比例选派代表组织中级选举会,然后再由此选举会选举之。

两院议长、副议长,各由本院议员互选之。无论何人,不得同时为两院议员。国会之开会、闭会,两院同时行之。国会会期为四个月,但依事情之必要得延长之。两院之议事,两院各别行之。同一议案,不得同时提出于两院。国会之议定,以两院之一致成之。一院否决之议案,不得于同会期内再行提出。民国宪法未定以前,《临时约法》所定参议院之职权,为民国议会之职权。政府每年预算、决算,须先经众议院之议决。两院非各有总议员过半数之出席,不得开议。两院之议事,以出席议员过半数之同意决之。可否同数,取决于议长。但如弹劾大总统、国务员及大总统,复议总统否决之立法案,秘密会议投票之表决。立法部特别利益之规定于约法中者,均须有特别合法人数,始可开议,对于两院均适用之也。又两院议员之岁费及其他公费,两院自定之。

关于各省省会(省议会),其议员每三年改选一次,其选举之资格与众议员同;但其不合格者中列入经营公企业者及在本省经营公企业公司之经理等,其选举结果与众议院大概相同。其选举亦由中级选举会行之,选举会亦由各初级选举区按比例选派代表组织之。

行政方面之临时大总统、副总统,由参议院选举之,以总员四分三以上之出席,得票满投票总数三分二以上者为当选(第二十九条)。临时大总统代表政府,总揽政务,公布法律(第三十条)。临时大总统为执行法律或基于法律之委任得发布命令,并得使发布之。临时大总统帅全国海陆军队。又得制定官制官规,但须提交参议院议决。又任免文武职员,但任命国务员及外交大使、公使,须得参议院之同意。又临时大总统得参议院之同意,得宣战、媾和及缔结条约。得依法律宣告戒严。代表全国接受外国之大使、公使。得提出法律案于参议院。得颁给勋章及其他荣典。得宣告大赦、特赦、减刑、复权,但大赦须经参议院之同意。(第三十一条至四十条)临时大总统有否决立法案之权,但有到会参议员三分二以上仍执前议时仍须公布施行(第二十三条)。临时大总统因谋反受参议院弹劾后,由最高法院全院审判官互选九人,组织特别法庭审判之。临时副总统于临时大总统因故去职或不能视事时,得代行其职权。(第四十一条至四十二条)

至于大总统选举法,将来若非由宪法会议改变或修正,则此法已为中国国宪之正式一部。大总统选举之资格,凡中华民国人民,完全享有公权,年满四十岁以上,并住居国内满十年以上者,得被选为大总统。其选举以选举人总数三分二以上之列席,用无记名投票行之,得满投票人数四分三者为当选;但两次投票无人当选时,就第二次得票较多者二名决选之,以得票过投票人数之半者为当选。大总统任期五年,如再续选,得连任一次。大总统因故不能执行职务时,以副总统代理之;如副总统同时缺位时,由国务院摄行其职务,同时国会议员于三个月内自行集会组织总统选举会,行次任大总统之选举。大总统之职权,在宪法未制定以前,暂依《临时约法》关于临时大总统之规定。

国务总理及各总长均称为国务员。国务员辅助临时大总统负其责任。国务员于临时大总统提出法律案,公布法律及命令时,须副署之。国务员及其委员得于参议院出席及发言。国务员受参议院弹劾案,大总统应免其职,但得交参议院复议一次。(第四十三条至四十七条)

法院以临时大总统及司法总长分别任命之法官组织之。法院之编制及法官之资格,以法律定之。法院依法律审判民事诉讼及刑事诉讼;但关于行政诉讼及其他特别诉讼,别以法律定之。法院之审判须公开之;但有认为妨害安宁秩序者,得秘密之。法官独立审判,不受上级官厅之干涉。法官在任中不得减俸或转职,非依法律受刑罚宣告或应免职之惩戒处分,不得解职。(第四十八至五十二条)

《临时约法》由参议院议员三分二以上之出席,出席员四分三之允准,或临时大总统之提议,经议员五分四以上之出席,出席员四分三之可决,得增修之(第五十五条)。

民国宪法,临时约法规定由国会制之。国会选举法及组织法规定,由国会两院各于议员内选出同类之委员行之。民国宪法之议定,由两院会合行之。但非两院共有议员三分二以上之出席,不得开议,非出席员四分三以上之同意,不得议决。

关于《临时约法》之一般原理及其组织,观于上述,已可瞭然其梗概矣。顾吾人今将举其缺点以贡献于世,俾后之从事制宪业者有所鉴定而匡正之，庶不致一误再误以贻祸患于无穷也。

第一，府院之权限不明也。夫大总统者，行政之元首而陆海军之大元帅也。外交关系之主要机关而立法之首领也。第就实际言之：苟无副署，即未取得阁员之同意；未取得阁员之同意，即不能行使其职权，此理之当然，无可疑虑者也。阁揆者，宪法中虽未与以何种权力，而对于政府行政，则认其负有绝大之责任焉。进而求诸吾约法中，阁员及其总揆，其于负责，对大总统乎，抑对国会乎？此则不可得而知已。夫所谓负责既在不可知之数，使国会之势力而强大也，则阁员及其总揆即倾向于国会而为之负责焉。使总统之势力而强大也，则阁员及其总揆，亦必反其倾向而为总统负责焉。暮楚朝秦，茫无一定，其尚可以为内阁乎？吾人观于副署之为法定要件，及通过预算案之大权在于国会，立法之初，似为建设内阁制；然其实际，府院权限，互争互诿，既非内阁制，亦非总统制，特形成一种二重行政（dual executive）耳，是皆府院责任及权限未明晰划清之弊也。

夫此制之不善，酿成府院之冲突，亦必然之结果也！假令府院同心协力，则和衷共济，万事皆举；否则互相乖睽，各逞意气，其结果如所谓"二重行政"，殆有不堪言者矣！总统曰：我行使宪法上赋予之权力也，坚持不让；总理亦曰：我行使必要之职权也，坚持不让；争权攘利，势不稍休，而其终也，将随二者首领之强弱以为转移：总统强，则能统驭万几，而内阁居于陪辅之地；总理强，则把持行政，而元首直不啻一傀儡矣！

吾人研究中华民国之历史至于府院争权一节，益信《临时约法》缺点之为不虚矣！当袁世凯受任伊始，即擢唐绍仪氏为国务总理，之二人者，皆强毅有为，争相负责，切望行使实权，而袁、唐之间遂生水火。外之于借债,内之于任官,皆互相抨击,莫肯稍下。袁氏者北洋军阀拥戴之首领也,而唐始为袁氏属吏,继为同盟会革党之一员以抗袁氏,今唐既不容于袁,故袁决然弃之而以赵秉钧继其后也。赵本庸懦之徒,又处于袁积威之下。惟仰承鼻息,唯唯听命而已!袁既驱唐,逐民二民党议员,又擅布"袁氏约法",废除总理而置国务卿,直隶总统,指挥自如,无复肘腋之患矣!

袁氏殁,黎元洪依法任大总统,以段祺瑞为总揆,恢复《临时约法》,此祟重来,而府院之争又起,淘尤物也!对德宣战一役,黎、段感情顿呈破裂。相传段氏愤而辞职,远遁津门,冯副总统国璋以私谊婉劝,以黎氏此后不干政为条件,乃允返旆云。

第二次国会之解散也,黎氏辞职,冯国璋继任,而对南问题,冯、段之间又大生意见。段主战而冯主和,争持剧烈,而段卒恃强获胜,冯不得已,勉为承认,然从未发一师以助战也。

已而冯以王士珍为总揆,此二重行政之弊愈彰明较著。王氏以大总统负行政全责,内阁绝对服从;冯则谓国家政务,惟中枢负责,决无疑义。实则双方推委,放弃责任,而国事遂无形停顿。

由是以观,则此种二重行政之弊,其为害于中国也甚矣!欲弥此病无他,亦惟有划分府院之权限而已!如为内阁制,则总理负行政全责,而元首居于虚名之地;如为总统制,则元首负行政全责,而阁揆亦无实权。必如此判然,界若鸿沟,而责有攸归,政无溷乱,夫然后国务乃可进步也!

第二,两院议员数目过多而笨重也。参议院议员二百七十有四,众议院议员五百九十有六,良者固多,而莠者亦复不少,每不依法出席,曾不知代议院之意义为何;或出席矣,而又在场中骚乱;又或不依过半数为法定人数而擅行议案,致国会阻碍,重重妨害政

府,莫斯为甚。梁启超氏有痛切之言曰:

> 议会开幕已二十余日矣,而议长尚未选出,吾知更百日后,举凡议会应立之法,应尽之事,未必能慰吾人喁喁之望也;若辈每不依法出席,致久不足法定人数;或既出席矣,而又聒絮喧嚣,若村姬之初来自田间然;其顽皮则又类初级学校之学生,消磨岁月于无何有之乡,徒縻六千元之岁费而已!于国利民福有何计及?……吾人固爱惜国会,然吾人尤爱惜吾之锦绣国家也。

两院所立之基础,除预算、决算须先由众议院讨论外,其余一切权力均无轩轾也。是故两院大多数同党和衷共济,则可减少许多冲突。如以二反对党支配一切,则冲突及僵局之势必可免。而于此时,欲冶两院于一炉,如水乳之交融,殊无道可循也。宪法政治中此种组织上之困难,其解决之良法,厥为屈抑一院,使居他院之下,质言之:即使代表民众势力较少之一院,常居于代表民众势力较多之一院之下,一方面与后者以大部分之权力,而他方面前者处于装饰品或修改机关或代表省限及势力者之地位也。

进而言之:立法部之权力过大,已超越于彼在此宪法改进之时期能安然运用之权力也。夫以数千年君主专制之国家,一旦进而为民主,而于国会之工作练习毫无经验,而即对于行政部有同意任命总理阁员、大使、公使之权;而又常予国会以阻碍国家行政之机会,彼辈遂自命天骄,肆无忌惮,越轨行为数见不鲜;其犹甚者,国会有绝对监督财政之权,如租税、预算、借债等,皆非经国会同意,不得任意浪费借贷,征敛锱铢之税,故国会倘拒绝财政用度之批准，则行政部立束缚其手足，而行政之机能将由是完全停顿。国会固宜有监督募集公债之权，盖非此不足以保持国家信用也；至准驳新租税或新经费之权，盖与国会以控制政府之方法，防其巧为名目，为之信法外或新奇之活动也。国会于国家财政，其权力之大如此，诚难保其不无滥用，然则将何以保障行政部使其有活动之余地乎？宪法政体于此有妥实之方术焉，即凡遇国会有否决本年度预算时，则可援用上年度预算之成案以济其穷也。

综上以观，两院既有笨重、权力平等及对行政部权力过大之种种弊病，故在第一次解散国会后，袁世凯即减少国会为一院，以参政院为辅助，其人数二七五，其权力则缩小愈甚；如任命阁员、大使之类，皆无须得国会之同意；关于预算案如被国会否决时，则可按前年度预算案行之。又以国会人数过多，故在第二次国会解散后，民七公布之新选举法，即减少参议院人数为一六八，众议院则仅四百有余而已。

故夫正式国宪之制定，两院议员之职权，则不宜再蹈前此笨重等覆辙，要其力量足以代表民众及办理事物斯可耳。盖两院之权力，不宜同等，使代表民众少之一院，屈抑于代表民众多一院之下，然后事乃易举。又国会之权亦不宜过大，远逾于宪法经验方达此种地步之时期，亦惟有相当之权，俾能达其目的或安然正当行使其职权而已。又国会否决预算案时，政府应按照上前年度预算行政，亦当然之保障也。

第三，无调和行政、立法两部之规定也。假令行政、立法二部同为一党，则无问题。若行政、立法各为异党，则必互相争执，而冲突攻击之事将不可免，其势之所趋，不致行政停顿不止！于斯时也，国会决无使政府曲就之理，何也？总统之任期有定也，阁揆之去留,随其意之转移也;而大总统弹劾案,须有人数五分四,弹劾之事,又仅限于叛逆一端;弹劾阁员须有人数四分三,而其事亦仅限于懈怠违法;实际上,任何一小党,以操纵四分一以上之议员,即可从而破坏,而弹劾之实权,其势必等于无用也!

反之,行政部亦不能使国会曲就于其下也。夫行政部虽有否决权(the power of suspensive note)以防国会之专横及其侵犯,然无解散国会之大权,仍不能为根本上之解决也。盖解散一道,为调和政府、国会间之冲突,团结当局之大多数党,裨益政府全体作用之必要者也。质言之,遇有相持不下之情形时,大总统拒绝免内阁总理之职,国会固不能使政府服从,即政府亦不能使国会低首降心也。此种僵势如继续不懈,则必待新国会选出,或大总统任期已届,或大总统让步而免国务总理之职,始有解决之望也。然免职一层,对于总理,殊未公允,盖在选举关于遵照舆论而行之前,将无法以试验其政策之如何;由是所趋,不使政府萎弱,即使政府动摇,而一切政策及种种行为将听命于国会无理之驱使,蔑政府领袖及其建议之精神!尚何足以为行政部乎?如政府不甘居此也,则必出于违法非常之举,以解决此僵局,即所谓解散国会是也。

民国之历史,吾人所叙述者,其历年之纠纷,已足证明行政、立法二部间之冲突,其咎当归诸《临时约法》,无庸滋疑矣!当民国二年四月,旧国会握立法大权者首推民党,而尤以参议院为甚。袁世凯与五国银行订立"善后大借款"条约,国会立起反对,互相争执,迄未稍休,其结果袁氏不得不出于违宪一途,遂召民二二次革命之惨祸。厥后袁与国会又以制宪事发生冲突,袁觅获民党图叛之据,乃剥夺议员资格,而使国会不足法,遂于民国三年一月无限期停止国会焉。

帝制运动，袁氏失败而死，旧国会复召集；当时国务总理段祺瑞亦欲步袁之后尘，以对德宣战及制宪二役，遂与国会争执；段欲及早宣战，而国会愤于暴民之示威，认为政府之胁迫，乃拒绝此案，以改组内阁为条件，等于不信任案之通过。夫总统、总理均无解散国会之权，此为《临时约法》之缺点，吾人早已知之；而此时内阁既不见信于国会，无求诉于选民而听其裁判，故亦不觉其举动之为合法公允也。斯时大总统别无他道，惟有免总理之职——故拥护政府者（即北洋军阀）纷起反对，要求解散国会，攻击正式宪法草案。总统不得已，允其要请，解散国会；于是而议员遂南赴广东，建军政府，抗御北廷，以保护约法。嗟乎！一失足成千古恨，约法以一时之错误或罣漏不周，或故意遗脱，遂引起连年烽燧，生命财产，不知牺牲几许，至可痛也！

夫约法所酿出之病既如是，吾人今欲从事弥补者亦惟有二法焉：其一，二政党中任何一党同时务需居于立法、行政二部；如袁世凯于第一次解散国会后，即着手试行创设参政院而以其私人或党徒为议员，其适例也。又如北洋军阀于第二次解散国会后，亦奋力召集新国会，其辅助者皆为其党羽，亦适例也。当吴佩孚主张恢复两遭解散之国会时，孙逸仙氏宣言广东政府为民国惟一合法之政府，实际上亦系此意也。盖孙之党员若不变节变身，则皆能于立法部中与之合作，不致有冲突争执之发生也。

此外尚有救济之法，即所以抵制国会之武器也。凡国会投不信任票或故与为难时，行政部即解散国会，诉之选民，求其公决；如选民赞助政府，则行政部仍可安居不动，行其政策；如选民赞助国会，则政府立即辞职，而让与国会合作之政党另组内阁，或仍留其位而让步接受新选国会之命令焉。

第四,未规定中央与省政府之关系也。民国元年国会组织法及选举法,仅规定省会选举,既未明定省会与国会之关系,亦未明定总统与省长之关系。积年以来,一惟因袭满清旧时省与朝廷关系之制,此甚谬也!关于租税,除关税、盐税已抵押为赔款与借款之担保品而由外人监督征收外,中央政府实际上今仅能直接收取人民些少之税钱,而纳税大部皆为各省区当局就近截取而不解至北京矣。而各省犹未已也,关于饷糈,每年尚向中央索取一定之额,而中央又不得不剜肉补疮以满其欲望。于是各省财政实际上咸为独立,而中央反居于穷困依赖之列。夫居此情形之下,中央政府健全与否,全视其行政之力强弱以为准;盖中央之力能管理各省,则收入多而国库裕;反之,中央财政必支绌,一有急需,必迫于滥借外债陷财政于险境也!

中央财政与地方财政之关系于此有适例焉:当袁世凯未殁,其力足以驾驭各省督军,故能得各省解款,出入均敷,国库于以保全;袁氏殁而无复有力足以驾驭督军者,而各省遂不解送所应送之款,中央遂日益穷困,一般不法督军,横征暴敛,图充私囊;内债信用,既不能维持,北京政府不得不乞怜于外人以借外债,举国之财产权为质,而破产之险象日益丛生;列强为卫己计,阻止一国单独管理中国财政,或为国际上自杀之竞争,于是而新银行团出以禁列强任意借款与中国矣。

在各省财政独立,中央财政倾颓之外,复有军队繁多之一问题。袁氏为控制各省起见,任命私人为各省督军,当袁之时,尚能统驭所有军队,逮袁殁,军阀遂裂为数党——皖、直、奉等。督军及太上督军拥兵自卫,横行无惮,既勒索人民赋税,复向中央索饷,倘中央不允其请，则军队立即哗变，可怜无辜小民，惨受毒殃，而他人不与也！各省之军阀，其强悍既如此，与王国何殊焉！故督军得随意与中央宣布脱离关系，而西南之所以团结一致而抗中央者，胥由是也！约法无省制之规定，以助中国统一，俾各省得自发展，此其缺点之所及，乃使中国不幸而有分裂内乱之危险，不亦大可惜乎？

以上所述《临时约法》之缺点既具，吾今再申言之以作一结论：即府院权限之不明，两院人数之笨重，势力之平等，权力之过大，立法、行政二部不能一致合作，省制缺乏等，皆约法之缺点也。是故若无一强有力之政党，足以操纵政府各机关，而使其调协合作，则府院、国会以及各省间之冲突，将永无宁息之日也！夫当中国历史过渡之时期，岂宜有此不相宜不克实行之宪法，中国今日之所以酿成分裂内乱之巨祸者何莫非此约法之赐也？

第四章 十余年来之教训

民国十余年来已往政治及宪法之历史,由前所述,匪特于《临时约法》得其缺点,而于宪政上尤有极大之教训焉。吾人兹当努力研求,以促成国宪及为从事制宪者之一助也。

其一,政府不有国会多数党之辅助,或政府、国会为二反对党所把持时,则政府职权决不能运用自如,此理甚明,无待申述。凡民主国家,不问其为总统制,抑为内阁制,此乃根本条件绝对需要者也!夫立法部与行政部,须受同一政党之支配。质言之,政府必得国会大多数之辅助而后政令可行,此言已成定律,谓为宪政之律可也。

国会立法,政府行法,理论实际,均有同党执政之必要;假令国会不立法,则政府无由行使;然使政府不行法,则国会亦不能达其立法之本旨,是二者并行不悖互相调和也。否则,宪政前途将不能有发展之望矣。

由是以观,民国宪法之未成,国会两罹解散,其源皆出于上所云缺乏根本之条件也。何以言之?当民国二年四月,旧国会之召集也,两院大权尽操诸国民党,反对行政首领之袁世凯氏;夫民党,革命之元勋也,袁氏,北洋之领袖也。二者如冰炭之不相容,水火之不相入,其结果遂成对峙之局,而国会遭解散之惨酷焉。迨袁殁,国会于民五重光,而前此之冲突复起,所以然者,国会受袁氏解散苦痛之余,意图报复,欲一泄其往昔之愤已耳!故于垂成之宪法中,夺去政府抵抗之利器,如咨请复议权(power of veto)也,解散国会权也,种种利器,削灭殆尽。而于解散国会,则曰须得参议院同意,夫参议院往往同党或同情于众院,是又理之必然。吾人以法国之经验观之,亦仅一八七七年之一役耳,故须得参议院同意云云,直无异与政府以无解散之权也。且调和政府国会及将争议诉诸选民求其公判之权,亦为国会所削,夫安得而不惹起北洋督军之反感而有二次解散,掷宪稿于字篓中也!

从以往之经验观之,两次解散之国会,今又在京召集开会,若非大多数党变其党旨或行政权操于国民党手中,吾人殊不敢望行政、立法间之冲突不再演于兹而会议必将中辍;则二者必有一屈服而使行政、立法付诸他同一政党之掌握矣。

吾人于此可从日本政治一参考之:其国宪由天皇所颁布而与国民,故政府不能建筑势力于庶民,而得辅助以成完全之实力。是政府常受国会之苦难,则迭次解散国会曾不稍惜,即此一端,吾人不能不佩日人制宪之天才也!夫政府既有解散国会之权,则国家即无内乱之事,此理之至明也。日本政府亦尝从事于求得国会大多数之辅助而与他党联络,然其结果,终不能如愿。伊藤博文曾易其反对政党政治之主张而投身选民之民众中,组织政党,以谋国会大多数之拥护,亦足以证明多数党之为不可少矣。吾人可名此为宪政定律(A Law of Constitutional Government)。盖无国会大多数党之合作,则政府决不能运用其政权;易言之:即行政、立法二部须有同一之政党握权而后事乃可举也。

其二,行政部当权而无国会健全之反对,或国会把持而无行政部相当之节制,皆非宪政之福也。前者之弊,则政府党必将肆无忌惮,不循宪法正轨而为所欲为,其分裂为无数小党,或演成腐败委靡之局,为必然之现象。如袁世凯之违宪是其例也。彼所主之专制或君主政体,其价值殊不必论究;然其运动之可能而易于实现者,良由驱逐国民党,解散旧国会也。盖国会中而有反对党,则必注意政府之过失而利用之努力以求得公共之辅助,以期由少至多,则政府焉敢冒大不韪自取败亡之道,是帝制运动之萌芽,倘有国会存在,必可催灭于反对党矣。反对党既去,北洋派——即政府党——分裂之兆立即表见,所谓直、皖、奉、交通、研究……等各树一帜,互相排挤,卒之酿成民九直皖之战,民十一直奉之战,无他,国会及各省有反对党时,政府尚能联合一致以御公敌,一旦外侮既去,则阋墙之争随之而起,蝇营狗苟,丑态百出,吾人举其著者则营私舞弊,任命官吏,多不按文官任用制度,其所吸引者,无非亲昵私人,胸无点墨,大借外债,彼等得以从中取得回扣,骤致巨富,不惜以国库抵押外人,而致国家于削回抵押品之权危险之下,假使国会中有反对党在,则必质问,令其解释,何至有如此丧权辱国哉？不知出此,而尽放逐党人,其土崩瓦解,食战争之报,有以也！

夫行政部有得反对党之必要也已如上所述。今而反求立法部无行政部相当之节制则何如？夫立法部而无行政部相当之节制,则必万事操纵,流为大多数专制之弊,而使政府不能建一功立一业,其为国家之害,亦不亚于行政部之无反对党也。当旧国会之草宪也,即削灭政府咨请复议权,国会则可以任意议决法律案而政府不得不奉而行之,其跋扈骄横,孰有逾于此者？国会之解散,非有参议院同意不可,而对政府,则一经投不信任票,即须引咎辞职,政府所提之法案,则可以任意否准,政府惟有忍气吞声,退位让贤,使与国会同党者起而代之,是则政府特一机械耳,何政策之云为？法兰西、意大利二国会之专制也,压制政府,干预行政,卖官鬻爵,位置私人,而政府皆一一唯诺之,此国会无反对党之殷鉴也!吾国《临时约法》规定国会有绝对支配国库之权,然实际往往拒绝政府用度、收入以及借债之批准,而政府之机能遂完全停顿。夫中国当此君主民主蜕变之际,尤须有坚固政府及永续之政策,庶可以日增月盛,以发展民治之精神,与英美并驾齐驱,而国会乃拥无上大权,不能与政府有平衡之制限,观于民二、民五,民六三役,而中国宪政之不能实行从可知矣!

是故政府与国会间,政府应受国会相当之监督,容忍反对者善良之意志,然后无分裂竞争之祸,滥用权力之险,而政府于宪政道上乃可保其不逾越也。然国会于政府亦不应有漫无限制之支配,毁灭政府领袖的创议之精神,故宜服从政府必要之限制,以相调和,俾政府常能保其健全也。

其三,中国自推翻满清,扑灭帝制复辟两役,勇往直前,当永为民主国固矣;然非有特别绸缪,以抵御危难,更四十年,恐无若何大成功之希望,而以今日荆棘满前,险象环生,甚至有危亡之虞也!

复辟之举,吾人观于民六张勋之妄,即知其不可能之事;盖满洲在中国为异族,虽有资政院以愚弄汉人,而实处国家于武力强迫之下,此其所以不能长存也。夫中国人之爱自由、爱自治,初不亚于西人,进而言之:中国人虽在皇帝专制之下,而亦极受和平之幸福,尤以满族当国之初为尤盛也。惟满清末造之半世纪人民惨罹无数痛苦,几经争战,濒于瓜分!拳匪之变,其尤著也!复辟之祸,吾人记忆前清末之痛苦,决不愿再回君主政体而令中国人怵于亡国及列强侵夺蚕食之危险矣!

夫复辟之事,即令易其称号,亦决不能有成,吾人观于袁氏之败又可知之。袁氏恃其强大之权力，出诡秘手段，愚弄人心，从事帝制运动，然卒为蔡锷所败；盖国人对于共和，视为救国之独一生路而趋避专制病之最妙方法也。中国人在民国历年以来所罹外来之灾害，必犹甚于满清，而后可冀回思旧情而希望复辟也。

然实际决难得一才能道德足以为新君主者，虽以袁氏之才，尽职之久，而中国人亦仅承认其有主持政府、维持国家、防御外侮、保护人民之能力，从未认其有身居九五之尊也。故在中国之今日，除上帝特降圣人足以御龙衮者，虽帝制百运动而无效也！

由是而言，中国今后共和，为善为恶，既成已定之问题；然则中国必如何而可使共和有成功之望？应之曰：溯中国数千年前，即为大民主国。当尧之时，以天下传之舜，舜亦以天下传于禹，而皆不私其子，史家传为美谈，此其国家之为共和非专制，为终身总统而非君主也明矣。故中国人崇拜二帝，而以为聪明睿智，至高无上之统治者，迄今犹不稍衰也！其在乡曲之间，人民自为团练，保卫地方，犹足见有民主之精神。其他工会、商会，亦与人民有无限之自治及组织，服从公意，判断纠纷，酷嗜和平，无一而非民治之表见。此足以断定中国人之习惯、性质，固生而有自治及共和之才能也！

晚近以来，中国舆论沸腾于全国，政府基础，谓建筑于舆论之上，受舆论之指导可也。是故舆论一端，足为中国取得共和应兴应废之良好标准也。不然，辛亥革命，以袁世凯军力之盛，所向无敌，屠弱民军，何足以当之？故辛亥革命之成功，实由于舆论而非假藉武力也。二次革命，帝制运动，而皆失败者，要亦失人同情，未得舆论之赞助耳。惜乎中国近来舆论分裂，卒使南北对持，祸乱靡已，众口铄金，可不慎欤？故就此点言之，中国亦足当共和制度也！

虽然，中国之必为共和国，由上所观，固无疑义；独是最近之将来，中国而欲共和成功，殊为不可能之事：盖中国人对于宪政共和政体，既无适当之观念，亦乏充分之了解。今试一往乡村执途人而语之曰：吾国今日为君主乎，抑为总统乎？吾知其将瞠目不能对；即对矣，亦不知总统之为何，此缺政治教育一也。中国囿于专制之习既久，人民倚赖性成，舍乡村组织略可睹其有公益之心，欲求参与政事，以国家为己任者，盖亦凤毛麟角不可多得，此缺政治阅历二也。有一于此，已足为共和之障，而中国兼而有之，其难可测而知矣！革命以来，稍稍打破旧习，然老者习于君主陋制，深入脑经，牢不可拔，少者又方从事教育，政治阅历尚未可言，此其所以难期旦夕成功也！

夫中国国情既如上述，则选举总统，必生极大之困难，试为言之：共和国家以民为主，使人民无宪政技术，不注意公共事务，又无参政阅历，则每届大选，各政党党魁，假爱国之美名，窃护宪之面具，而阴行奸险，操纵人民，以图当选高位，乃必然之事；夫使主人而放弃其主权，豪奴悍仆，又安得而不乘机拨弄，反主为奴，萃大权于一己，铸武力之专制也哉？

选举总统，不出于国民，即出于国会，二者必居其一。然中国人民既无政治教育、政治阅历之根本条件，国民选举已属不可能之事；不得已亦惟出于国会选举之一途：然吾人试一观拉丁亚美利加共和国（Latin-American Republics），每届大选，则必革命，群起逐鹿，企图当选。倘一失败，则假武力解决。吾国数年以来所经验者，其趋势与拉丁亚美利加何异？民七之选副座也，某督突起，展其军威，某督竟以二三千款公开贿买。民十一之战争也，亦为下届大选胜负之一决，而某使竟出票价五千元，以诱数百之罗汉。凡兹所言，皆国会选举之弊，若不预为之防，诚恐数十年间，每一选举，不有大战，必有激烈之骚乱也！

嗟乎！内阁制国家之总统，不过傀儡式之一公仆而已！而中国人何以如是竞争之烈哉？吾尝思之，盖亦有由焉：中国承帝制之余威，凡为总统者，高居深宫，尊严异常；一省之军民长官也，必经其任命，大使、公使之放洋也，必经其派遣；他如银行、铁路办事长官、交通机关重要司员，缺额最富，肥沃益浓，而皆非经其任命不可，是以凡稍具有总统资格者，莫不垂涎三尺，思欲有以得之，此其所以竞争之烈也！

夫国会选举，有武力贿买二弊，既见于上，而国会中议员又非尽甘猪仔之流，势非北走胡南走越，脱离肮脏之域不止。故其选举，有时或因不足法定人数而败；幸而选出矣，而半壁河山，偏安一隅，尚足以为一国之元首乎？呜乎！当其未选举也，则耀武观兵，逞于一试，以为攫选之先容；既选以后，则有穷兵黩武，胁谋统一，以为不朽之尊荣；是其祸乱靡底，而直接蒙其害者乃吾茕茕之小民，抚今追昔，不禁有无涯之伤感也！

在四五十年共和之行径上，充塞危险，不知凡几？而中国又必为一共和国，故吾人今日所处之境，乃为一矛盾之情势：中国应为共和固矣，然实际尚有许多危险。在中国问题之最困难者，厥为选举总统。关于此点后当专篇论之，且将提出可供解决之方案。吾人所希冀者为国人——尤其为制宪诸公，能本于常识及正常之判断力以选择一最适当、最公允解决之方法，则予敢断言曰：中国以其人民天然之才能、良好之意识，必为一共和国家！更数十年，政治娴熟，宪政精深，则必蔚然为大民主国而与西方民治国家遥相颉颃！特此最近之四十年间，总统问题将演无穷之危险，倘无特别戒备，共和殊寡成功之热望也！

最末教训为南北冲突之原因,即北洋派与国民党相争之点安在?夫亦曰分权(division of power)而已!分权有二:一曰行政部与立法部分权;一曰中央与地方分权。请分别言之:行政方面,急欲建设一强有力之政府,其独立、其任期均有相当之程度;关于政府之领袖与创议者,又必有完固之保障。立法方面,则欲建设一活动而精细之国会,其能力足以监督政府。此袁氏之解散国会,而国民党议员亦欲得无上之威权以监督政府也。两两相持,而国会卒削政府抵御之武器,其权力有加无已。今之宪法,犹昔之草案,其相争之点即在于是,亦不知其将来为如何也。

其次则在中央与地方分权;北洋军阀欲建集大权于中央,使能抵御外侮,维持统一,改良全国;而国民党议员则主地方自治,谓中国幅员之大,交通不便,风俗不同,不予各地有自治之权,决不能收发展之效,此又北洋派与国民党相争之点也。平心而论:是二者各有天然之理由,亦为世界各国所不免者;其解决之方要在合乎本国国情而已。

第五章　废除督军制

民国十余年来之教训,吾人既已言之,今将进而讨论中国现时最大之问题,为全国人所切望解决者,此问题维何？即废除督军制是也。

在清季统治之下,各省督抚,皆由君主任命；总督直辖二三省,而巡抚仅治理一省隶于总督之下。辛亥革命后,旧制废弃,改设都督,因借重兵力,推翻满清,遂成一时天骄,而军阀首领,于以养成。把持一省军民两政,妄自称尊,目无法纪,遂成今日尾大不掉之势。然袁氏时代,分其职守,军民两政,划然不侵,都督与巡按使,等级相若,权利相同,尚能相安于无事。袁殁,易都督为督军,巡按使为省长,虽其等级仍无轩轾；然督军恃其武力,挟一省实权于手中；而省长遂不得不低首降心于督军之下,其或拒设省长而督自兼,奄有军民两大政权,中央遂无任命省长之能力,或须得其同意而后命令始有效,督军之焰,盖至是而跋扈极矣！

督军既握军民两政大权,故实际与小国王无异：第一,彼有兵权可以支配全省军队；第二,彼有民权可以收集全省资财为省政府之用。彼等对于省议会既不负责,对于大总统亦不负责。以理言之：彼等应对大总统负责也。当袁世凯存在之时,各省督军大都为其爪牙,其力尚足以统驭,而各省亦多能解款至中央。袁殁,其力消灭,各省督军,互相侵略,裂为数党,抗制外来之命令,各保其土,俨然为一独立王国；而中央之总统，既无直接隶辖督军之权，又无充分财政之收入，顿成麻木不仁之土偶焉！所可直接者，不过甘心拥护中央之少数督军而已！中央之号令既不出都门，故欲撤任一督军，非先得其谅解或别与位置以遂其欲，殆属不可能之事；不然，彼将宣称独立，与中央脱离关系也。夫中央既不能直接命令各省督军，势必依恃其所谓甘心拥护少数之流以遏制叛徒，否则固莫如之何也。如袁世凯时撤换江西督军李烈钧，彼即叛变，卒有国民党二次之革命；徐世昌免张作霖东三省巡阅使之职，彼不放弃其责而宣布独立与中央对抗，是其例也。

夫督军于实际上对于省会及总统均不负责，故养成一省专制。其治理事务，一随其意之所欲，而不顾及法律、人情。是故彼若为一善人也，则尚能改良全省事务：建设学校、辅助工业、维持秩序和平等，不无政绩可睹。然彼若为一恶人也，则横征暴敛，饱入私囊，恣情任意，无所不为；拥铜山之富，营菟裘之窟，托庇于外人或租界势力之下以将老其身。当其敲剥民脂民膏也，不顾军队之饷糈，积欠既久，一朝激变，而人民遂蒙池鱼之殃，可胜叹哉！而其军队乌合之众，不知保国卫民，有时且侵害中国人之生命、财产、自由，亦有所自来矣！

尤可异者，督军等既只知竞争权利，绝不对人负责，而又尝自为联盟，直、奉、皖、西南各系，各以其利害而结合，其情势与欧洲列国同盟无异。

以如此恶劣之制，故恒引起战争，无论何时，彼党系不同，或督军与督军之间必起剧烈之争夺，而一较其胜负以博最高之权位。故民国十一年春间，吴佩孚、张作霖一役，以表面观之，似为统一问题，实则为争下届最高权为之总统耳！

嗟乎！中国尚无统一之望而共和卒未成功者,皆此督军制阶之厉也！假令督军等稍稍发见其天良,同心协力,共济时艰;或有强者出,征服不轨之徒,则中国目前或有统一之希望;无如若辈仍是各树一帜,分疆自守,稍一意见出入,立破统一,置中国于内乱之旋涡中而不顾！又假令督军等能承认一老成硕望之政治家或武人而为其总统,则亦或有统一之望;无如督制未废,其所认之领袖一旦死亡或去职,则若辈仍互相嫉视,争为雄长！以选举言之,若运动失败,则必公然诉诸贿卖及武力,其力不足,则继以联盟为之抵抗,此中国之所以分为二三多数之王国也！所可痛者,无辜小民,既惨罹军队叛变之害,复蒙督军等争夺之殃,蹂躏横行,于斯为极,嗟我生灵,其何以堪！

然则今欲挽救中国,出人民于水深火热之中,舍废督军制无他道也！虽然,废之之法,从何着手？既废矣,又将以何人代之？皆问题也。夫此制虽罪大恶极,然亦有良好督军维持国内之秩序和平于相当之程度。当袁世凯生存之日,能驾驭各省军队,又能实行政府根本上之工作,保护人民之生命、自由、财产;自此大领袖一亡,其军权遂移归督军掌握,然中国之所以未即陷于全国大乱之境,而能维持国家独立与秩序至于相当程度者,亦赖有一二良好之督军也。故吾人欲废止督军,关于此点,亦不可忽视也！

督军既废,当以何制代之以保护人民之生命自由财产乎？夫督军应放弃其财政权、军政权,保留相当的于省内,可以维持一省安宁足矣。然彼等之权力将付与谁？吾以为国会、省会皆非处理军务、政务之团体,断难托付,惟有交诸大总统而已！

《临时约法》及新国宪规定,大总统为全国陆海军大元帅,按诸实际,乃宪法之原则;然在中国,则大总统殊无直接陆海军之权;不特此也,其对于行使宪法法律命令,亦无实力足以强制之,然彼固应行使一切宪法职务也。夫总统而无军权,则号令决不出都门,与傀儡无异。就论理之步骤言之:大总统为宪法权力正当持有之人,各省督军,当然将其所握之军权奉还总统,服从号令,此不易之理也!虽然,中央对于各省之安宁秩序亦应有特别准备,庶几集权而后,不致有纷扰也!

进而言之:督军虽还军权,而财政仍掌握如故,则亦非完善妥当之法;盖各省饷糈,既由中央所付,督军之财产权,亦应奉还于中央始得谓平!至有大部分之税收,向由督军截留者,今亦宜交付中央,或别图最善之策,而收税人员,宜由中央特派直接办理,如是则大总统不特有直接统帅军队之权,抑且中央有维持军队之力,而安然于政府中以行使其职务也。惟关于各省之财权,应有特别规定,庶省自治,不致受中央政府权力过重之压迫也。

由是吾人可得一结论,即对于督军制,须有强力之总统以代替之,此为惟一之道!申言之:倘无强有力之总统以临其上,则督军制不易废除;幸而废矣,则其祸必更甚于督军制之存在!故强有力之总统者,乃惟一调解废督之办法,舍是别无可求也!夫既有有力之总统,则各省督军权财权,又能奉与中央,而受国会之支配。惟保留其相当权力以为一省安宁秩序之资,于此而国不治者,吾不信也。

夫挽救中国惟一之方法,即在废督,固矣;然于此即有天然之问题随而发生:即总统集合军政二权于中央,能不如袁世凯一变而为武力专制?此种深谋远虑,根本之图,不可不计及,庶废除二十余督以后,不致再有万能督军之遗孽,倾我共和,贼我民命也。

是防御者,当付诸舆论与国民军之上,人民在民治国中,宜有舆论,亦宜有国民军。如有权利意志之必要时,或民意不达之期,则当努力奋斗,以期必得;若总统有逾越宪法限制之时,则彼必为舆论之警告而阻止,或竟受武力之驱逐。吾知更数十年后,人民深受宪政共和政体之教育,必能膺此巨工也!

复次,防御者即国会也。国会须活泼坚固而精慎,总统得国会大多数之拥护,则能行使其职权;更须精明干练之少数处于反对之地位,阻止总统不致有出宪政轨道之举,而政府中亦不致腐败分裂发生内讧也。

总统一方既受上述之牵掣,然一方又操有必要之军权财权,故此实为惟一之调解剂;而欲解决督军制,舍是别无良法也。于此又有问题者:即督军等既饱尝大权之滋味,复何愿抛弃其军财两权之利益乎?敝屣帝王式督军之尊荣而甘心服从于总统乎?此类问题必不可免,而解决之法亦不久当可见也。

时至今日,亦有督军以废督甘愿首倡者,如浙江之卢永祥是也。彼于民国九年五月通电解除督军职,此诚凤毛麟角,不可多得!以后当亦有良善者步其后尘也。然安于尊荣,迷于富贵,恋栈而不去者,实甚多也。

居今日而欲使督军之大权能屈服于中央之下,厥有二大道焉。细别之又可分为五途:第一,和平办法。督军等自行召集会议,各以其权交出,此即何东氏曾主张之和平会议也。第二,武力解决:(一)武力出于一人者。苟有人焉,兵强力足,足以横行一时,则出其全师以征服其他军阀,如拿破仑者则亦足以废除督军制矣;然中国之拿破仑为谁?吴佩孚乎,抑尚有待于他人乎?(二)武力出于国民者。国人能组织国民军以与军阀对抗,则亦有成功之望,此为最稳健之法,然亦迟缓,非经数十年后不易实现也。(三)武力出于外人者。此法早已酝酿,所谓国际共管,大有朝不保夕之概,然此法虽足以促成督军制早日废除,而于民国前途殊有大不利也。(四)林肯办法。即综以上三省并进,一面由外国侵略之危险刺激国民,使其速组国民军,而同时军阀等怵于列强之威及国民之实力,亦不得不顾及国内;希望林肯而不愿有拿破崙者,以林肯能福国利民而拿破崙居心叵测也。凡兹五者,以最后一法较为适当,愿国人急起共图之!

第六章 制宪

前篇关于督军制废除之问题,既已讨论矣。吾人兹当进而研究中国根本之问题,所谓制定正式国宪应采取何种最善及最适当之手续是也。

乃者吴佩孚克张作霖,旧国会复召集于北京矣,十一年八月一日开会,两院均有足法人数,吾人回忆此两次惨遭解散之议员,其第一次出席,在民国二年,驹光如驶,不觉又十余年矣;夫以此过去十余年之议员,而又招之使来,为此何等重大制宪之事业,其能胜任与否尚不可知?特以如何善法制定中国之国宪,骤观之似无讨论之余地,而此次所召集之国会,若曰为补作以前垂成之事务,然此乃共和国家根本问题,不能不详加审查俾有正当之解决也。

考《临时约法》载中华民国宪法由国会制定。元年八月十日公布之《国会组织法》其规定:

> 民国宪法之起草,由两院各于议员内选出同数之委员行之。
> 民国宪法之议定,由两院会合会行之。
> 前项会合时,以参议院议长为议长,众议院议长为副议长。非两院各有总议员三分二以上之出席不得开议;非出席议员四分三以上之同意不得议决。(第二十条至二十一条)

民国二年四月召集之国会,由两院选出同等人数六十人组织委员会,在天坛起草,即依此规定而成也。吾人犹忆其二月之杪,袁世凯接受所属各省督军关于宪法起草委员会组织之条陈,主张此会应由国会选举代表八人、内阁六人、各省督军选派二人、各省省会一人云云。嗣为国民党领袖所反对,并未交与国会委员会查考,故卒未成也。

夫此法之结果甚为昭著,国会宪法起草委员会闭门集议,拒绝政府首领派代表厕入说明意见,故其所产生之宪法,集所有最高权力于掌握中而令政府懦弱无能,居于屈服之地位,凡此皆必然之事也。国会则可指挥其猛烈之武器,如所谓不信任案也,质问也,弹劾也,强迫出席答复也,宪法之解释,预算之支配,同意阁揆之任命,凡所以操纵政府者无所而不为;有时而为极端之举动,虽破坏政府在所不惜。夫政府首领虽与以咨请复议之权,本年度预算被否决或停议,得援用上年度预算之例,然解散国会,须得参院三分二之多数同意,以法国历史观之,决难有成,是政府解散国会之权,与削夺无异矣。故当一不信任案发生,政府惟有免阁员之职而不能解散国会也。于是政府为不信任案所操纵,国会得以已之喜怒组阁、倒阁,政府首领无阁员之副署,不能有所作为,任命总理,仅惟下院之许诺是从。政府之权力既被侵夺,结果国会必干犯内阁之权。至总统之选举,须由国会,若图再选,必得两院之赞助,故必使其屈服于势力之下而无领袖及创设之能力。

国会之骄横既如是,以不公平之心加诸政府之上,使其柔弱无能,而又设立国会委员会,在停会期中得以监视政府,其跋扈可谓至矣!故袁世凯平二次革命,被选正式总统,遂放逐国会中之民党议员,解散国民党组织,国会失其法定人数;盖自民国三年一月以

第六章　制宪

来,国会即无期停止,常在风雨飘摇中矣。

对抗之力既黜而无余,反动之势乃趋于极端;袁世凯召集临时宪法会议,制定"袁世凯宪法"(*Constitutional Compact*),于三年五月一日公布作为临时约法。昔旧国会制宪,以最高权力之大部分归于立法部,而于政府则无相当之保护,今"袁世凯宪法"即反从前之弊,而使最高权力尽握行政部中,而处立法部于次等之地位,其报施之道然也。政府首领有完全否决立法案及绝对解散国会之权,其行使此二权虽须得参政院同意,然该院为其私有之物,不难要求通过;其保障预算之法也,若国会否决时,则援照前年用度;宣战、媾和,亦无须得国会之同意;弹劾政府,则须议员五分四出席、四分三之投票乃可。任免总理、阁员及文武官吏,均无须提出国会得其许可;海陆军费用,有独立支配之权,国会不得总统同意不克增减。更有甚者,其所制之总统继承法,集大权于一身而为终身之武力专制(dictator),又可指定继任之人。关于正式国宪,吾人回忆其宪法草案,由参政院袁氏个人之机关选举十人组织委员会,且经国民会议认可也。

夫政府首领反动之力达于极点,其最后当为帝制侥幸之一试。然结果未有不失败者,此无俟赘言。吾人犹忆袁既死后,复辟不成,旧国会恢复,而国民党复掌揽大权,南京《临时约法》亦遂再生,既回复民二之形势,其终局鲜有不蹈以前之覆辙者,吾人试一重读前数年之历史即可知矣。国会既处于袁氏淫威之下,故召集以后,即欲克制行政部一泄曩年之忿,遂力主仍用民二之宪法草案,任意以最高权力萃于国会,规定种种损害政府之事,如前所谓否决立法案之权已被削灭,解散国会须得参议院同意之类,是以北洋军阀以不利内阁及己之地位,愤国会之专横,遂有二次解散之役。

十余年来国宪起草之经验,已往之迹,无俟深言。然吾人就以上所述,可得一明确之点:即制宪而由国会或政府时,则必各以大权纳诸自己掌握而不顾其他。此一定之习也。彼旧国会有两次制宪之机,而两次皆遭失败,皆受政府极端之反动也。今国会又以吴佩孚之召集而有第三次制宪之机会,其仍蹈前此两次之误否,固不俟言而知矣。以民二、民五及民六三年间之经验观之,除国会中大半议员变更其政策及信仰外,行政、立法二部间权力之分配固不甚易也。民国三年至五年之间,袁世凯有此最良之机,制定宪法,惜其亦蹈此弊,而以无限大权集于一身,帝制运动,图谋不轨,卒为国人反对而亡。

于是吾人又可得一定例:即国宪由国会或政府单独制定时,关于行政、立法二部权力之分配必不公平,其结果亦有不堪言者,然于此即有问题发生——将用何法改正此程序? 如不由国会及政府制宪,将托何人以行使此权耶?

答此难问无他,亦曰由国民会议或国民代表会议制定宪法而已。从宪政之理想与事实观之,此点为必由之道! 吾人于实际已知国会、政府单独制宪,其分配权力必有不均者在,矧在立法、行政不为一党管辖,其不公平当尤甚也。

此种新建议,在理论上甚重要而亦甚有道理也,不观南京《临时约法》乎?其规定"主权在民",行使主权者为国会、总统、内阁、司法,易言之:即民国之基础建筑于"主权在民"之一原理也。溯自满洲政府退位以其主权禅之人民,其禅让勅令及《临时约法》,均载明此事实也。

审如是,中华民国之基础果尔建筑于"主权在民"主义之上,则国会及政府单独制宪,皆为不合论理之事矣。夫《临时约法》载行政部与立法部不过为同等之机关,同受人民主权之托付而令其行使最高权力而已;以此同等之机关或代理人制宪,则即等于国民之一权尽赐于一部也。故如立法部制定宪法,即等于将全国人民主权交赐于立法一部,既不适当,又不公平,于国家之基础亦不扶之使其巩固;推而行政部制定宪法,则亦即等于赋授于行政一部,而亦必有畸轻畸重之弊,仍有害新民治之发展也。

然则制宪事业既不当付国会亦不当由政府有此权也明矣;否则彼等于分权常有争持之事,试观已往十余年护法战争之内乱从可知矣!所以制宪事业应付诸有主权之主人翁——人民——乃为至当,而政府各机关如立法、行政、司法之权力,乃有平均分配之望,必如是而后立法、行政间之权力不均之争乃可挽救,而民国之基础乃真建筑于"主权在民"主义之上也。

斯理也,美国宪法史上已有先例:美国临时宪法,仅予旧国会有修改之权,且仅限于十三州全体一致之同意票;严格及法律言之,特美国旧国会有修改联邦宪法条文之权。不但此也,彼尚可以制定美合众国正式国宪。然美国人民固守其权,要求主权在民,制定宪法,遂用法律以外之手续,召集一七八七年费拉德费亚(Philadelphia)之会,由人民代表制宪,其次联邦宪法规定全体一致投同意票,乃不可能之事,故彼等规定应由十三州九州之批准即足以批准宪法。

以美合众国之先例作吾人之模范,于是益坚吾人信仰"主权在民"之主义矣。今欲救中国之内乱及立法、行政,中央、地方宪法权力之争,解决制宪之问题,皆应由国民会议。此乃惟一的、理论的之程序也。非然者最高权力分配之法则,分裂及内乱之危险必不可免也。

国民制宪,固为最合理、最适当之法,然实际则又有问题发生;所谓旧国会者能否愿抛弃其最高之事业及其权利而允召集国民会议制定宪法?然此问题亦易解答,即旧国会亦不过为政府同等机关之一,断无权以抵抗最高权力——主权在民——之命令也!盖旧国会亦不过受命于国民而被人民所产出者也。如反对"主权在民"组织国民议会以制宪者,即不啻反对"主权在民"及主人翁之权力也。一经人民之要求,旧国会即须让其职务,使人民固定其权力建筑民治国家之基础。

关于此,美国宪法史亦有先例可以证明:美旧国会有修改宪法之权无可疑者,且可制定合众国正式国宪;然国民既采用费城会议之计划,国会即甘退让而由费城会议裁可宪法之制定。盖一七八七年,美国旧国会通过一案,赞成阿那颇理斯(Annapolis,美国 Maryland 省之首府)报告关于制宪之时间及地点,使实现其制宪事业也(Max Farrand, *The Framing of the Constitution of the United States*, p.11)。

或有疑者曰:国会议员为人民之代表,与国民会议之代表何以异?其所制定之宪法果足以优于国会议员乎?此亦应有之问题也。虽然,其间亦大有上下床之别焉:夫国会议员,其选举未必尽出于民意,而以金钱运动者,或居其泰半。故其来也既不轨于正,则其知识即可推想而知;谈何容易以此知识不完备之流,而制定千百年国家之根本大法,其不贻人以笑柄者几希!且也国会为常设之机关,议员等视为终身产业而欲连续递次选举者,故其制宪往往偏于一己之私益,此国会制宪之大病也!国民会议制则不然:宪法为一国根本,非富于学理经验者不能道之。今由国民制定,则必选聘社会上物望最著之元老、名流、专门家从事制宪,其学识既优,而又专于制宪事业,较之国会议员程度悬殊太甚者,自不可同日而语!而国民会议代表又非久于其业之人,当然无自私之弊。又其志之所向,有于行政者,有于立法者,有于司法者,有于省政府者,其趋向不同,其制定之宪法自将权利均分,非若国会议员之只知损行政而益立法也。此国民会议制宪之利所以远胜于国会也。

第七章　民国之七大根本

民治国家与专制不同之点：即一建筑于国民基础之上，一则责任于君主一人之身；故民治国家，人民对于所有政事，皆负有莫大之责，而国家兴亡，亦惟全国人民是赖，此吾人今日谈民治学不可不从根本上彻底以研求民治国必须之要件也！不然，人民不明其所以尽责之方，而欲其拨乱反正，奠国家于磐石之安，不可得也。用将民国之七大根本晰述如次：

（一）国民教育。智识者治事之母也。无智识则不足以言治事。民治国家之主人既在国民，则主人无相当之智识，而走卒奴隶未有不桀骜跋扈者也。以走卒奴隶而桀骜跋扈，反仆为主，国家尚堪称为民主乎？不特此也，一政治问题之发生也，政府、国会，往往诉诸人民，倘无舆论以盾其后，则政治问题决难解决。然使无健全之智识，则舆论又何自而发生？此吾国频年以来关于政争之解决，每藉武力而无真正之舆论以指示监督之也。考世界文明各国，教育莫不普及，而我国则百人中受教育者不过一二十，而目不识丁者即居八九十；今试往乡村一考察，则尚不知吾国今日之政体为何如者，亦无怪十数年来干戈扰攘迄无宁日也！英美国家，其每日报纸之发行动逾百万，而中国则仅数千或数万而已，教育之不发达即此一端亦可以觇之。故今日之计，政府亟宜设立公民教育，授人民有普通政治上之智识，俾国民知其权责之所在，则新国民兴而健全之舆论斯出矣！

（二）政治阅历。虽然，国民不仅有教育已也，其于政治上尤须有一种经验，然后始足以言治事。民治国家人人皆有参与政治之义务，倘无政治阅历，每有措施失当之虞；然中国习于专制已久，政治生涯，人民从无此种机会；有之，亦仅乡村之组织、城市之商会而已。此种团体，颇适民治之原理，惜其不能进而上之，以图所谓政治之组织也！开国以来，于兹十有余载，欲求具有真正民治之雏形，舍广州、南通以外，盖亦寥寥不可多得。且西人自来有二团体为吾国所无者：其一教会（Church），有长老，有牧师，开会有一定之仪式，出入相友，守望相助，疾病相扶持，凡国内各地莫不有之，而声气相通，协力合作，俨如一小国。反观我国，虽亦有庙宇，然不过数人关系，毫无大规模之组织也。其二，兄弟会（Fraternal Orders）及其他社会组织，此种团体，包含甚多，要为中国向来所未有者。由此二点以观，则西人民治发达之因与我国之无多进步，不待筮龟而可知矣！今欲使人民有政治阅历，则宜从组织团体始；而组织团体，尤须扩充地方自治，盖其关系密切，而尽力自多，然后渐进而参与市政，不数十年后而国家不治理者吾不信也！

（三）政党。中国二十余省必有联合机关；此机关即政党也。各省有政党则一省统一；合全国而充之，则一国统一，故中国今日之分崩离析者，无政党为之也。无政党犹之机器歇停，而百部不能为矣。中国之政党有与西洋稍类似者甚少，类皆为利害结合，无一定主义，亦无大政策，不足以言政党也。北洋系以袁世凯为首领，然非袁组织而成，不过以小站练兵，出其门下者为一集合已耳，非有组织。夫政党必各有相冲之点，甲党主张此者，而乙党则主张彼。而今之号称为党系者，其主张又众口一辞，往往雷同，是焉得谓之政党乎？英国有守旧（Conservative）、自由（Liberal）二党，近又发生劳工党（Labor Party），美国亦只共和党（Republican Party）及民主党（Democratic Party），近虽有劳动党发生，但不若英国之盛；中国将来政党之为若干，固不可必，然必有政党而后国事乃可解决，可断言也！

（四）政治道德。中国自古未闻有政治道德，如孔子所言，君臣、父子、兄弟、夫妇、朋友，皆为个人与个人间或家庭间道德之关系，而未尝言政治道德也。第今专制推倒，民主继兴，旧道德既已渐微，吾人当别求新的道德以济其穷；说者谓国家既有法律，对于政治，似无庸再有道德，是不然！道德与法律，各有优点。道德者，治于未然者也，法律者，治于已然者也。故法律之所不及而道德能及之。今有人不敢持刀杀人于市，是畏法律也。然如有子则必授之以教育，无法律迫之，是为道德驱使也。西洋有宗教，能养成优美之观念，故道德之崇尚，非独我国为然也。民治国中，政党纷歧，竞争尤烈，大多数党操全国之大权，并无他力可以使之听命，是以往往压迫少数，或且不守法律。苟无政治道德，则大多数党必为所欲为，而寡廉鲜耻之事出矣；故有政治道德，然后可以制其邪心而国家不致纷乱。其政治道德有四大纲要：

（1）少数服从大多数。凡少数人宜服从大多数人；如美国每次大选，必得大多数之票，少数人则只有服从也。美国一八六一至一八六五年南北之战，解放黑奴及联省分立，乃宪政问题，而实际则即解决少数应服从多数之问题也。

（2）大多数须有自治能力。大多数以上即无人管束，除用武力外，法律亦不能束缚，倘无自治能力，则必有越轨之行动。若大多数不守法律时，少数党即无服从之责任，亦理之当然也。

（3）容纳反对。民治政体倘无反对党，则行政部腐败或崩解或越轨，故反对党者乃促进及成功之良友也。若其反对为和平的及合法的手段，则多数党当容纳之；若为武力的则当然不克容纳，如二次革命是也。法律上反对，则必向法庭控诉听其解决，或由国会提出弹劾，或其他依法之方法，不能任意出以武力或其他激烈之手段也。

（4）遵守法律。此语尽人皆知，在民治国中较专制时代尤要：盖民治国家以党竞争，稍不守法，祸乱立至，争之不已，必待法庭解决，故须遵守法律也。又有未加入党者（independents），负社会之重望，每有纷争则必取决于彼，如美国选举，则票数相等时，则由此种人解决，亦与审判无异。故失败党当服从法律，否则动用武力，人民遂不堪其扰矣！

我国以前无此种政治道德，故宜日渐养成，其养成之法有三：

（1）学校内之文武运动。学校除上课外，应有种种运动（activities），文学运动、武力运动——辩论、跳高之类——此类运动，必有选举法治等事，而蹴鞠一端，则有裁判者，是皆足以养成政治道德，遵守法律之良习。美之大学运动极多，其毕业生多为领袖，由此而知运动之效矣。

（2）社会组织。中国只有商会一种，亦宜增加社会组织，共同练习。

（3）地方自治。此种纯为练习初级政治运动。

（五）公益心。在民治国之国民，政治问题，取决于国民，即所谓国民是民国之主人也。主人而不管国事，则主人即失其责，而民国亦必因此而衰微矣。是以公益心为民国根本之一也。公益心大,则民国易成。公益心小,则民国难就。且凡民治国家无领袖则人民不知适从,然欲为领袖非有公益心不可。昔者哈佛大学校长(President Eliot)游中国归语人曰:吾不见中国之有领袖也;盖我国之无公益心也久矣,其所以然者:

(1)人民无参政权。人民习于专制数千年,倚赖成性。

(2)个人教育。昔时家庭各聘教师教授,并无公共合作之教育,由是而考试而做官,皆为个人之事,与人关系不切。

(3)五伦道德。孔子所云五伦,全为个人间关系,前已言之。然孔子于个人之外并未言及社会世界道德,特养成君子、善人而已;若一涉身社会,则与家庭迥异,凡可以取得利益者,则虽牺牲公共,无不为之。

公益心之缺乏既如上述,吾人今欲养成此心,亦舍上述三者外无他法:其一,有参政权,如地方自治等,使其久于阅历,知公益之必要;其二,公益教育,使人民知与社会与国家之关系,尤须于课外有种种之运动;其三,新道德学,保存旧道德,扩充新道德,促进社会国家之改良,促进人类文化之发达,如是庶可以收公益心之效。

(六)国民军。国民之言,主人之言也。主人之言不行,则失其所以为民治国家,如袁世凯之帝制,人民固莫可如何,而蔡锷败之,非国民之力也。英国皇有海陆军之大权,然克林威尔(Cromwell)一战而大折之,无他,国民有力也。故舆论之后,犹须有实力其令乃出,其事乃行。吾人于前述之废除督军,倘有国民军亦何尝不易于反掌?而废督之后,大权集于总统一身,倘有国民军又谁敢贸然而为武力专制?美之宪法且规定人民有携带军火之权,各省亦有民军,皆所以为舆论之后盾也。英之商团,一有事则出而解决,其服兵者皆为商人。瑞士人民皆须当兵,其人皆能佩军器,一遇不测，则挺身而出，此国民军之在世界各国无往而不重也。中国辛亥之革命以及云南之起义，皆为政府军队，而非由民军战胜也。故中国此时宜以组织国民军为急务，而一切纠纷有解决之望也。

（七）交通。交通之最要者厥惟铁路。美国有密士失必河（Mississippi River），横亘南北，划然分美为东西，当一八五〇年时铁路未成，美人莫不以此为天然之鸿沟，必将分美为二国。然其后铁路落成，仅南北一战而统一，卒无东西之战者皆交通之便有以赐之也。中国地势有扬子江、黄河，横贯中部，与美国同，惟美之密士失必河由北而南，而中国之大江黄河则由西而东耳。势若将中国天然分为南北二国也。而中国之铁路，其成者仅有京汉、京浦、京奉、京绥等数路，而西南一带，则犹崇山峻岭，阻梗如故也。试观历年来之独立诸省，何一而非在交通不便之区，而西南护法之所以卒未成功者亦同蹈此弊。故中国欲求统一，则必自交通始；而交通之最要者，则莫如粤汉、川汉、沙兴及柳渝诸路，以裁汰之兵作修路之用，一旦工程完竣，国军亦可减少，如此一举两得，国家实受莫大之赐也！

综上七大根本，缺一必乱，而中国兼而未备，此其所以扰攘至今不休也。夫吾国不求进步则已，苟欲求进步，则必于此七者加意修养，民国前途，不无振作之望；否则内争有加无已，而共管之祸迫于眉睫，其危险殊不忍言也！

第八章　民国之危险及其补救之方法

民国根本,依上章所说既如是其弱,则其危险当然必多,而考查中央政府之组织,则其危险又多矣。举其著者,即行政部权力异常薄弱是也。总统之命令往往不越都门,吾人观于袁世凯后之继任者何莫非是?夫国家犹一船而元首为其舵工也,今也漂流于疾风暴雨惊涛骇浪之大海中,而舵工反失其掌舵之权;其危险何如,不言可知。然则吾国舵工之权旁落于何人乎?曰督军是也!督军等夺取他人之权,统辖一省,骎骎乎有独立王国之风,其野心犹不自已;又尝竞争高位,蓄养实力,较中央收入所能供给者尤多,其结果致国库于空虚,一旦中央失其供给之能力,则立即叛变,而无辜小民遂惨受其毒!吾常见若辈联盟,狼狈为奸,使大好河山瓜分豆剖,积年内乱,皆由彼等阶之厉也!且行政部之腐败,亦有自取焉者:彼行政用人,不铨试于才德而惟感情之是骛,而才气磅礴有志之士可以博取勋名者反退居赋闲之列,是以狡黠者又尝与革命党联合协力攻击冀其任用焉。

其次,国家铁路、银行之基本事业未发达也。夫此二者皆为经济生活必需之工具,而政府管理及运用之权,早已丧失无余,交通机关亦大有不可维持之概,是以中国常在风雨飘摇之中,而金融势力之进程危险殊甚,此民治不发达之一大原因也。国会支配财政之权亦既丧失，而政府在新银行团尚未组织以前，滥借外债，竟成外人之市场，此我国今日财政捉襟见肘而有破产之虞也！至司法方面，则颇幼稚，既不能建设独立不阿之势力，而人民之生命、自由、财产，亦不能有安全之可言也。

夫此政府既建设于无赞助、无预备之间及弱劣根本之上，其运行又如是之不稳固，处不良之环境，实兆将来之险象；譬如船然：放乎中流，既无舵工，又乏蒸汽，水手等复竞争权位于上，恬然不知祸之将至。又如家室，根基既不巩固，而仆婢等又从而竞争，为主人者反失其维持之能力，是则中国共和之成功，舍天有特别之动作及人有意外之能力，恐难一时实现也。

以言乎内，则督军争权，妄冀高位，各以武力相尚，致神州于陆沉，陷元元于水火，而彼巩固富贵自若，不稍有动于心也。其尤甚者，则每届大选，群起逐鹿，逞其淫威，操纵选举，以武力恫吓者有之，以金钱贿买者亦有之。争之而胜，则侥幸矜夸；争之而不胜，则假借战争，强迫解决。此历次选举最大之祸也！当其平时欲免一督易一位，则其祸亦巨，盖不以武力抵抗即将出于宣布独立之一途。嗟乎！国家以财政养兵，乃得此恶果，乌合之军，耗罄国库，此财政所以破产而国势趋于衰微也！

以言乎外，则因财政破产之祸迫于眉睫，列强为自身利益计，或将进而协以谋我，虽以一九二二年二月六日华府会议之《九国条约》(*The Nine Power Treaty*)有维持中国主权使之发达，及促进建设强固政府绝不干涉之规定，然对于列强在华之财产、生命须有不损害之保障始可。不然，彼将根据条约及国际公法公共干涉中国财政及内政，盖《九国条约》第七条规定，凡有关系实行《九国条约》时签字各国理应互相交换意见，是不异订明各国，在中国宜取共作方策之约也。故各国可互相团结,撤回北京政府之承认,组织国际管财机关或债务委员会清理外债,审若是则中国财政已受列强共管,政府将失其独立,而中国沉沦于十八层地狱,不知何年始能超生也!

中国之危险既如上述,挽救之方奈何?余以为第一在改良政府之组织及机能,建设必要之基础,庶共和可以成功!

(一)建立强有力之元首。今之督军跋扈、政府懦弱者,皆无有力之元首足以驾驭之也,故宜建立强有力之元首,举督军之军权、财权奉诸中央,裁汰冗额之兵,杀减督军之势。浅言之:即须有强而能之舵工,使其掌握全船,尽其最高之职务,而后无颠覆之虞也!行政方面,尤以官办银行、铁路为不可忽,应以考试出身为当,频年积弊或可一扫而空也。

然建立强有力之元首矣,严格言之:其危险仍不可免,盖因选举或继任问题而发生别种困难也。此种选举,为中国宪法上最难解决之问题,其详当于后篇行政部之选举论之。今可预言者即在共和基础未巩固以前,中国人对于总统选举应有特别之准备;否则此后每届选举,即无实际之战争,亦不免骚乱之祸患,中国人特当忍受其痛苦耳!

(二)须有二大政党。国会中有良善之代表,其植于民间之根蒂既固,大多数党辅助政府,又有反对党监视政府之行政,斯二党者,各有争点,各有其力:甲党可赞成总统制(Presidential System)而主张强固之行政部,中央集权,总统由人民选举,宪法由国民会议制定,疆吏由总统任命。反之,乙党可赞成内阁制(Cabinet System)而主张强大之国会及联邦制,总统由国会选举,宪法由国会制定,疆吏由省会或人民任命。如是两党竞争,有最良之领袖,又得人民欢心,将置中国于和平安宁之宪政道上,而中国于此亦可收两大政党对峙之效果矣。

(三)司法独立及改良。凡法院为保障人民生命、自由、财产之机关,又为选举争执之公判人,彼诚为促进共和实现之重要机关也!盖法院之性质近于专制,故非有必要之保障与行政分离而独立不可。此司法独立不受政党政治之污染为宪政上之必需原则也!

今请论建筑共和之基础如何?吾不惮烦劳,再申前篇之旨如下:

第一,人民须有公共教育,能读书作字,阅览报章,并宜了解共和政体之理论及其实际,俾人民之公意能有合理之表示,政府之基础始能巩固也。

第二,供给人民以参与政治之机会,使有政治之阅历,尤宜于地方政府中,应充分予之,庶人民能于根本上练习自治之技能,则中国之民治不难发展也。

第三,政治活动中应有公守之道德,故人民须有大多数自治之观念。凡少数者应服从之,又须容忍反对者之攻击,在政争中之品行等等。故如社会组织、学校活动及小规模政府监督之参政,凡涉于修养此种品德者,均应提倡而鼓励之。

第四,共和成功与否,视人民公益心如何为衡,此与自私自利乃大相反对也;凡学校活动、社会组织、宗教关系,皆足以占之,故宜积极倡导也。

第五,人民应受军事上之训练而设立国民军,俾能御敌捍患,保护其权利,实行其志愿,然后乃为政府真正之主人也。世界大多数民主国之成功,端赖人民能荷戈负戟,如瑞士(Switzerland)其例也。故欲救中国军阀专横之弊,国民军实为最良之方!

第六,建筑铁路为中国刻不容缓之图,如粤汉路应立即建筑,云南除滇越铁路外,亦应再建筑通达四川之路,则边圉始可巩固;川汉路亦在早即应完竣者,而今日仍无尺寸之工,故亦宜速图。夫如是有最便之交通,则可缩各地于一点,而三千余万方里及四万万人民之民国,乃有成功团体之望也。

总之,民国七大根本之弱劣及政治组织之危险,致置中国于内乱、破产、共管之危险,今欲救中国,其惟设强固行政部,发现二大政党,促进司法独立改良,提倡教育、政治阅历、政治道德、公益心、国民军及交通数要点而已。

第九章 内阁制与总统制之比较：
内阁制（Cabinet System）

前数章关于民国之历史言之綦详，于民国之政治问题，亦加以分析评论之。今须研究中国根本组织之问题以为制定正式国宪之助，俾宪法颁行后易于了解，且亦有裨于日后之修正也。

行政部为执行人民公意之机关，立法部为表明人民公意之机关，二者之调和，实为宪政国家根本问题，故凡宪政国家之成功与否，恒视此重要问题能否解决为转移。盖行政部不但表明公意，尤须能见诸实行，故二者并行而不相悖也，不然，以立法部而无同意合作之行政部，则一切将不能有所作为，可断言也。反之，行政部，除专制政体无须立法部之同意合作外，亦不能有所作为也。由是可知立法、行政二部如连环然，必和衷共济而后宪政乃有发达之望也。

兹就民国最近之历史观之，立法与行政之冲突，首在袁世凯时代，渐及于北洋军阀及其同党；立法方面则国民党挟两院以御政府。此种冲突，实为中国团体政治之苦衷，其解决之方，则有待于中国将来之政治家。民二、民六旧国会迭遭解散，其故皆由于立法、行政二部势不相下之冲突，而二次解散后，卒掷中国于内乱之旋涡中，前已具言，无庸赘述。

立法与行政之争，国民党主张内阁制，而北洋派则主张总统制,然自袁世凯殁后,南京《临时约法》恢复,因其有总理任命之规定,故亦仍趋于内阁制也。关于内阁制与总统制争执之点,吾人将从事研究,以公平之态度,科学之理论,以观察二制之特质及其得失,以求乎何者适于中国之情势焉。

现代国家政治经验进步,力图解决行政、立法相互关系之根本问题,遂有数种特色之制度发生:即苏俄之全国国民大会(The Soviet Council of People's Commissar)、瑞士之行政委员制(The Executive Council System of Switzerland)、内阁制(Cabinet System)及总统制(Presidential System)是也。

苏俄制,乃最近政制之产生品,为尖塔形之组织,由地方苏维埃建设而成全俄会议(All Russian Congress),此会代表所有选民而受有最终主权之权力。全俄会议复组织中央执行委员会,会员在二百以内,为立法及管理之团体。全国中央执行委员会受国会支配,有全权处理国家事务之权,但为执行行政便利起见,遂组织一全国人民委员会(Council of People's Commissar),相等于各部总长组成之内阁。然此为近代国家之创见,其优劣尚待证明。故略述于此,且移吾人之注意于更较确定而历经试验之政治制度,盖惟经验乃吾人之前导明灯也。

瑞士之行政委员制,其内容可分三项述之:一为甚小之政务委员会(Administrative Council),由立法机关选出,其任期颇短。二为立法机关,内分两院,不受解散之限制,及民众立法依创议权(initiative)与复决权(referendum)而行使者也。之为国会选举并管辖行政部(Federal Council),而其政府事务,则由行政部管理之。人民监视国会与行政部,于必要时并得以公决否准之。

瑞士此制有权力集中之利益,其行政亦颇安固,人民管理亦颇有效力,然此仅适于瑞士特别之国情;盖瑞士本一蕞尔之邦,人民久有政治之经验,外无侵略,内无纷争,故行政畅行而无所阻也。若行之中国则不适当明甚。盖中国幅员既广又无政治经验。列强环伺,内乱频仍,方在日深月甚之中,益以中国数千年寡头政体历史之遗传,与夫责任不明确而繁重难举之多重行政,在在皆使瑞士制不适宜中国也。

内阁制通常由一国之元首、国务总理及其内阁组织而成。元首或为选举,或为世袭,然皆有名无实也。内阁常由操纵立法部之一党或数党组成为政府之实际的行政者,而对国会负责。故如此制其总统或君主,以其背景使然,将皆成为名誉首领而非有真实行政之权力,而内阁总理乃有此真实行政之权力也。内阁及其总理维持国事,恒以得下院大多数信任及赞助为原则,若一旦内阁失大多数之赞助,而受不信任案之投票或拒绝政府之政策,则内阁惟有辞职让贤,另行改组;否则解散国会,诉诸选民,求其另选,若新议员赞助内阁仍继续成立,不然彼亦必辞职也。

内阁制之所由成,盖因立法部管辖预算,副署行政部之法令,与同意阁员之任命也。立法部既有管辖预算之权,则能拒绝批准进款、出款,非至其所痛恶之事得相当之救济,或屏退不合之阁员,而另任满意者不止,此在英国宪法史上常行之而有效也。行政首长之法令须有阁员之副署,内阁之任命亦须得立法部之同意,然其副署同意与否,固可任意行之,或提出弹劾以去不相合之阁员,或对其政策加以抨击及反对,亦无往而不可也。

英国内阁有解散权,故内阁宁愿解散国会以图另选,决不肯贸然辞职,此其所以甚固也。解散之结果,每令议员发生烦恼,糜费甚巨,丧失地位种种痛苦,故其议员皆怀尊重内阁之心而不敢轻于一试以竞辩于选民之前也。

在法国则不然:法之内阁苟不得上院之同意则无解散国会之权,故自一八七七年曾一度解散国会以后,即未有第二次也。故法国内阁等于无解散权,惟有出于辞职之一途,无诉诸选民之权。是以法国政府常在飘摇中,而阁员等为保持地位计,不得不媚议员以求赞助也。

就英法二国实际以观,吾人可得一例,即内阁有解散权时,阁员不致屈服于国会之下,狐媚见好,而政府亦不致薄弱,莫展一筹。故此制之良果,乃在能保全行政首领及其创议之精神,而解散之权又为调和行政与立法二部冲突之利器。不然,内阁仅直接对国会负责,一有争执,则不能诉诸选民,殊有悖于宪政之原则。故必有解散权然后可对国会负责,又对选民负责;若遇冲突则可向选民求最后之赞助,公断其曲直也。吾人今进而加以说明,解散权为保存立法部大多数之团结,而以此大多数为政府之助,于是议员惧政府之解散,则必出其全力以助之,而党派之分崩、事务之腐败亦可免矣。

内阁制惟一之要件,须仅有二大党在国会或代表民众较大之一院。其一党赞助政府,他一党则立于反对之地位,使政府之基础坚固,即内阁不幸坍塌,其内阁之更组,亦不致有丝毫之阻碍。如使政党在二党以上,则因党派之离合,内阁尝受变动之险象,而政府不安固、政策不畅行之弊生矣。英国自来即为二大政党,故英国内国之变化恒在二党中,而其政府颇为安固,政策亦顺利进行。法国则异是,其政党既多,党派之离合,影响所及,其政府常居于风雨飘摇之中,故内阁之安固政策之进行均无一可言者。惟英国最近于二党之外又发生劳工党(Labor Party)及哀耳兰党(Irish Nationalists)。无论何时若其政党在二党以上,其内阁总建筑在混合制之上,容许各党员加入组织混杂内阁,然此种内阁根基既不稳固,其寿命亦必短促,是故惟两大政党乃运用内阁制成功之要素也。

内阁制之利益甚多,又取范于英国,故内阁制广行于欧洲也。今试举其利益如下:

(一)易调和行政、立法二部之冲突也。换言之:即能以最敏捷的、便利的使立法、行政二部趋于一致,远胜于总统制之有一定年限而不易推倒也。当两方冲突之际,不是政府辞职,另让贤能,则须解散国会,诉之选民。解散以后,如新国会赞助政府,则内阁仍可存在;不然,即须辞职,然无论辞职或解散后,其新政府必与国会一致也。

(二)能承奉舆论作为也。内阁以国会之大多数之赞助否为转移,而国会之大多数又视舆论之向背为去留,故舆论一变,则国会随之,而内阁亦不得不变,此盖连带之关系也。故内阁制者为窥测民意而自为调节之利器也。

(三)立法、行政二部之权能易合为一也。内阁阁员大都为立法部党之领袖,非如总统制之政府、国会划若鸿沟也。彼此之关系既密,则无疆界之分,而总统制畏其侵权,不得不明其权限,若内阁制则以阁员为己党之领袖,而能实行其意旨,则彼自不为已甚而挑剔行政部越权之事也。此外双方既有一致之意见及政党,故立法、行政均能顺利进行,政府无须保留否决(power of veto)之保障。盖国会既大多数赞助内阁,未有愿予通过不利于行政部之案件也。一旦遇拒绝通过而与争执时,则无异予内阁以不信任,而内阁即可实行其解散权。在国会方面,亦无须用弹劾如总统制然,而仅以质问、公开毁骂、拒绝政策或不信任案足矣。以是观之,内阁制之一切防御攻击之武器,不若总统制之必要而时时取用也明矣。惟解散国会权则不在此例,以此为内阁制健全功用中最不可缺也。

（四）职务进行迅速也。内阁制既易解决冲突而与舆论之变化相符,又因其为人的联合,故立法、行政间之职务进行迅速。政府既与国会大多数党一致合作,则其政策必能实现而无遗,而国会大多数党之志愿亦易能如欲以偿。夫政府为其所选举者,若有阻碍,则政府不辞职必国会被解散,待选民之公判也。更有进者,责权集中于阁揆,领首以口才及其他资格之天然发生行政之效易继位,而阁员出席说明,又易得大多数之赞助,反对党之接近,凡此皆足致内阁成为敏捷有力之器机也。

然他方面则内阁制亦有缺点,兹列举如次：

（一）内阁制须藉政党制以联络调和行政、立法。故政党常在国会中为剧烈之竞争,反对党不但力事攻击,且于一党失败时,则崛起驱逐得胜党,"如赤血球与微生虫战争不息于血管然",举无限之精力、宝贵之时光,皆消磨于辩驳质问之中,而巧于言辞及狡黠之议员,又常出其全力竞争于国会中,阴谋诡计,而得政权,虽有敏捷之称,亦未能免轻率之弊也。

（二）内阁制常变迁不定。盖其基于国会之大多数党,大多数赞之而存,大多数否之而败。即不然,亦有解散国会诉之选民之繁难。此犹二党制然也。若在多党之国家,则内阁之生存,其时无定,而恒处飘摇之中。故政府之政策,往往不能假以年限使其见诸实行。法国政府每乞怜于国会,不惜滥用官缺以见好于议士。夫凡需要一安固与强健之政府,则内阁制不相宜矣。

（三）内阁之运用较总统制为难。夫采此制者必具备各种特别情形为不易得也。内阁制之第一要件即为二大政党,然欲得此条件乃极难之事。在法国为多党制,在英国虽为两党制发源之地行之已久,然近半世纪以来复发生第三党,其属地之澳大利亚、南非洲及加拿大,皆为多数党,故其内阁亦呈不良之现象。此外,内阁制之行政部对于国会负责,然如两院权力相等时,则决不能有所成功,盖一仆不能同时服从二主人也。故宜将二院权力分其代表权力之大者而对之负责,而于他一院则仅附带负责耳。此英国制之历史也。英国上院其权力渐微,至一九一一年,财政上之权力实际已为下院所有,上院仅能改正、阻止下院之粗率而已。且内阁制之选民必须有政党及政治阅历而后可成功。英国为内阁制诞生之地,其人民皆有数百年之政治阅历,故行之颇著成效。法国亦采此制,然以党派纷歧,卒鲜佳果,下此者更不足论矣。联邦制国家常为二院:其一代表人民,其一代表各邦。内阁制不能服从于权力相等之两院,则国会一院为虚设,而另一院乃实施运用也。

内阁制之利弊吾人既已言之。今试讨论其适于中国与否。夫内阁制既易解决立法、行政二部之冲突,又能符于舆论之趋向,而其动作又甚敏捷,固无一人不赞其为适宜中国也。顾其弊较重于利,以中国目前之情势观之,似不适宜。

彼内阁制特别之要件,在中国不易有之:内阁制需要两大政党,中国虽有北洋派、国民党之别,然以实际言之,除此二党外尚不知有若干小系也。北洋派亦非有良善之组织,如西洋所称政党然;不过袁世凯小站练兵,出其门者其后遂成一派已耳。今称北洋者,包含北方之领袖及其行政官——袁之旧僚属——而言。当袁存在之日,北洋承认其为领袖,袁殁,其党徒裂为数系,皆不足道。在中国所足称为政党者或仅一国民党耳!彼有新式之组织,其首领孙逸仙博士,其从流尚有价值。然其僻处一隅,集合各省人才尚未有若大发展,而其部下亦分系矣,如陈炯明党、孙逸仙党是也。

中国倘能得二大政党,则内阁制固有成功之望,然中国政治之发达迄今犹未可言。数年以来,骤茁无数滑稽之党系及政治领袖人物。其党系既为个人党徒之组织尚为名利交情,而又无政策,其分党必众而不易得只二大政党也。盖以个人交情而结合,而不为政策而合群,则各小党之领首,常不愿屈服于二党之大领首也。

复就内阁制之运用而言之:人民及政党均须具高级之政治知识及经验,年来中国一跃而为宪政国家,断不能即备此要素超于西洋之上也。夫中国甫脱专制之羁绊,以其已往极少之参政机会言之,除乡村外,殆无所见,此当为中国人所公认也。以中国如此之幼稚,不过初习宪政,欲行责任内阁制,须有专门技能之练习始可也。

夫内阁制者以谋进步迅速则有余,以言安稳强固则不足,揆之中国目前之情势,亦有不须此制者。盖中国共和之基本初立,亦无用兢兢以求速效。今日中国之最要者乃在社会经济诸情形之发展、培育,若图速效而遗害于国本,则亦太不利于民国矣。

中国若采用联邦制,其国会两院权力亦必划分轻重,然后适于内阁制。关于中国应否采用联邦制或统一制,当于后专论之。兹当注意者,即内阁制只对一院负责。若联邦制之国家,除二院权力划分轻重外,则内阁制殊不适用焉。

又中国版图辽远,领土广阔,以内阁制之总理常因国会之喜怒而变动,各省长官又有大权,如此丧失威信何以能令其服从?故中国须有一定任期之政府,又有大权以统驭之,此总统制较胜于内阁制也。

抑尤有要者,内阁制除二大政党而又组织完善外,则常呈不安之状,吾人既知之矣。以中国现时急需强固之政府,则无须此制,否则其变化无常,其危险更甚！是又理之至明者。中国东南沿黄海、太平洋一带之边陲早已大开,日据高丽,俄吞西比利亚,安南、东京则为法人所据,米田、印度则为英人强夺,是皆中国受列强侵略之战利品也。中国最近世纪之历史固明示虽有边境之物如戈壁、沙漠、长城、西藏山脉以为保障。然现代铁路、轮船发达,交通便利,门户大开,而难免外人之侵略。夫辛亥革命之主旨在推倒满廷,以国权归诸人民,建设强固之政府,抵御列强侵略,或免瓜分及共管之祸也。今内阁制之变动不安乃如是,则曷足以达辛亥革命最高之目的哉？夫吾人不欲达此目的则已,苟欲达之,非采用总统制不可也！故惟此制始足以使政府强固而安全,亦惟此制始足以适宜中国目前危急之时期也！

中国新宪法其九十二条曰:国务院以国务员组织之。

九十三条:国务总理及各部总长均为国务员。

九十四条:国务总理之任命,须经众议院之同意。

又九十五条:国务员赞襄大总统,对于众议院负责任。

九十六条:国务员得于两院列席及发言……云云。可知中国所采为内阁制也。又在第十一章内之会计,其财政掌握之权在国会,是亦内阁制成立之一点也。又第九十四条国务总理之任命,须经众议院之同意,是又内阁制成立之一点也。又九十五条大总统所发命令及其他关系国务之文书,非经国务员之副署不生效力……是亦内阁制成立之一点也。但中国内阁制系采用何国制？吾人以第八十九条观之,解散众议院须,经参议院之同意,可知其采用法国制矣。然此不啻无解散权也。其结果当不出下列数点:

(1) 国会分裂为多数党团；

(2) 内阁不安固,政策亦无一定；

(3) 内阁惟有辞职一途,无诉诸选民之权,是以内阁直接对国会负责；

(4) 阁员循议员之请,乱任官吏以固其位置；

(5) 内阁发动之能力与领首之地位损失。

凡兹数点,皆法国内阁制必不可免之弊。中国今日既无两大政党,则根本上内阁制即不能成立,而中国今日所要求者,乃在巩固之政府,不在一跃而与英法颉颃。制宪者乃见不及此,其所失甚多矣！

第十章　内阁制与总统制之比较：
总统制(Presidential System)

　　内阁制不适于中国现代之国情,吾人既已言之,则中国今日所需者厥惟总统制无疑矣。按此制乃以国家一行政首领——总统或君主——一人为主,其内阁阁员全由此总统或君主一人所支配,而此内阁对于总统或君主负责,不对国会负责也。总统制之总统或君主,在行政地位同时为名誉及实际之首领,如美之总统、德国一九一八年革命以前之君主是其例也。特美国总统任期规定于宪法中,而德之君主则为世袭,是其不同耳。美国总统由人民选举,对选民负责。故此制之内阁既由总统或君主选任而对于总统或君主负责,则不因国会大多数之反对而有动摇,惟执行事务须从负责行政者之旨趣而已。

　　总统制根本之缺点,不能解决立法、行政间之冲突。总统之任期有一定,常规定于宪法中,虽时有弹劾而终鲜效力,其位置不易移动,欲得行政、立法两部之同意,殊为难事。若此二机关在二反对党操纵之下时,则犹为困难也。立法部不能动摇大总统,有如动摇责任内阁者然,盖提一弹劾大总统案也,其法定人数及表决票数,非寻常国会之大多数所常能得,故成立颇难也。而行政部亦不能移动立法,如美之总统无解散国会之权,故二机关欲宪政之成功,不能不同心协力;不然,势将酿成僵局之险象,如一九一九年之巴黎和平协约(Paris Peace Treaty),总统威尔逊(Wilson)与参议院之冲突是也。在威氏执政最后之二年国会为共和党所操纵,行政权仍为民主党,故在此二年内二机关常发生冲突,万事停顿不能有所发展也。

据上述情形观之,总统制中因行政部独立且有一定任期而发生自然之缺点,故行政部之权限,须较内阁制更为严确之划分,尤须分别予二部以在冲突中必需之防御与攻击之利器也。有此利器,则二部互为消长,或即转而同心协力也。故凡总统制,其行政部之权限常有一定明确规定于宪法,若有侵权行为,法庭即可宣布其违法。然平昔防御及攻击之利器亦有充分规定以防意外之冲突者。美国大总统有停止裁可权(power of suspensive veto),以防御立法部之对敌而阻其卤莽之政策,盖此权惟以国会三分二投票,可以推翻也。然彼无解散之权如英国之内阁制,故给立法部以必须之独立。而实际总统于行政、立法二部间之融洽已于无形中剥夺,而迫彼于此二年内,不得不酿成不进不退之僵局也。考美每二年改选下院及参议员三分一,故直至下届总统选出始有一致之拥护。然亦有可幸者,美总统虽无解散之权,而众院二年改选一次,参院二年改选三分一,使前之二年发生冲突者,至改选以后则行政、立法又同为一党掌握,而纷争即可避免矣。德在革命以前,其帝凯撒(Kaiser)有解散下院之权,此盖为绝对必需之事,缘德之行政首领为世袭的,若无解散大权,则一有冲突即不可挽救矣。有此权力故德皇能招集一服从之国会,俾政府有势力,无论提交何种方案,均无不通过之虞。在美国方面,国会则有弹劾权可以动摇顽固之总统,但自总统约翰生(Johnson)弹劾案失败后,实际只成立一原理:即不能因政策之歧异而擅用此弹劾权也。因是而武器之用微,已见于内阁制中,其弹劾案、停止裁可权等利器均因不信任案,拒绝政策并预算,及适用解散权,而成无关紧要之物矣。

总统制之缺点既然如是,故非有解散权之规定,其进行解决事务,仍不若内阁制之敏捷也。凡有冲突停顿,皆足以妨一切事务敏捷之进行。同一原理,其对于舆论亦未见和合而如内阁制者。总统或国会既皆有一定之任期规定于宪法藉为护符,皆不随舆论以为转移,非俟下届总统选举毫无解决之法,而其弊舍解散无以矫正。盖解散以后诉诸选民求其公判,若为新国会大多数赞助则胜,而其权势仍日见增加,若不幸失败则仍留任中,丧失权势,堕其威信,或将以其失败预兆于下届总统选举之不利也。

虽然,总统制之优点亦有足述者,夫总统制不必如内阁制之必须备具各种特别情形如两大政党者而后能存在,即二党制或多党制在国会中,亦可实行也。既不悖两院权力平等之原理,又不与联邦制矛盾,亦无须甚高之政治阅历如内阁制之选民也。

故此制之最大利益,即在能建设强有力之中央政府而其政策亦能继续施行,此则非如内阁制之必有特别适宜之情势而后可行也。夫一国必亟需强有力之政府,此总统制所以最善也。试就前德帝国地理之位置、历史之发达观之:其东西边地,皆有外患,于是遂促成其强固之政府,彼尝秣马厉兵,几无一刻不注意其强毅持久之外交政策于国际间,此断非内阁制之需特别情势者所能成就。而前德帝国之所以必采君主的总统制也。日本昔由专制骤变立宪,其人民对于参政亦无经验,故亦须建设强固政府,直至国本巩固,生长成熟,立于宪政轨道上,此日本所以采用强有力之君主而举其大权集中于天皇,惟近不无渐进于内阁制之可能性耳。故凡因外患或人民政治阅历幼稚时,皆必须强有力之政府,此总统制之所以尚也。

然则中国今日果适于总统制,其效力果足以胜于内阁制乎?吾以为居今日之中国而言政制问题,总统制之成功,自易远在内阁制之上。夫内阁制必须备具种种特别条件前屡言之,而今中国则不能也。中国无二大政党,人民无政治阅历,欲强为采用殊甚困难。且于联邦制之国,立法二院权力相等,亦有不宜者在也。总统制则不然,对于上述要件,均不须备具,故以中国之情势揆之,总统制实为惟一之良制也。

夫内阁制之政府常居于不安之状态中,欲其指挥各省长官,使其心悦诚服而合作,恐不可能之事。必也总统制坚固之政府,有此权势方能使各省长官心悦诚服而合作也。以此观之,中国之适于总统制更无庸疑矣。

抑关于总统制尚有蒲徕士(Bryce)最善之解释:即总统制者能建设一最安固、进步不迅速之政府也。大凡版图辽阔,人口殷繁之国,其政府所负之责必重且巨,而欲变中国由农业国而进于工业国;由无知识进而有知识,其所需者,非求进步迅速,乃在力图国本之巩固也。欲速则不达,反有害于中国之发展,致基础于不固,故欲建设强有力之政府,总统制实为不可少之物。政府既固,则保护内政,抵御外侮,使国家日趋发达,此层已于前章详论之。中国之广土众民,历史之发达,地理之位置,与美颇似;边患环生,又颇似德;而骤进共和,人民无政治经验,又甚似日本;而此数国皆采用总统制,成效卓著,则我国其何不采用总统制乎?

虽然,中国采用总统制,亦不免有重大之危险。若无特别势力以阻抑之,则共和之生存或将有所牺牲,何也? 总统制之元首,易蹈君主之弊,袁世凯之解散国会也,集大权于一身,而卒僭称尊号,

夫痛定思痛,吾人今一念及,尤觉颇为寒心!虽然,夷考其实,此种危险亦未见有若何重大,试言其理:

(一)袁氏所采用之总统制,非真正之总统制也。袁氏特图谋不轨,先集大权,铸成武力专制,然后僭自称尊,已失总统制本来之面目。其不选国会而任其私党为参政员者,以国会常为之阻挠而不俯首听令也。袁氏既于立法部别开蹊径,全国舆论骚然,竭力反对,倘此时有高明之舆论、良好之政党、健全之国民军,则袁氏亦何敢冒大不韪,而妄冀此帝国制之奢望乎?则袁所用之总统制特为一种护身之假面具,而为彼自己之制度耳,乌足以言总统制?

(二)就袁氏悲惨之经验及张勋复辟运动之失败观之,可知将来之总统决不致再有愚顽若此,复蹈此自杀之覆辙也。

(三)如有善良者当选总统,彼能忠诚于共和,为人民福利宣劳,则彼决不干涉关于政体之琐屑事物;夫苟有如是之人,充分与以总统制所有之权力,则民四、民五之危险,决不致再见于兹也。

此种危险既去无从可虞,然有为根本之反对者,即其固有之弱点——不能敏捷解决立法、行政二部之冲突也。

然此非无补救之法,当与国会冲突时,酿成僵局,则总统即可解散国会诉诸选民,故解散权宜规定于宪法。如新国会与之合作,则立法、行政和好如初;否则彼之权势将减,而再选之机亦陷于绝境,而其所用之利器反害及已,故在实际亦能充分阻抑此权之滥用也。惟当辩护正当主义及政策,与夫情势紧急之时,始可适用而无弊。且也宪法有所限制,凡总统不能解散国会于下院会期中一次以上也。

要而言之,总统制与内阁制无论其利弊如何,必不能离政党制予以运用之机械及其力量。夫内阁制倘无政党及国会大多数之赞助固不能运用,然总统制而无政党或国会大多数之赞助,则亦不能实行其职务而无余也。由是可知此二制均须合法政党之组织而予以实力及合作焉。

　　由上述所得之结论,内阁制之强点即为总统制之弱点;反之,总统制之强点即为内阁制之弱点。内阁制解决立法、行政二部之冲突易,又能顺从公意而行予以解决事物之迅速。国会之大多数又以个人的联合而赞助之,其行政盖能有效。总统制则不然,其根本缺点即不能解决立法、行政二部之冲突也。然其运用恒在普通情势,不须特别条件,即能建设强固之政府。而内阁制则必须备具种种条件,然卒难得坚固之政府而维持久远——以中国现状非有强固政府不足以保护内政防御外人侵略。循此渐进,导中国于健全之时期,乃为至全之道,是以中国政制问题实以采用总统制为优先也。

# 第十一章 联邦制与统一制之比较：联邦制（Federal System）

立法与行政关系之问题，吾人已分析为总统制与内阁制而讨论之矣。尚有根本问题在制宪或设立政府时，中央政府与各省之关系是也。吾人回忆中国因此问题演成分裂之内乱：北洋军阀主张中央集权，而国民党及西南各省主张地方自治，与美国昔年之陷入内乱旋涡如出一辙，诚奇事也！然政治家类多主张中央固宜建设强有力之政府，同时亦应予地方以自治，必如此而后可以救济中国，良为公平之论也。

联邦制者乃中央政府与省政府分权关系之制度也。其权力之规定在一造为列举，在他造为保留，其适例如美，如加拿大、澳大利亚、瑞士等国是。统一制者中央政府与省政府所有权力皆集中于中央而委其权力与省或地方之制度也，其适例如英、如法及意大利是。

联邦制根本之特质即在中央与各省分权，故发生两种状态焉：其一为各视其一造或他造之权力是否列举而有区别形式，即联邦政府之权列举，其余之权则归各邦保留，美、澳、瑞士其例也。其二则规定保留联邦政府之权力，其余之权，即由各邦列举规定，加拿大其例也。

考联邦制之发源，系欲联合独立主权各异之多数国家为必要之联合,以达其共同防卫与利益之目的,非将其权力分配于中央政府与各省不可能也。凡种族、宗教、语言、法律之不同,常致各邦格格不入,若非有共同之保障与共同之利益,别无他道可使结合。交通不便如铁路、电话、电报、无线电及航路等,皆足以使中央政府不能尽力统治此等不同之各邦,故必须建立地方自治之政府俾企图地方之所需。凡爱地方、爱邦之心或较爱全国为尤甚;以各地方之不同而欲其屈服于一独立及主权之下,非有共同之目的藉联邦政府以维持之殊为不可能之事。故联邦制根本之意义,即建筑于种族、语言、宗教及法律不同之各邦之上,其他交通不便及爱地方之心较切于爱国,皆为造成联邦制之要素也。

  联邦制之发达史在本章讨论范围内,不能详述,且亦不必详述之,兹列举数例以明各国政治发达之一般的倾向足矣。其最初采用联邦制者厥为美国。十三州之宗教派别、政治情形及经济生活完全不同:清教徒(puritans)浸润民治之理想,熏染新教徒之信仰,移植于新英格兰(New England)(即美东北)之各州,其大部分从事于工商业,其南部则有一般将士及英国之贵族移居,偏重于贵族方面之理想,崇信旧教或英国的信仰,其人民因与农奴之帮助,故多从事农业,而各州之沿大西洋岸者,地方广阔,交通梗阻,及其爱乡之心强烈,地域观念太重,因之彼隔绝,不相往来。当一七八七年费城宪法会议时,佥以为除采用联邦制而外,实无他法可使之联合而为一国也。

  关于宪法及联合之真正性质,未几即生异议:南方坚持宪法为一种契约,而其独立主权的各邦得解除契约,退出联邦。北方则大肆反对,谓宪法为根本大法,由美国全体人民制定者,联邦不得解散,亦不得破坏,即反对退出之权也。关于主义之争辩,遂酿成一八六一至一八六五年南北战争，结果北方获胜。其宪法最高之位置及联合之不得破坏，遂一变而为美国政府不易之原则。自此政治发达，日渐扩张中央之权力，而各邦之权，则日见缩小，故现时美国政治倾向中央集权，而尚保存联邦之形式而已。

其次采用联邦制为加拿大（Canada），据一八六七年之英国北美条例（*The British North American Act of 1867*）之规定，加拿大为英国之自治属国。加在一八六七年时，其交通之便，远在一七八九之美国，其水道复能供给转运足为交通之天然补助；其陆路则有铁道亦渐加发达，人民大都业农，故其生活状况亦可称全国一致。虽然种族情形及社会状况亦微有异者也。如魁北克（Québec）乃由法国法律及罗马旧教统治之。昂特瓦（Ontario）由英国法律及耶教统治之。由是交通及经济之情形，有促成中央集权之趋势，而宗教及法律之悬殊，亦足使地方有独立之必需。当英国北美条例成立时，咸以规定联邦制为善，然其权力之列举者，为各邦而非联邦，其趋势乃使中央政府之权限扩充而强大，故加之联邦与美之联邦名同而实各异也。盖美之联邦，其权力之分配不过为共同必需之事业，其余之权则归于各邦；而加国宪法则规定除关于地方行政权外，其余之权概归中央。至如结婚、财产及民事权利则归各邦管理焉。

在加拿大联邦成立后约二三十年，又有澳大利亚（Australia）联邦之继起。按澳国联邦之成立，系由一九〇〇年之澳大利亚平民政治宪法（*The Commonwealth of Australia Consitution Act of 1900*）通过而成者，除新西兰（New Zealand）外，联合所有殖民地而为联邦。于斯时也，澳之交通发达又远胜于一八六七之加及一七八七之美也。然在澳国有数殖民地之发源及其发达，其人民因有不同之特质，如气候也，雨量也，地方之热望，外国侵略之免除，领地之大——所有人民一致赞成取法美国采用联邦制,特其权力之分配,中央之权甚大,较之美国中央政府所具者多矣。

澳洲联邦完成之后九年,复有南非洲(South African Union)之成立,其各殖民地系由英国人与波耳人(Boers),种族亦颇歧异,故常发生斗争,一面大英帝国;一面波耳共和国,互相战争,其后波耳失利,英人遂并其地。虽种族社会之不同及历史上战争之结果及恶感,而南非洲立国时,采用统一而去联邦原因,盖在防止各邦脱离关系之危险,与夫内乱及宪法公权上之争执也。关于此点,将于讨论此制之弊时再及之。

上列数例,略述联邦制历史之发达,其缺点即将讨论,吾人据此简短之观察亦可知其一斑矣。大抵历史之趋向已渐集中权力于中央政府,其对于各邦分配权力、职务,则力求减少,近时趋向则已渐与联邦制脱离关系矣。

此制之特质可略而不述,其根本区别之点,吾人已知之,即在分中央与各省之分权。然基于此根本之特质亦尚有其他之特质焉。此特质乃因根本特质之存在而多少有其必要也。夫联邦制必需有成文宪法(written constitution)详载权力之分配,使其界限清晰;否则权力之分配以后,将因无明白之规定陷于危险之域也。不特此也,又必有刚性宪法(rigid constitution),凡修正宪法必需由立法部依正式规定的方法,否则使宪法易于修改,则权力之分配亦易变迁。且此宪法又需居最高之法律位置,中央或地方政府之立法、行政行为,不致有所影响明确列举之权力。至关于司法,应有解释宪法之权,亦颇重要,盖彼为对于在宪法上有争议时之公断人也。此外则立法部必须两院,其一充分的为各邦平等的代表。最后则政府机关有二重:一为联邦政府,一为各邦政府;各政府运用权力皆本宪法规定之范围。由是可以观察出于权力分配之根本特质所生之特质：即成文宪法、刚性宪法、宪法居最高地方、司法有解释宪法之权、两院制(bicameral legislature)及二重政府(dual sets of governmental machinery)是也。

至联邦制之优点，吾将于次分析评论之。或谓联邦制可以博得一自治及地方自治，由是可供人民绝大自治之机会，可以振作无限参政之兴趣，且可减中央政府对于地方行政之负担。然分析此种优点观察联邦制，不独此制能得此种利益，即在统一制中亦有此自治及地方自治之规定，吾人将在下篇可以观之，故此利益，要不能谓为专属于联邦制也。

或又谓联邦制因有各邦之自治政府，故可免中央政府之专制，此种论调更为有名无实。夫联邦制从中央政府减少最高权力之部分，对于中央政府或大或小使之较弱，此为实际之事实，若谓为防止专制中央政府之发生，此观察亦未免错误。且中央政府之弱，则反为此制之缺点矣。关于此吾人将于后见之，此时殊不必讨论。又联邦制通常皆为二重政府，其邦政府对于联邦政府可加以阻止、钳制，此亦为实际之事，若以此为防止专制中央政府之发生则亦错误矣。吾人于后讨论二重政府之缺点时即可知之。若夫成文宪法、刚性宪法及宪法居最高地位、司法解释、两院制等所有趋向于阻止中央政府专制之发生，乃为确实之事。然吾人观察此种附属之特质，亦非专属于联邦制，在统一制中亦有规定防止专制政府之发生于宪法中也。质言之：即联邦制其权力之分割足以防止中央政府专制之发生，不过略胜于统一制，盖统一制中，中央政府之权力萃于一部，而各省各地方仅有委使之权而已。然同时谓联邦制既可以为此职务，故统一制必发生或不能阻止其中央专制之发生，则不通之论也。

进一步言之：宪法上权力之分割犹大船之区分各部而皆为独立之单位然，一旦内忧外患加于中央机关，而使中央政府破坏或倾覆，则其余各部固毫不受其影响而仍继续行使其职务也。质言之：即联邦政府毁灭而各省省政府尚能存在，行使职务，决不受其牵制也。不然，如统一制之政府，倘中央有祸变发生，则全国皆蒙其影响，此又为一般所公认也。虽然，中央政府之毁灭，在联邦政府较诸统一政府易于发生，其他一切事务皆为平等，联邦制者中央政府甚弱，其权力之分割足以致其毁灭也。故此制乃治病之方而非预治之术也。在其他方面，统一制，其余皆为平等，能建设强有力之中央政府，关于此吾人亦即将见之。因此故凡内忧外患，统一制皆能预先抵御之以自疗其病，而联邦制则只能病后治疗而已。然则吾人关于此利益之理由，不能太为崇信也。

抑尤有要者，联邦制能联合各地方独立的政府，而此各地方独立的政府，盖舍此别无他种制度可以使之联合也。如在种族、宗教、语言、法律不同及交通不便，与夫爱地方之心甚切者之国家，联邦制尤为特别适用也。此点即联邦制根本发生与其存在之原理。夫在以上所谓种种特殊情形之国家，倘用统一制，对于各邦即不能适合，故必用联邦制乃能使国家有统一之望也，此即联邦制较胜于统一制之特点也。

虽然，联邦制之缺点亦有可得而言者：第一，联邦制为二重政府制（Dual Governmental System），换言之：即二个政府机关以运用宪法上赋予之权力也。然有时各机关往往有重复之工作，或各机关所行相互冲突，或因宪法上未有规定而离弃确定之职，又常有二种法典规定公民之行为，一为联邦，一为各邦，故重复冲突之事常不可免。由此结果,则不免政权滥用,其甚者则公民一面尽忠于联邦政府,一面又须尽忠于邦政府,其与爱地方之心必生冲突,既不能扶助公民之利益,徒为维系其统一之生命而已!

第二,若在两国国情相类时,则采用联邦制所产生之中央政府实较统一制为弱。其故有二:就内政上观之,联邦政府其最高之权力对于各邦或保留或赋予,其势已为各邦所分,倘各邦不乐与合作时,则中央政府即不能实行其权力。又就外交上观之,各邦地位既几为分权独立的,则以各邦平昔之忌妒竞争,若不能协力以助中央政府,则中央政府遂不能按条约及国际法上之所规定者,以尽其国际上之义务。此联邦中央政府之坚固远不如统一制也。

第三,联邦主义者,诉讼主义也。盖联邦之权力既分,列举于中央及省政府之间,必有司法权限之争执及宪法上之问题,党同伐异,则不得不有第三者出而解释之。此公断人之所以尚也。故宪法必归于司法解释矣。在美国,联邦大理院(Supreme Court)为宪法之公断人及保障者。在加拿大,则以大英国枢密院司法委员(The Judicial Committee of the Privy Council of Great Britain)为公断及宪法解释者。

司法解释既为必需,于是诉讼之风到处流行。在美国凡联邦法院通过法律,在彼等未承认为有效以前,须在法庭试验,由合众国大理院认可。在联邦大理院中经一两年甚至三四年始予判决,因之遂发生法律不确定、不重视之病,而法律遂往往无效。在加拿大亦有此种诉讼可由枢密院司法委员会判决案之夥多报告关于属地国会与省议会之争执而知之。在澳洲,因在联邦制之结果,诉讼之弊亦不可免。其法律亦常发生不确定之状态,宪法上及法律上之冲突亦极甚焉。

夫诉讼之事既繁,则司法解释,恒可使法庭受极大之影响,所谓司法须受政党政治之托庇及管理也。尤以大理院对于政治及政党操纵之力为甚。是以政党必将奋力于司法官任命,以企图管理司法机关。彼宪法之意旨既与彼等一致,则彼等即可托庇于仁慈、惠爱之司法官之下矣。在行政部管理之政党将不能不任命其私人以取司法官之位置。此党所谓任命之法官,虽其有用之年华已过而仍不辞职,必待其党人执权而始补其缺。于是司法官独立在宪法政党中所谓最要主义者,一变而为政党势力之附属物矣。其结果凡判决案常为党人之感情及意见所强辩而不遵从公理也。

第四,凡立法案各问题,大都属于政治问题,其决定应由公益政策考虑,而非由法律专门之事物较为合法。然在联邦制则此问题常为法庭解决,其不当殊甚。其决定亦应由立法部代表公益规定方针者也。凡以政治问题付之法庭解决者,乃政治势力屈服于法庭之下也。司法机关恒观察舆论以为判决之标准。此外尚有可疑者,即陪审官安有才能,以判决政治问题远胜于国会。要之在法律问题以司法解决为当,而政治问题,则人民团体之大,代表利益之多,故须由人民代表在国会者而解决也。吾人自所得美国币制(legal tender cases)、所得税(income tax laws)及奴隶(slavery cases)等诸案观之,可知法庭之判断与常人无异,亦为政治感情及一时状况所移;于是法院亦入政治旋涡而受公众之讥议,因之不偏不党居心纯正而来之道德上的权威遂丧失而无余。公众对之或不敬,或怀愤懑,其势不得不使宪法政治中司法之价值与作用生重大之缺憾也。

复次,联邦制者保守的刚性的宪法也,其权力之分割,须预防宪法修正之方法,故少数党及邦始能安全。通常欲改正宪法乃极困难之事,至少亦须难于立法案之通过方法。如美国之修改宪法是其例也。按美修正宪法须各邦或邦会四分三之赞成,然此为极难之事。以经验所得之教训,除通常关于战时及急迫之事而外实不易得也。盖国家之修改宪法往往使其容易,故凡关于变迁之情形,如由农业而至商业、工业,或由无教育而至有教育,由无政治经验而至有政治经验,在宪法实行内,刚性及守旧的宪法,皆趋向于阻碍政治的及宪法的进步。盖当国家情形扩充时,法庭应按实际以为解释,而不克拘泥于旧章也。不然,以彼一时之宪法而强之行于此时,则削足适履,妨害殊甚。故在此类国家之情形,刚性及守旧之宪法均不适用,而联邦制必不相宜矣。

第五,联邦制之脱离及内乱为不可免者,盖各邦维持独立政府,各邦于普通利益常相冲突,对于各邦联合竞争亦为难免之事。如美国南北战争以前,在南方之各邦,在北方各邦之新英格兰(New England)是其例也。由联邦政府管理以来,其各邦之独立的收入及政府机关,尤其为各邦感情鼓动时,其脱离之事往往易见。在历史上可以证明者:如一八六一年美国南北内战是也。权利之冲突,各邦竞争脱离之可能,常引起联邦各邦之内乱。是以南非洲采用统一制而不采用联邦制,其根本原因即在以美为殷鉴,而恐蹈其覆辙,重酿内乱,故虽以种族、历史之不同,而亦不欲采用联邦制者此也。

调和联邦制之利弊,以言其利,则在自治及地方自治,可以防止专制中央政府之发生,可以挽救各地方于中央政府毁灭之际,然此皆非实益也。联邦制之最大利益,在能统一独立及主权各邦,如在种族、语言、宗教、法律不同之国,交通不便,爱乡之心甚切,舍联邦制盖无从使之统一也。以言其弊,则在趋于二重政府,运用力薄弱,诉讼的制度,司法解释宪法,刚性的、守旧的宪法及联邦脱离内乱之危险是也。

第十二章　联邦制与统一制之比较：
统一制（Unitary System）

联邦制对于中国国情，其不适合之处，显而易见，若或不幸而采用之，其危害殊不堪言也！考采用联邦制之一切原因，中国既未备具；即或有之，而补救之方，亦非不易，初非有待于联邦制之采用也。夫中国人民，有同一之种族，普遍之文字，一贯之法律；虽满、蒙、回、藏之略有不同，然其部分甚小，不过居百分一二，于大局固无若大之妨碍也。其采用联邦制者，则如瑞士、美利坚、加拿大，其种族、文字、法律，大相歧异，固有绝大之理由。而中国则无此等理由。或谓中国此时交通不便，似宜采用联邦制，然此不过片面之理由，不足为采用联邦制之充分要求也！中国此时电线遍于全国，陆上交通，除天然之海道、长江及运河外，铁路线亦自京城绵亘满洲及长江流域一带；西南各省，其铁路尚未与京城连接，此实无可讳言。然其缺点亦可从建筑着手足以弥补之，而辽阔边疆，藉铁路之便利，亦可与京城、长江流域一带携手，不可谓事之不可能也。若谓爱地方之观念切，则可以采用联邦制，然此情形，则亦不足以采用联邦制何也？中国各省，凡不说国语之境，爱地方之心尤重，而以广东为甚；然用国语之境占全国四分三，其爱国家之心当重于爱地方也明矣。夫以中国人之意见一致，而目前之交通又可以从事建筑，爱国家之心既甚，则亦曷贵乎必采用联邦制也?

夫联邦制之弊,亦有不适于中国国情者,中国数千年历史相传即为单一政府,而联邦制乃双重制之政府也。且也中国现在财政之支绌,能否足供此种政府之需用?尚系疑问。又以中国目前所需者,乃在建筑强固之中央政府足以攘内御外,而联邦制实行,则中央政府较弱,殊于中国前途有莫大之危险也!抑联邦制者,诉讼之制也。中国人民向来受孔教道德制裁之深,雅不娴于诉讼;在美国则不然,彼有极远时代之进化及修养,故健于诉讼,此亦其联邦制存在之基础也;若中国亦贸然效颦,则昧于理之甚矣。匪宁惟是,以中国今日之社会情形、经济情形观之,当要求伸缩自如及进步的宪法,决不能采用刚性的(rigid)、守旧的(conservative)宪法也。中国之进化应为曲折的,如由农而商而工,由无教育而达文明,由政治的、宪法的无阅历,进而为有政治宪法之阅历,必如此蜕变,乃能伸缩自如适应于宪法,其与联邦制之刚性的、守旧的宪法相较,不啻有天壤之别哉?夫中国已由内乱破裂,其共和亦受热烈之洗礼而复生矣,则中国此后决不能再罹各省综合离异之祸,是以联邦制吾人极不愿其实现于中国。尔后制定宪法,若能于此点注意,则独立及内乱之祸可以防止于无穷也。大凡各种制度,若削足适履,强迫以行之,其危险必不可免;是故联邦制之弊:所谓双重制也,诉讼制也,中央政府较弱也,内乱独立之危险也,对于中国即无若大之害,要揆之中国国情,亦有不适宜者在也。

今就新宪法以观察联邦制及其缺点:——

国权章(第五章)曰:

> 中华民国之国权,属于国家事项,依本宪法之规定行使

之;属于地方事项,依本宪法及各省自治法之规定行使之。(第二十二条)

下列事项,由国家立法并执行之:

一　外交;

二　国防;

三　国籍法;

四　刑事、民事及商事之法律;

五　监狱制度;

六　度量衡;

七　币制及国立银行;

八　关税、盐税、印花税、烟酒税、其他消费税及全国税率,应行划一之租税;

九　邮政、电报及航空;

十　国有铁道及国道;

十一　国有财产;

十二　国债;

十三　专卖及特许;

十四　国家文武官员之铨试、任用、纠察及保障;

十五　其他依本宪法所定,属于国家之事项。(第二十三条)

以上所列举事项皆为国家之权,其有由国家立法,不但国家执行,地方亦可执行者如:

一　农、工、矿业及森林;

二　学制;

三　银行及交易所制度；

四　航政及沿海渔业；

五　两省以上之水利及河道；

六　市制通则；

七　公用征收；

八　全国户口调查及统计；

九　移民及垦殖；

十　警察制度；

十一　公共卫生；

十二　救恤及游民管理；

十三　有关文化之古籍、古物及古迹之保存。（第二十四条）

以上所列举事项，为国家立法并执行或地方执行，其特别之点即在：

上列各款，省于不抵触国家法律范围内，得制定单行法。（同条末项）

又本条所列第一、第四、第十、第十一、第十二、第十三各款，在国家未立法以前，省得行使其立法权。

又云：

下列事项，由省立法并执行，或令县执行之：

一　省教育、实业及交通；

二　省财政之经营处分；

三　省市政；

四　省水利及工程；

五　田赋、契税及其他省税；

六　省债；

七　省银行；

八　省警察及保安事项；

九　省慈善及公益事项；

十　下级自治；

十一　其他依国家法律赋予事项。（第二十五条）

以上列举事项，纯为省权。其规定其余之权（reserve power）则曰：

除第二十三条、第二十四条、第二十五条列举事项外，如有未列举事项发生时，其性质关系国家者，属之国家，关系各省者，属之各省；遇有争议，由最高法院裁决之。（第二十六条）

国法在省法之上。若省法与国法抵触时则无效，但须由最高法庭解决之。故曰：

省法律与国家法律抵触者无效。
省法律与国家法律发生抵触之疑义时，由最高法院解释之。（第二十八条）

至省权之限制，则有：

(一) 租税之限制,原文云:

国家对于各省课税之种类及其征收之方法,为免下列诸弊,或因维持公共利益之必要时,得以法律限制之:

一 妨害国家收入或通商;

二 二重课税;

三 对于公共道路或其他交通设施之利用,课以过重或妨碍交通之规费;

四 各省及地方间,因保护其产物,对于输入商品,为不利益之课税;

五 各省及各地方间,物品通过之课税。(第二十七条)

(二) 联盟及妨害之限制,原文云:

省不得缔结有关政治之盟约

省不得有妨害他省或其他地方利益之行为。(第三十三条)

(三) 军备之限制,原文云:

省不得自置常备军,并不得设立军官学校及军械制造厂。(第三十四条)

中央与各省财政之关系,其规定:

国家预算不敷,或因财政紧急处分,经国会议决,得比较

各省岁收额数,用累进率分配其负担。(第二十九条)

财力不足或遇非常灾变之地方,经国会议决,得由国库补助之。(第三十条)

省与省争执之事件,其规定为:

省与省争执之事件,由参议院裁决之。(第三十一条)

国家军备之规定:

国军之组织,以义务民兵制为基础。各省除执行兵役法所规定之事项外,平时不负其他军事上之义务。

义务民兵依全国征募区,分期召集训练之。但常备军之驻在地,以国防地带为限。

国家军备费,不得逾岁出四分一。但对外战争时,不在此限。

国军之额数,由国会议定之。(第三十二条)

省因不履行国法上之义务,经政府告诫,仍不服从者,得以国家权力强制之。(第三十五条)

省有以武力相侵犯者,政府得依前条之规定制止之。(第三十六条)

此外关于拥护国宪者有:

国体发生变动或宪法上根本组织被破坏时,省应联合维

持宪法上规定之组织，至原状回复为止。（第三十七条）

以上关于新宪法上联邦制之条文大致已引列备具，吾人兹当进而加以研究及批评之。

（一）权力之赋予国家者大，赋予地方者小也。联邦制之国家以美、澳、加拿大为代表，今观新宪法赋予国家之权尚较美、澳为大，而赋予地方之权，反较加为小——加地方尚有地方法律及地方法庭也。反观吾国宪法，地方大多无独立权，而所有之权大概皆受中央直接或间接之限制；至于兵权，则以三十四条所列，并常备军亦不得设置，此殊失当！在美有地方军，在瑞士亦有省军，由军事上观之，凡一省治安，非由省军维持不可，是数者新宪皆缺之，是较统一制下之赋予地方权尤为小也，如此而欲地方自治发达得乎？

（二）美、澳联邦其余之权归地方，加拿大则归中央；今新宪法云……其性质关系国家者属之国家，关系各省者属之各省，遇有争权时由最高法院裁决之。既未明言归之中央，抑归之地方，而仅以含混语出之，是既出乎美、加制之外而别生第三种制度矣。夫曰有争议时由最高法院解决之，则是国家与地方常在诉讼状态之中，而法律之信仰扫地矣！政治与司法，本各不相谋，由是而政治问题必受法庭解决，司法亦不得不牵入政治旋涡中矣！故必明白如加拿大宪法之规定，何者属于国家，何者属于地方，但其余之权属于国家或地方，庶可以免去大部无必要之争议也。加宪法云：女王陛下得以元老院及众议院之建议及允许而为加拿大制定保全秩序、维持治安及实行善良政治之法律，此系指一切事件在本法令未尝特定为属诸各省之立法部而言。（加宪第九十一条）

夫联邦国必有最高法院以解释法律,新宪法第二十六条既有所规定矣,第一百三十九条:"宪法有疑义时,由宪法会议解释之。"第一百四十条:"……但关于疑义之解释,得以列席员三分二以上之同意决之。"又有国会解释之规定,是一法有二解释机关矣。此二机关之解释如能一致,则尚无其他问题,不然,两机关发生争议,则最后之解决又将属之谁乎?此弊之最大者也!

　　(三)凡联邦宪法必为刚性的(rigid),新宪法亦然。然如第一百三十六条云:

　　国会得为修正宪法之发议。

　　前项发议,非两院各有列席员三分二以上之同意,不得成立。

　　两院议员,非有各本院议员总额四分一以上之连署,不得为修正宪法之提议。

第一百三十七条云:

　　宪法之修正,由宪法会议行之。

第一百四十条云:

　　宪法会议,由国会议员组织之。

　　前项会议,非总员三分二以上之列席,不得开议,非列席员四分三以上之同意,不得议决。但关于疑义之解释,得以列席员三分二以上之同意决之。

第一百四十一条云：

> 宪法非依本章所规定之修正程序，无论经何种事变，永不失其效力。

是惟国会可提议修正宪法而人民与省无此权矣。既已得各院三分二员之提议，又须有宪法会议总三分二以上之列席并四分三之同意始能决定，则世界各国修改宪法之难未有过于是矣！

（四）联邦制易使各省分离内乱。联邦制之较易于统一制使各省分立内乱也，前已言之，无庸再论。然如第三十七条所云，虽能使各省拥护宪法，而有三十三条禁止各省政治联盟，而安知各省不能假护法之美名，阴行联盟之举，是名为弭乱而实予人以为乱之机，弊之尤者者也！

夫联邦制既不适于中国，则吾人应于他方面之统一制（Unitary System）求之，以较其适用于中国为何如？

统一制者，其权力也集中于中央政府，依法的付主权于国会，而各省及各地方只有委托之权。其反对此制者，以为各省及各地方在联邦制下无自治之可言，大多数相信地方自治之必需，于是一般号称爱地方者及理想家群起而拥护联邦主义，虽有危害，弗之顾也。然此种主张，特为想像的基于此二种竞争制度之不充分足的智识之上而已；付所有主权之权力于中央政府，建设世所谓国会主权，地方自治，由是而湮灭者，此不确之事实，欺人之谈也。夫对于省或地方，由一适当权力之委托而筹备地方自治，斯固可能之事也。从实际方面观之：省或地方，在联邦制之下，其所有权力，保留或列举在省政府或地方政府为坚固的规定于宪法中；在统一制之下,则能时时按照地方及各省所需要而设施;由是可知一为固定的,一为活动的,其结果在统一制下所享受之地方自治亦可极广而较胜于联邦制下之地方自治矣。举例言之:如新西兰(New Zealand)在英国国会名下由统一制所享受之地方自治,较诸加拿大(Canada)各省在联邦制下所享受者尚大是也。要之,地方自治在统一制之下,必有各种委托政权规定于宪法中,或由立法部为之立法,一伸一缩,皆足按所需以为标准,而可获最大程度、最满足之地方或省自治也。

欲保护地方自治,凡安置权力之委托,皆可规定于宪法中。故权力委托,除正式宪法修正外,不能任意加以限制或变动,即其修正之难,亦较诸依法而为者尤甚也。此外包含权力一般之委托(a general delegation of implied powers)为地方或私事务,亦可规定。故地方自治,可以展延至省或地方所有之需要也。不但此也,宪法中亦可规定,若省或地方之需要变迁及发生时,国会可以委托新权柄以济时需,如南非洲统一国(The South African Union)是其例也。由是可知所有地方自治,在宪法中规定一广大之委托及包含权力一般之规定,加以国会随时委托新权之规则,足以保障地方自治矣。故吾人即自地方自治而论,统一制若能配置适当,其亦优于联邦制多矣。

抑统一制之利益,当有为联邦制所无者,双重政府也。轧轹之险象,浪费之结果,联邦制所有者而统一制无之,统一制所要者,划一单一之政府机关及法律、行政、司法而已足,无轧轹之弊,有协和之益,其他一切,所费既少而获效多,其为善盖未有如是之巨也。在他之一面,则又能增进权力,中央否决之权监督地方或省的行政事务,任命及调遣地方官吏,良善处理外交之事,及其集中管理之利益，有精密服务全国同时改良与划一的效果。此非如联邦制之须诉讼，司法之宪法解释，只须宣布一法律，无论为最高法庭或附属法庭，均能宣布立法案之违宪。由以上所述，凡联邦制之争执、分立、内乱等祸，皆可以减除之，而于内政、外交之管理，不致有权限之冲突，国家既有一贯之联络与交通之方便，斯内乱不生，灾害不作，而天下太平矣。

统一制既有无上之利益，对于中国国情尤能适合，则中国此时当采用此制无疑矣。

中国今日政治所需者，为强固之中央政府与良好之地方自治，此理已于前章屡述之矣。然于此有问题者，即联邦、统一二制，何者为能建设强固之中央政府，同时复能予良好之地方自治乎？以吾人所知，联邦与统一二制，若事事平等，联邦制不能建设强固之中央政府，他方面分立及内乱之祸又不可免，而统一制能防止之。吾人又知地方自治并非联邦制之特点，在统一制下，此地方自治，仍能保全其满足之欲望也。抑更有较善于联邦制之下者，观于南非统一国宪之规定而益明矣。从强固中央政府及地方自治之两方面观之，统一制为更上解决之方策矣。

考诸历史，中国自来为统一制的国家，数千年政治皆为中央集权制，行政长官，由皇帝任命，各省及地方的法令，均臣服最高权力受中央政府之支配，故在曩昔中国之历史上并未闻有联邦制之存在者，舍吾人以已亡之封建制度作为一种联邦制之形式外，实无他道可寻，然此特为失实牵强附会耳！昔者交通不便，故行政似倾于独立以行政之权付诸督抚，然不能遽断此为建筑联邦制于中央集权之下也。联邦制之发生，实始于辛亥革命以后，督军流行，乃有此结果，吾人已于前见之，所谓军队独立，财政独立，督与督联结竟争,致酿分立内乱之祸,而联邦制之风遂流行于一世矣。

　　根于中国历史之背景及目前情形,采用联邦制乃与以前之历史大相刺谬,而就实际言之:采用联邦制,不过为保存督军制而已。而督军制之当废,吾人前已讨论之,而此制适足以助其分离内乱之祸,故采用统一制,实为解决中国时局惟一之良策也!

　　虽然,采用统一制,亦必先具二种特别之要件,然后有满足之成功:其一,即交通应大加扩充也。在国中尤以西南各省为急图,然后中央势力可及,共和始有成功之望;否则交通梗阻,而分立之事易生,此历年南北战争之所以不息也。其二,督军制应废除也。督军之祸前已言之,故亟废除以促成统一,俾督军大权,奉之中央,而国家乃有强固之望,然此非统一制不为功。不然,若辈拥兵自卫,把持财赋,奄据一省,俨然王国,卒之各督互相竞争,致国家于分崩离析,为统一制之障碍者,盖未有若督军制甚也。是故交通便利,督军废除,即为统一制成功之日。

　　以上二种情形,倘采用联邦制,对于中国不但有害,而且亦未必有利;又欲解决中央与各省之关系,则亦非联邦制所能奏效。故惟统一制而后可以解决中国各种难题,惟统一制而后可置中国于磐石之安也!

第十三章　立法部之构造及组织
（Legislature: Its Structure and Composition）

关于政府之一般大纲,既已言之矣,然选择此二者根本问题——内阁制与总统制,联邦制与统一制——吾人赞成总统制与统一制——兹将预备讨论政府中之各种重要机关,俾能建设一种宪法制度,使其对于中国能达适用且能实行之目的也。

通常分政府为数机关——立法、行政、司法——吾人兹先讨论立法,依次及于其他各机关。关于此非先观察二制之优点及其所赖以存在之理由殊不能断定也。

第一,即立法部之组织为一院制(unicameral)或两院制(bicameral)之问题也。关于此非先观察二制之优点及其所赖以存在之理由,殊不能断定也。

两院制发源于英国宪法政府诞生之地,亦不过为历史上偶然之事实而已;其上院之议员,不问为贵族或为教主,均觉彼此性质与利害相同,故集聚而成一院;反之各郡之代议士、城镇之商人等,亦以同一性质与利害聚集而成一院;此二团体,既各觉其无充分相同之利益以维持二者之合并,故分别集会,较为便利也。是以英国国会(Parliament)分为贵族院(House of Lords)、众议院(House of Commons),实系偶然之事,初非有意存乎其间。其后英国属地,采用责任内阁制者争相效仿,而他之各国,采用内阁制(Cabinet System)者,遂相习成风焉。

在最初目的,以为上院(Upper House)代表特别利益及贵族阶级,其贵族代表兹有大部分田屋产业,其教会的代表不仅管理相当之教堂及其地产,且对于教徒有操纵之权力也。此为反民治制度(anti-democratic institution)批准,其大部在阻碍民治及下院之进行,故对于行政部加以辅助,且时时讨论焉。

按此制之发源,在其阅历及时间之行程上,遂发生有所谓不但不为第二院之辅助者,而实际则为下院之进行及民治之阻碍而已。格兰斯顿(Gladstone)之哀尔兰自治案(Irish Home Rule Bill)也,为贵族院所摧抑。政府之财政案也(Government Finance Bill),国库大臣乔治(Lloyd George)为大规模之提议,亦于一九〇九年为上院所阻挠。一九一一年重整宪法的调解提议于两院之间,亦可谓达于极点。当国会议案通过时,使贵族院屈从于下院,而贵族院所以愿意表示退让者,盖英王威吓之,另创设新贵族,以克服上院也。其结果凡公的议案,由下院通过,且由议长证明之,乃能成立。在财政议案(Money Bill)内,除下院自动反对外,倘得皇室之同意,即成为国会之所立法律,贵族院对于此案,在此一月以内,须将此案通过,不然,此案亦成为法律矣。其他一切公的议案,除财政议案外,均由下院以连续三次会期通过之。无论是否同一国会,然每次至少在闭会一月以前必送达于上院。上院可以拒绝否决;然二年内,若非下院自动反对,一得皇室之同意,即成为国会法律。惟特规定至少二年内,其二读在下院之第一次会议,最末通过在第三次下院会议。此国会议案(Parliament Bill)之效力,遂打破上院独立之地位并使上院屈服于下院矣。在财政议案(Fiscal Bill),上院于一月内无论收受或拒绝，一经皇室之同意，即变为法律，是则上院由是又削去财政议案之权力矣。在非财政议案，上院在二年以内，亦只有暂时否决之权，逾时亦必成为法律也。

此为英国两院制历史之大略。两院权力平等，与内阁制不符，两院势必彼此反对；其尤甚者，行政部与两院间各自为政，发生总理、上院、下院之三角战争；是以两院中之一，必有一院为主，代表民众较多，管理立法，监督行政，保持惟一的主人之主权意志。换言之，即上院须屈从于下院之下，而后一切纷争乃可免也。故夫内阁制之趋势，在适于不同之两院，则一院须为统治者，而他之一院不过立于助理之地位，必如是而后内阁乃能惟一的对于下院及选民负责也。由是可知，两院权力平等之弊，在使两院互相倾轧，而尤以两院为不同党时，则阻碍行政之进行及民治之发展，其为害殊不可以言喻。故一般国家均以上院服从代表民众较多之一院为适当。

虽然，在联邦制之政府中，两院尤为政治所必需者，盖无论邦之大小，均为平等，决无轩轾之分，故基于平等及邦之高尚的地位，特别的对于小邦尤须能保障彼等之权利及邦格；盖彼等既为联邦组合之一分子，且虑其为大邦所吞并，若无平等的代表于两院中之一院，则彼等将必逡巡踌躇不敢加入联邦矣。此经验由一七八七年美国之费城会议而来。当费城宪法会议时即开会讨论，其结果互相让步，众议院建筑于民众之基础上，参议院则从各邦选出同数二名参议员，平等代表，无论大邦小邦，一律如是，在宪法中明白规定，倘未得一邦或各邦之同意，决不能再加以修正。故在联邦国家，两院制实为联邦制中所必需之物，而后足以满足其邦之代表也。

两院制之缺点,即在于权力平等,故必使上院屈服于下院之下,而其优点亦多矣。倘下院有不当之议案或意气从事,上院可矫正之,而由是可得从容讨论之余地,检验修正之机会。大抵在民治国中,大多数专制(tyranny of majority)尤为可惧,非由第二院保护不足以免去此危险也。

晚近立法部有趋于衰颓之现象,他之一院,理宜供给一般之需要及搜罗人才之机关。盖近来才识之平庸者亦能取得国会地位,而一般品学超卓之士,不愿投身于选举之虚名,受政党之把持,以低首降心于不利益之职役,及其他所谓的地方的、私人的利害观念,希望利用公共财款,用委员制及政党预备会议制,作无意识之辩论等,其厌弃之久矣。美国国会及英之下院,近皆减少杰出之士为立法服务,故亦渐呈退化之现象,而极平庸之人受党魁之指挥者乃充满于下院中,此亦理之当然也。为补救此弊,遂有建议创设第二院,使有才能及代表较高者,或由间接选举,或由政府任命,有加入立法之机会。于是若二院权力既异,则一院必屈服于他一院之下,致两院制足以保持深思熟虑之利益,防止仓卒卤莽之立法,得有等级及联邦之代表,搜罗全国政治之人才,倘使为一院制则不能有如是之完美组织矣。

以中国目前之情形观之,究应采用二院制乎,抑一院制乎?吾以为二院制实较一院制优胜也。夫联邦制既不适于中国,而采用统一制则可得较大之利益,似不必采取权力平等之两院制;然在他方面,内阁制之于中国,既非最良之制,从可知更无采取一院制之必要也。中国若取总统制与统一制,且步中庸之道,则可得一院制与二院制之利益,然一面仍须避免其不利益!即在采用二院制之形式而实用一院制之真相,其运用权力仍在一院中,他一院不过立于辅助及监督之地位而已。此殊类于英国之上下两院,宪法中之规定,少加修改而已矣。

在此两院制之下,第二院必屈服于代表人众一院之下,然仍须保留以持其深思熟虑,防止仓卒卤莽,不顾一省或一阶级之利益,而使有才识者、有学问者皆得立身于会中,在中国国会,不过初初发轫而已;在下院中既无经验,又无活泼之精神,他之一院,可加以训告、检查、修正,甚而至于阻止其议案,以中国版图之大,在历史上各省区分甚严,故要求平均代表,在第二院中乃为至当之事,否则不足以满足其欲望也。且中国国会易于退化,恐蹈他国之覆辙,故宜就各国所已往之经验,加以研究,尤必规定凡有才能经验特别之才具者,务须网罗于国会一院之中,此一院制所不能为者也。是以两院制对于中国较优于一院制也。

虽然,若两院之权力相等,则必发生冲突,其结果必阻碍行政及民治之进行。欲除此弊,吾人可从西洋探得之,其最要者即在分别两院权力之轻重,使一院为主力,他一院为辅助会议。此种方法在英国一九一一年之立法案,数百年来经验之结果,实为解法最善之道。凡财政议案皆由下院决议,非财政议案,则必须得两院之同意。虽然第二院之暂行否决权,其时期为二年,其损害公共利益或为甚大。故于此制可少加修改或竟废去,许在两院意见,必须协和。换言之:即凡关于非财政议案之冲突,两院须开联席会,由大多数议员投票解决之,或由两院委员会联席会议以图解决亦可。

此制之下之立法部,仍为两院制之利益,然两院必有一院为主力,他一院立于辅助之地位,方可免除冲突而确定立法之职责。在英国上院之二年间暂行否决权业已抛弃,而以两院联会或委员会协商代之以解决一切非财政议案之冲突,于是迟延二年之弊既免,且可使两院之意见随时一致也。

吾人兹将讨论立法部之组织以决定其形式,先讨论众议院,次及于参议院焉。

众议院(House of Representatives),如美国之国会,为代表民众较多之一院。中国人口号称四万万,就比例分配,每一议员代表一百万人,宜基于近代统计,按照编查户口之法按时分配,合由边远之地如蒙古、西藏、新疆选出之议员,则众议院全体代表即有四百之多。至各省代表人数,则由各该省省会得省长之同意分配之,盖对于该省之情形,较中央知之尤悉也。

然由各省分配代表,将指定何人为选民以选举之？或者仿照美国付之各邦省会乎？曰:否！夫中国为统一制而非联邦制,则选民问题决不能付诸各省;而宜由国宪规定,使选民之资格纯粹的而非驳杂的也。

至投票者之资格问题,通常可分为二种:其一财产(property),其一教育(education)是也。财产资格发源最早,当英国选举下院时,即已采用此制;至教育资格乃近始发生,然在一般趋向,渐渐排除资格制——尤其财产资格——而采用普选制(universal manhood suffrage)。以中国政治发达之趋向言之:不宜采用反民治及不公平之财产资格制;至教育资格,则可采用。盖中国此时大部分人仍无智识、无学问及宪政之观念。如彼等能力,无运用此选举权之资格,而贸然赋以此权,其结果纵不危殆,亦属冒险之事。因选民中曾受教育而有智识者,且将压制蠢然无知之辈,狡黠者又将欺罔愚鲁之流,此外尚有其他因无知识而发生之种种弊端,今若以选举大权界之此辈,则天下之至愚,未有如是也。故中国欲希望强有力之政府,必须建筑于有才能、有学识之选民之基础上而后乃可也。

复次言教育资格之重要,对于中国人民既无损害,亦无不公。盖国家当采国民教育制,强迫青年入学,俟数十年后,则无学识者将尽死亡,而有学识之新选民将渐增长其势力,其结果人民皆受国民教育,均能投票也。关于强迫教育一节,将来可规定于国宪中,则选举必益加扩充矣。

关于需用教育资格,其程度以与选举的才能相符为最低限度;故选民不必限制与贵族阶级均有受高等教育之机会者。而根本教育在初级教育其才能、其知识,能读新闻,能明国宪为度。关于年龄之需要,就中国习惯而论,以十六岁为成丁,但普通以二十一岁为成年,故中国选民应包含有二十一岁或二十一岁以上之人,曾受初级教育,其知识能读新闻报纸及明国宪本文者为合格。中国现在人民,能合此种选民资格者不过十分一二而已。但自今以往,国民教育发达,普及全国,行见全国人民必有此种资格矣。

选民问题既已解决,则众议院之选举如何,亦当讨论之。关于此问题,有主张区域选举者(district),有主张普通选举者(general ticket),亦有主张阶级选举者(class);然此数种选举制度,利弊相因,无待讳言。阶级制度吾人可于俄罗斯苏维埃共和国见之,有集中利益及各等级与社会事业之代表之利益,然有阶级反对及自私自利之大弊。其结果或将因利益之冲突而酿成内乱于阶级与阶级之间,吾人试一观劳动者与资本家之宣战而可知矣。普通选举制有选举大面积及候补者选举范围广大之利益,此种被选举者,当有代表大部分利益之眼光,但亦有只代表选举得胜党而致选举失败党不克有代表之弊。区域选举制,在小阶级亦有地方代表之利益,故较前二者为简单为不浪费,然其严格的缺点,即在有力的党排斥少数党,操纵地方上之利益,或与私人狼狈为奸,以图选举议员,其结果不免眼光狭小,损人利己,而吾人欲求一满足之选举制殊不易得也。法国从区域制(scrutin d'arrondissement)变化至普通选举(scrutin de liste),前后反复多次,对于一般投票,曾屡采用,然亦觉各种选举制有不满足之处,直至一九一九年之选举法,始采用普通选举制与比例代表制(scrutin de liste and proportional representation)。中国众议院之目的基于民众,分区选举乃为可能之事,即议席之分配、区域之划分,亦皆容易决定。以吾人之拟议,当以省会办理为当。至防止不公平之弊,各省应按居住该区域内每一百万人口出一人之比例,划分议席,而用比例的代表选举法,使少数党亦可以出代表,此外更无其他善制可以适于中国。盖在宪政先进之各国,此种选举制,亦正在考察及试验中耳。

以上既言选举应采区域制,然于此有一绝大之障碍,足使吾人所计划之中国国会完全失败,且或为运用共和成功之阻挠。此障碍维何?即选民资格既受限制于前,选举复在国家监督之下,则其能否充分运用而确保众院之相当的代表性,殊属疑问也。宪法之经验既缺,人民又乏公益心,政党指定候补及指导选举者亦类皆无学识——于运用普通民众选举一节,大都倾向于黑暗之光景,事实上除滑稽的选举外,真正之民众选举,在目前恐少成功之望,或将迟至各种需要条件备具时,然后选举始有成功之望也。

在目前除上述之一般制度外,亦有他法俾众院安固也,即在各区域内行间接选举。换言之:即不用普通选举,而召集地方上之年长者、各协会之领袖及其他商业、合法各会之首领等聚于一区,组织选举会议选举众院代表而已。吾人将扩充此种制度应用于国民会议以制定或修改国宪,然欲使此实现,必须用已在社会上存在之社会的或商业的组织,盖在各种组织中,其代表机关,已有政治经历，而召集此种组织之各首领，又皆有经验、有社会的合作精神也。每村中必有组织首领，或由村会议选举代表，到区域选举会。在每城市中工商会之领袖，高等教育或中学校之组织及其他之组织会，选举首领或代表到区域选举会内，则此区域选举会尚能选出一众议员也。

于是有二种选举制之拟议焉：其一为普通选民选举（election by the general electorate），美国及其他国行之；其二为间接选举（indirect election），由商会教育会等各首领及村中之村老组织选举会选举之。此种选举方法及选举区域，可由省会自行选择决定。吾人所当注意者，中国目前应采用选举会之间接选举法，实较直接选举为优，盖中国此时所需者不在纯粹之西洋民治，亦不在采用充分之民治主义，而在满足的、平安的、实际的宪法共和之运用也。至选举主要，吾人于讨论中国选举总统问题，尚拟再论之。盖此乃中国宪政上几为不可解决之问题也。

投票方法，亦为重要之问题。澳大利亚之秘密投票（Australian secret ballot），即不记名之投票殊有可采之价值也。吾人须知以中国共和最短时期之经验，若如袁世凯时代帝制决定之记名投票（open ballot），结果无不赞成帝制者，此种投票，处于操纵威逼之下，非真正之公意也。欲救中国免蹈此种滑稽选举之覆辙，计惟有采用澳国之秘密投票，与官场发票（official ballot）、无记名投票（without the signature of voters）等，无论何人，均可适用。至开票及计算，凡候选之代表，在职之官吏均应到场，若起争端，必须服从法庭之公判。在选举法上规定，投票人之登记及秘密投票，有非法之投票、诡诈之计算、违法之贿赂以及威逼之选举等，必竭力设法防止及惩罚之。选举法程序及手续，以法庭独立于行政之外为最善之保障,此西洋各国阅历之教训也。

次关于众议员之资格,凡投票人所有之资格,彼须具备之。此外年龄须在二十五岁或二十五岁以上,盖欲使彼之经验更老练、更进步在投票人之上也。至居住须以六月至一年为最低限度。议员之任期须为三年,此中国目前业已实行之矣。

众议院之组织既如上述,兹请言参议院:参议院之特权,既不在为众院之重复工作,则参议院不必代表民众或由民众选举。非然者,参议院不必为众议院之摹仿物或为与之竞争之机关矣。夫参议院之设,为满足各省历史上之分界的心理,故各省于参议院,应有平等及同类的代表权。又此亦为具有著名之才能、娴熟之经验、有功于人类社会者之库藏,故一部分议席,应付诸具有此种资格之人物也。

申言之:参院一方为各省代表,一方为国家储蓄有才能、经验及有价值之服务。则参院一部为各省间接选举,一部为政府任命,是以每团体中为混杂之组织,此事甚明也。

各省代表应由各省选举会选举较为妥当,此在法国制参议院选举稍后。即各省代表在下院者,各省会议员、省内城市会议员、各村庄比例户口选举之代表——组织一选举会,由投票人直接或间接选举者,必适合于该省应选之参议员。在法国历史上,以此种选举为最满足,由下院补充大部分参院之议员,此为政治家及善治国者之无上策也。此外对于参议员之数目亦当注意,凡各省均应选举,若不以人口为比例,至少每省可规定参议员五人,则中国二十二行省即有一百余参议员之总数矣。

至参议员由政府任命者,须注意限制某一阶级确实具有被任命之资格者始可,其任命以总统行之。在意大利制,其参议员之任命,须先确定其资格,审查其合格,然后加以任命。凡参议院应由有卓越的经验、有价值的服务及有特殊的才能者组织之,故普通有三种人才可由政府任命之:

(1)高级官吏之富于经验者;

(2)个人有专门科学、文学之长,或曾为国家服务而有荣誉者;

(3)大富翁能纳大宗租税或曾作大慈善事业者。

由资格之考核以限制之,庶无滥任命之弊,惟当注意者,即政府行使此任命权时,仅受宪法之限制耳。

关于参议员之任期,彼既一部由选举、一部由任命而组织之,则关于参议员之两大阶级,可使其任期不同,此为理想之可能者。然从经验方面观之则不然:在意大利参议员为终身任期,乃有不良之结果,使参议员在管理及接触公共意见之外,而养成独立顽固之现象。故意大利参议院机关甚弱,而即需改良也。在加拿大终身议员,亦有同样之结果,在实际上亦不适当。以意、加二国经验观之,参议员之任期均当为六年,有由选举,亦有由任命者,每二年改选三分一,实际颇与美国相类,故能继续其位置、职务、政策、各种责任,最终之时期,亦有报告职务之责,而亦有再被选举或任命之希望也。

参议员任命之资格,通常须有普通投票者及年在三十以上之资格,其居住须在本省或一年以上。

参议员由政府任命,亦有反对之者:第一,行政部任命参议员,则行政部可以任命其一党系之私人,证以加拿大之往事而知之。虽然,参议员任命之资格规定于宪法中,行政部不能出乎此宪法限制之外也。夫使其在此限制以内,即任命其党系之私人,亦为政党政治之至当,除有其他正当阻碍之方,欲其行政部完全不能任命其党人,则固无法也。然此宪法限制之外,彼亦无法以破坏宪法或强迫参议院本身收受任命参议员之不及资格者也。第二,若参议院能握大权,则行政部将必位置私党,图自保其安固;虽然,此在参议院与众议院处于平等之地位可也。然参议院由吾人言之:实居众议院之下,在实际已剥夺其所有财政议案之权力,而仅与以非财政议案之同意而已。其审判、弹劾总统案,固常为参议院之责任,又当选举总统时,若用国会选举彼亦常能参与,但依本书所论选举总统及审判、弹劾总统之权不授与参议院,则将见参议院既无选举与审判之权力,亦无参与之机会矣。至若在条目中应如何限制,以何数为限,此问题俟诸制宪者解决之可也。

选举之参议员,与法国制之参议员相似;任命之参议员,除终身任期改为有期任期外,又与意国制相似;六年间每两年改选三分一,又颇似美国制。中国之国会,实去短取长,兼采数美,一部为领袖,一部为卓越人才,皆为有经验品学之人,或为科学、文艺人类之最大赐惠者。将为政治领袖深厚之经验,热心服务,蓄养才能等,成为国家的一大储藏所,抑又为退职总统之适当的退休所也。

约言之:中国参众两院之组织,如照上列制度,则众院基于民众,而由民众直接或间接选举,以代表人民公共之意志;参院则代表领袖、经验、才能、服务及高尚之人,以众院为立法之主力,而以参院为立法之忠告、节制、检查各种议案之机关焉。

吾人兹试就新宪法观之,其组织为何如?

国会以参议院、众议院构成之。(第四十条)

由本条观之,中国国会为两院制明矣。但其权力之规定如何? 第五十八条曰:

国会之议定,以两院之一致成之。

两院之权力似乎等矣,然一百十二条又云:

> 国家岁出岁入,每年由政府编成预算案,于国会开会后十五日内,先提出于众议院。
>
> 参议院对于众议院议决之预算案修正或否决时,须求众议院之同意,如不得同意,原议决案即成为预算。

将两院之权力分开,而众议院之权力又较参议院为大矣。 第六十条云:

> 众议院认大总统、副总统有谋叛行为时,得以议员总数三分二以上之列席,列席员三分二以上之同意弹劾之。

又第六十一条云:

> 众议院认国务员有违法行为时,得以列席员三分二以上之同意弹劾之。

以上为弹劾案也。

第六十二条云:

> 众议院对于国务员得为不信任之决议。

以上为不信任案也。

以上二种权力皆众议院有之而参议院所无也。众院既有此二权,又有财政权,此其所以倒阁甚易也。不特此也,众议院尚有同意权,试观第九十四条曰:

> 国务总理之任命,须经众议院之同意。
>
> 国务总理于国会闭会期内出缺时,大总统得为署理之任命。但继任之国务总理,须于次期国会开会后七日内提出众议院同意。

以上两院,参议院为辅助机关,众议院权力极大,故内阁对之须负责也。

次言众议院之组织,第四十二条曰:

> 众议院以各选举区比例人口选出之议员组织之。

第四十三条云:

> 两院议员之选举,以法律定之。

以上选举用分区选举制,而选举法不由省会而由国会规定也。又议员之资格,据第四十六条规定:

> 两院议员之资格,各院得自行审定之。

任期之规定,第四十八条云:

众议院议员任期三年。

参议院之组织,第四十一条云:

参议院以法定最高级地方议会及其他选举团体选出之议员组织之。

其任期规定,第四十七条云:

参议院议员任期六年,每二年改选三分之一。

新宪法采用两院制而使代表人民之众院其权较大于参院,此与联邦制甚适当也。众院所有之权约言之:(一)预算权;(二)不信任投票权;(三)提议弹劾权;(四)内阁总理任命同意权。众院有此大权,故参院不致与之发生冲突,而内阁对之负绝对之责也。

众院之组织,据元年八月十日公布之《国会组织法》其第四条云:

各省选出众议院议员之名额,依人口之多寡定之:每人口满八十万选出议员一名。但人口不满八百万之省,亦得选出议员十名。

然中国人口号称四万万,故宜以一百万人口选出一名议员。

人数既少，开会亦较易也。其选举法由国会规定，此病甚大。新宪法言分区选举，亦未言分区之权属谁，众院议员资格亦由国会规定。投票方法亦未明言记名与否。此种规定，其利固在随时可以变迁，但其弊则大多数党可利用修改选举法，或重行分区，或改变资格等，使反对党不能当选，自己得以操纵于其间，其结果则有谓不公平之分区选举(gerrymandering)，其弊莫大焉！不特此也，既无明文规定，则将来各省省会必与国会发生竞争规定之权，是又事之不可免也。是以宪法应规定各所选出之议员之数目应在宪法以前规定，以后如人民有变更，则议员因人口之调查而决定。选民及议员之资格亦应规定于宪法中，不使国会或省会随时变更，此皆先进各国之例也。又分区选举宜规定分区责任及选举方法由省实行不应付之国会。或谓分区选举由省会实行固矣，然今之美国即行此制而仍不免不公平，分区选举之弊，则又何故哉？然此说不足为难也！何也？夫大公平之分区选举，固不能谓绝对无之，然实际国会大多数党之作弊，其影响及于全国，而省会之作弊，其害亦不过止于一部分而已。且其弊虽不能免，然而选举之结果，则各党均有入国会之机，故较为公平也。

参议院议员之选举非为直接的，据新宪法规定由省会及地方团体选举之，详细情形亦由国会规定，此其利弊均与前同，故应采用法国参院选举法及意大利参议员任命法，惟规定任期不为终身，使有经验、学识者皆得为之耳；又关于参议员选举之时间、地址、方法，省会亦可以规定，但在省会未组织以前，由省长规定，但国会须随时立法以改正或重行制定之。

第十四章　立法部之职务及权力

立法部之结构及组织既已决定,今请言其职务及权力。夫立法部之组织与职务,本互相连系,吾人为研究方便计,特分为两部以讨论之。

吾人习常之观念,莫不以立法部之职务在制定法律,或简称之曰"立法"。盖立法部形成人民公意,行政部执行之,司法部则解释之也。然此种观念,殊与立法部职务之实际不合。盖制定法律,乃为一种专门的工作,全国代议士之普通集会何能胜任？彼等之能事惟在议论、发表公意、批评行政部、赞否各种政策,最后则运用其管辖之武器而已,实不能造成政策或法律也。夫草定法律既为专门工作,彼等专门学识不足;擘画政策,关系国运之盛衰,彼等又无充分之训练;质言之:彼等实为散杂之群众,可高谈雄辩,不足以言统治也。

此为不可掩避之事实无可否认者,故立法部之建议大都落于行政部手中。在内阁之中总揆与各部制定法律,仅由国会大多数予以同意或不同意而已。在总统制中,或由大总统建议立法,或由娴熟各项工作之各种国会委员会造成政策与法律,惟须容纳行政部与各部总长之意见,尊重人民之建议与公意。无论在内阁制或总统制之国家,实皆采政党预备会议(Caucus System)之制也。夫政党预备会议者,即一党事前预先协定如何表决而团结一致,党中一切计划,通常皆预由本党大多数之党员决定,此则为大多数之大多数,亦即等于实力的少数也。其他党员不问其个人之意见如何,均受其决定之拘束,是以两院中之辩论,实属虚应故事,毫无意义,可视为公开之抗议或一般议员用此而得本地方选民之赞许,极端言之,亦不过为阻碍之方法而已。关于立法之剧战,实发生于大多数党预备会议之时,此种会议,实际上决定重要政党立法计划也。美国省会尝设立法参考局(Legislative Reference Bureau)以为立法部之辅助,俾立法者明悉各种必要之事项,且助其起草法案及做成议决案焉。

且政府实际的行政事务,立法部尤难明瞭或自己实行。一群意见歧异而对于全体的行为各不负责之人,若非有一定组织而由一人指挥行事,则绝对不适于行政行为。故行政机关恒为寡头的,与军队无异也。立法部既有此本质的不可能,故除正当必要之事外,绝不宜许其干涉行政部之行为。如以立法部干涉行政部,不啻"以无经验之人裁判有经验之人,以愚鲁之徒裁判渊博之士也"。

立法部之不在自行制定法律,不在干涉行政事务,而在察视立法与行政之委托于名正言顺,而具此才能者之手,令其善自为政;在发表人民之所欲所恶;在批评行政部而保护人民之利益;在行使最后之监督。质言之,其真正之职务重在监督而不在统治;重在赞否政策而不在制定政策也。米勒氏(John Stuart Mill)有言曰:

> 代表之职权不在统治,以其于此道绝不相宜;其正当之职务盖在监督与管辖政府,使政府之行为共见共闻;若有人对于政府之行为有疑问,即迫其作详明之表示以声辩其为正当;若

第十四章　立法部之职务及权力

发觉其有可贬之事实，即加以斥责；若组织政府之人滥用信用，或其行为有背国情民意，即迫其退位而另任继任之人也。

以上述理论适用于中国之立法部，可知若以不适于立法部之职权授诸立法部，则必铸成重大之错。若令中国立法部不正当的干涉行政行为，作成政策与法律，压抑行政部之领袖与建议的精神，则是立国政策上之大误而特误之事也。中国今日所需者为一诚实无私、才德兼备之行政部，不受立法部之无谓的不正当的羁束，而能引导中国出于惊涛骇浪之中也。拥权过度之立法部将消灭吾人所欲之行政部，是亦犹以船舵授诸粗暴之水手而不与负责之船长也。

在他方面，立法部亦自有其应当行使且必须行使之职权，立法部应赞助或反对各种政策及立法以保守被治者同意之主义（the principle of consent of the governed）。彼应迫使行政者及其下属官员公布其所行之事及账目，俾一切公务能依诚实公开之精神处理之。彼应批评政府，表示种种不能满意及不以为然之事，并指摘其违离宪法之处，务使政府履行其最高之目的，即所以设立政府之目的，亦即增进被治者之幸福是也。彼又应运用其最后之监督权，庶免武装的革命，而公共之意志，得由宪法的方法以表见也。

吾人既得此数种根本原则，今进而研究宪法应以何种权力付与立法部。

吾人主张所采之制度既为统一而非联邦，则殊无如美国宪法列举立法部各种权力之必要。依统一制之学说与原理，中央政府应有一切之权力，各省仅有受委托之权力，且须听命中央政府之监督与否认。是以立法部之权力除宪法上定有约束外，完全无所限制。即谓中国国会除成文宪法有所限制外,将似英国国会之全能。故宪法上立法部之权力可以不必一一列举,而仅规定一概括的权力授予国会而已。然应许国会委付其立法权与行政部,或各分部,或各省,或法院,或其他正当之机关,总使立法部有自由决定之权,以斟酌于两者之间,即行使直接立法之权欤,抑以权力委托于相当之机关欤?若为委托权力,则国会应保留取消所为之权力。此种委托及取消之办法,可减轻中央国会之工作,使其易于进行,而仍不失其统驭全国之立法权也。

中国国会既依统一制有完全立法之权,则有问题发生焉。即宪法中关于其权力应否有所限制。盖完全立法权若无正当之防御,必难免于危险。此问题之解答俟诸后文。今吾人且列举数端,此数端者不可无限制,或至少亦须有所防御也。

第一,关于最重要之财政权,立法部固得否决本年度之预算案,然本年度之预算既被否决,即不得不许行政部援用上年度之预算案。若不如此规定,倘立法部否决预算,或未能列议,行政部势将束手,而政事必至停顿矣。在内阁制之否决预算案,无异对内阁投不信任票。内阁不辞职即须解散国会。在总统制行政部之任期定于宪法,除用弹劾,不得擅请辞退,则若无援用上年度预算之规定,而立法部将本年度预算案否决时,是直置行政部于进退维谷之地位也。总揆既为政府之首长而负行政之责任,岂可无经费以营其政机,此种不可能的、不合理的地位,决不能令其容忍。故关于预算之事,既易发生种种冲突与纠纷,则为行政部之独立与安固计,援用上年度预算之规定决不可缺也。

吾人于此须注意财政权为立法部中一切权力之最重要者,其力能令政府存在,亦能令政府瓦解。钱能通神,凡支配财政者,即为管辖政府者。吾人可于英国之宪法史中见之：使行政部输诚投服立法部者，经费之需要使之然也；英国人民渐取皇帝之实权付之国会行使，非有支配财政权何以至是。国会能发表不满之意，要求救济方法，批评政府之政策与计划，胥以其握有支配预算之权也。财政权之重大于此可见。故在总统制对于政府应加以保障，以防对敌之立法部利用否决预算以为致命之打击。不然，行政部之独立精神与稳固性质即无所存在，而总统制之全部亦将溃裂矣。夫总统制之特点与其必需，即在行政之独立与稳固，为其最著者也。故曰欲谋总统制行政之安全，即在预算案之被否决时得以援用上年度预算案之规定也。

第二，关于预算之事，立法部尚有应受约束者，即无论何种机关建议增加预算，若未得行政部之同意应即否决之。若无此限制，则国会议员必将狼狈为奸，提出私人的或地方的议案谋得专款或增加预算，结果必为结党营私，争夺国库，为种种不正当之糜费也。此盖由经验而知之。试观英国国会为宪法主义之母，其所采之制度即非属行政部之同意者，凡国会议员之建议设定某项经费，或增加预算之事，概予禁止。故英国财政得免争夺与糜费之厄者，此制度之功也。若中国能借鉴英人之经验，获益必多。

第三，行政部之任命官吏立法部不必有同意权。同意权本为不信任行政部之武器，其意在阻抑行政部之滥行用人之权。然由经验以观，此种阻抑方法殊非必要且不适当也。何以言之？盖在政党政治，重要之位置由大多数党决定，则虽经立法部之同意，亦不过为形式上之故例耳。即或有干涉之必要，则考虑预算案之时，即为良好之机会，可以恣意批评，审查与抨击行政部之用人，殊胜于纸上同意案之空谈也。故曰不必要也。吾人已知立法部不宜干涉行政部之事，且欲使行政者对于行政事宜负切实之责任，尤不可不令其自由选任一己之僚属不受立法部之阻挠。盖立法部对行政不负责，故曰不适当也。

第四，为确保行政部地位巩固及独立起见，立法部用弹劾程序推翻行政部之免职权，应有相当之限制。通常弹劾行政首长之方法，大抵由下院提出弹劾案交由上院审查，其法定人数及同意票数较普通议案为多。吾人于次章论行政元首之选举，主张中国之大总统不由立法部选举，而由特别召集之国民会议选举，故以免职权完全付予立法部殊为不当，必有所限制而后可也。惟吾人既主选举行政元首之权力保留于国民议会，故依弹劾程序，行使最后之权力，亦应保留于此国民会议也。

然自他方面言之，召集国民会议既甚困难，且监督行政部之权，固应属诸立法部——尤为众议院有此权力，故提出弹劾程序之权即须予之众院，而加以全体议员四分三之表决以限制之。于是众院提出弹劾案，无异报告国人改选行政元首之期将临，而全体议员四分三之表决之限制，则足以确保大总统之安全，不致受反对党大多数恶意之攻击也。提议弹劾之权既授诸众院，则审判之权即不可授诸参院。盖参院之议员依本书之主张其一部分为行政元首所任命，故其不适于裁判也至明。且产生总统者为国民会议，则最后免职之权亦应保留于该会议。易言之：即主造者应握有生杀被造者之权也。至于国民会议之审判大总统，有全体三分二之表决即可。定谳以后，大总统即免职退位，于必要时复以私人之资格更受法庭之审判及处治。至弹劾之原因，应以叛逆、受贿及其他重大之犯罪与其他宪法中所规定者为限。审判总统之时，应由最高法院之院长为首席官。然其他文官因上述原因须受弹劾者，则不必召集国民会议自无疑问。以众院三分二之表决即可提出弹劾而由同院审判之,复有全体四分三之表决即足定谳;其受弹劾之官吏,不问其为法官、阁员或其他文官,即由大总统罢免其职。通例文官在弹劾程序尚未完成之前,早已见机辞职焉。

第五,制定国宪之权既归诸国民会议,前已述之,故修正宪法之权亦应属之。此修正之权,实为人民主权之主要的品质,关系极重大,良以修正宪法者,实无异于废除或变更人民由国民会议所制定之正式国宪也。吾人主张制宪应以人民主权为基础,今欲与此主义相符,则修正宪法之权亦不可不付予国民会议。此权恒与选举总统同时行使,其表决宜以全体三分二之人数为度。此三分二之表决额已逾半数,故不为少;当此过渡时代,自有变更宪法之必要。修正程度不宜严格,故表决人数不宜太多。乃美国宪法修正,须各省立法或省民会议四分三之表决,未免过于严格也。

然国民会议所处之地位,不如立法机关之易于瞭然于宪法也。应修正于何时,所修者为何处,以及如何修改等,皆颇费踌躇也;故莫若令两院联合会议或各院会议以三分二之表决提议修改,而受大总统同意之限制较为简当。此外大总统亦得建议修改,但须经两院联席会议或各院会议之三分二之表决而后可。国民会议全体议员三分二之大多数表决采定各项修正案而视为国宪之一部也。

第六,观夫中国近时历史之特殊经验,外债一端,实为中国独立生存之大障碍,是以关于此点之规定亦不可忽也。夫禁止借外债,固属至愚之事,有时需财孔亟,亦不得不出于借之一途。譬如发生战争,或财政上起大恐慌,或实业上之大经营等等,则外资之辅助,裨益至多。至各省或个地方殊不宜有借外债之权,故应极端禁止，始能保国家之安固。盖对外关系，中央政府应有集中的、绝对的权限，各省与地方，不得自行对外发生关系。不然，外力将借财政国际为进径而侵入各省各地，其危及于国家之生存及统一殊不忍言也。

夫禁止中央政府之借外债既属至愚之事，则国宪上关于订借外款之权不可不有所规定。然以近代历史观之，订借外债须有确实之保障始可，否则恣意为之，中国将受典卖之祸而有亡国之虞也。故宪法应规定，行政部不得众议院之同意，不得擅借外债。中国政府当欧洲大战之时，滥借日款，既无国会之许可，即或有之，亦不过为有名无实之举而已，此诚吾民所不能忍受者也。盖以此等不负责任之滥借外债，直将驱中国于破产之途，彼号为政治家者，在短促之任期内，对于外债之清偿，毫不觉有责任之心，而其结果徒重吾民之负担，至可叹也。

然尤进者，众议院大多数之同意犹未为足也。行政机关及其相依为命之多数党固可狼狈为奸以借外债而图渔利也。议员既可受贿选举某督为总统，何独不可受贿通过借外款？故同意借款之表决人数，必须较通常为多而后能免弊端也。然则须如何而后可？曰必以众议院全体议员三分二之表决额数，较通常之多数为大者庶能郑重其举；故欲谋借款之通过，势非得他党或反对党小部之赞助决不能成功也。

不但此也，凡外债之以某省财产或税收为担保者，不惟众院议员三分二之表决为已足，尤必有该省省会全体议员三分二之同意乃可。此亦属必要之事也。盖无论何省之财产或税收，若不经本省之同意，决不应供中央之挥霍。曩昔之议筑武长、川汉两路，而订立湖广借款，影响于湖南、湖北及四川诸省之利益，遂引起第一次革命，吾人当能记忆于胸中也。此种历史上的所得之教训，亟应正式志诸宪中以垂永戒，即规定所谓各省省会三分二之同意是也。夫如是则此类借款之订立，几近于不可能。即或能之，亦必对于国家与关系诸省有极端之利益及安全也。换言之：此种规定，实为保护各省财产，而予各省有拒绝中央任意以其财产为担保外债之权也。

在上述各种限制条件之范围内，中国之立法机关得有完全之立法权。对于财产议案，众议院应独居于最高之地位，其他之法案则两院共之。众议院有支配财政之权，对于新政策所须之经费，有准否之权，于行政机关有批评监督纠核之权，又得审查某种预算款项，于必要时得减少或撤销之，故财产权实为立法机关之根本重要权力。此外则立法机关更应为增进公共之福利而制定各种法案，除宪法有明文限制规定以外，不受其他规定之限制，其对于行政机关，得命其宣布并报告一切官吏之行为，尤其关于财政之用途为最要，对外条约之同意及宣战之批准等事又为必要；以书面质问各阁员与其他官吏各种事实及消息；调查官吏之行为与公务之管理；批评行政机关之行为及政策；弹劾行政元首，下及各级文官等，前已详述，兹不赘言。

立法部之权力的范围及其限制既如上述，今之问题则为宪法之权限应由何人解释之。夫吾人既主张统一制，而依此制，立法机关之宪法的行为，若无其他之规定，殊无受司法的否决之必要，故立法机关即为自己的权限之解释者也。立法机关遵行宪法与否，乃为当局之多数党的良心判断问题，统一制中实无最高之权力以宣告其违宪，反之如美国之联邦制，则有司法机关可撤销其行为也。

然在实际上亦略有阻制,其效力虽不若司法之撤销要亦能发生相当之阻碍也。行政元首有犹预否决权,立法机关仅以三分二之表决即能推翻此权,当于后再详述。故大总统即可藉此机会警告立法机关,关于立法范围内之事,立法机关中之反对党苟能精敏有力,则可俟其敌党公然有违宪之破绽,即执为下期选举之战号,使多数党不得不恪守宪法,毋敢或怠。选民之程度高,则舆论亦能指斥违宪之党而驱逐之,而又于次期国会纠核违法行为。凡此种种限制,皆足纳立法机关于政党的宪法范围之内也。

今吾人尚须研究者,为立法机关之特权。欲使立法机关能尽其职,行其权,故不可不予以相当之特权,以保护其独立之精神,以防群众之扰攘,行政之压制,其理正与行政机关之须保障等,此固其他宪政国家所昭示者也。各院对于本院议员之选举、证书以及资格等,须自为裁决,使法院即为行政机关之附庸,亦无从为偏私之干涉,且可免选举党争之影响,世界除英国外殆无一国不采取此制者。各院又应自行决定本院之程序,处罚议员之扰乱秩序之行为,有三分二之表决,即可使议员除名,及迫缺席者出席等,凡此皆为确保有秩序而敏捷之行为所不可少也。议事程序之细则,每付两院自定,然其法定人数,则恒规定于宪法中。各院或两院联席会议之多数殊可为足法人数。各院应列本院之议事日记而随时公布之,惟须秘密者不在此例。两院议员于出席议院时,除犯叛逆重罪及破坏安宁秩序等罪外,不得议院之许可,无论何时不得拘捕。议员在院内言词辩论,在院外无论何人不得质问。议员又可决定其俸金之多寡。凡此诸种特权,亦为使国会有独立之精神而设,为宪法成功之要件也。

中国之立法机关,既有此必须之特权及前述之各种限制及完

第十四章　立法部之职务及权力

全之立法权,故其权力虽逊于英国而实超于美国国会也。

中国立法权之行使,据新宪法第三十九条云:

中华民国之立法权,由国会行之。

立法机关之国权,即国权章第二十三条列举是也,此为国家立法并执行。其由国家立法,或由地方执行者,则为第二十四条(以上二条原文均见前)。惟此虽为国家立法,但本条末项有云:

上列各款,省于不抵触国家法律范围内,得制定单行法。

是省亦有立单行法(ordinance)之权矣;本条继续又云:

本条所列第一、第四、第十、第十一、第十二、第十三各款,在国家未立法以前,省得行使其立法权。

此外则有二十六条云:

除第二十三条、第二十四条、第二十五条列举事项外,如有未列举事项发生时,其性质关系国家者,属之国家,关系各省者,属之各省;遇有争议,由最高法院裁决之。

此则规定其余之权也。故国会立法大权,大抵尽于此三条之规定。

国会对于行政机关之利器如何,约言之,有下列六种:

(1) 弹劾权

第六十条云:

众议院认大总统、副总统有谋叛行为时,得以议员总数三分二以上之列席,列席员三分二以上之同意弹劾之。

以上弹劾大总统、副总统也。

第六十一条云:

众议院认国务员有违法行为时,得以列席员三分二以上之同意弹劾之。

以上弹劾国务员也。

第六十三条云:

参议院审判被弹劾之大总统、副总统及国务员。

前项审判,非以列席员三分二以上之同意,不得判决为有罪或违法。

判决大总统、副总统有罪时,应黜其职;其罪之处刑,由最高法院定之。

判决国务员违法,应黜其职,并得夺其公权;如有余罪,付法院审判之。

(2) 不信任案权

第六十二条云:

众议院对于国务员得为不信任之决议。

(3) 查办权

第六十四条云：

两院对于官吏违法或失职行为,各得咨请政府查办之。

(4) 建议权

第六十五条云：

两院各得建议于政府。

(5) 质问权

第六十七条云：

两院议员得提出质问书于国务员,或请求其到院质问之。

(6) 管理预算案权

即会计章(第十一章)之规定是也。

虽然,立法部之权力亦有限制焉,即

(1) 不能增加岁出费。

第一百十六条云：

国会对预算案,不得为岁出之增加。

(2)国会未通过预算案时,政府可援前年度预算行之。

第一百十七条云:

会计年度开始,预算未成立时,政府每月依前年度预算十二分之一施行。

(3)任命国务总理须得众院之同意,而任命官吏,则无需众院之同意。

第九十四条云:

国务总理之任命,须经众议院之同意。

国会亦有其特权如下列之七种:

(1)审查议员自己之资格

第四十六条云:

两院议员之资格,各院得自行审定之。

(2)选举议长

第五十条云:

两院各设议长、副议长一人,由两院议员互选之。

(3)决定开会、闭会时间

第五十一条云:

国会自行集会、开会、闭会。但临时会于有下列情事之一时行之:

一　两院议员各有三分一以上之联名通告;

二　大总统之牒集。

第五十二条云:

国会常会于每年八月一日开会。

第五十三条云:

国会常会会期为四个月;得延长之。但不得逾常会会期。

第五十四条云:

国会之开会、闭会,两院同时行之。

一院停会时,他院同时休会。

众议院解散时,参议院同时休会。

(4) 规定议事日程

第五十五条云:

国会之议事,两院各别行之。

同一议案,不得同时提出于两院。

第五十六条云：

两院非各有议员总数过半数之列席，不得开议。

第五十九条云：

两院之议事，公开之。但得依政府之请求或院议，秘密之。

(5) 言论自由

第六十八条云：

两院议员于院内之言论及表决，对于院外不负责任。

(6) 不得擅行逮捕

第六十九条云：

两院议员在会期中，除现行犯外，非得各本院许可，不得逮捕或监视。

(7) 自行规定岁费

第七十条云：

两院议员之岁费及其他公费，以法律定之。

国会尚有解释宪法之权,故第一百三十九条云:

宪法有疑义时,由宪法会议解释之。

第一百四十条云:

宪法会议,由国会议员组织之。
前项会议,非总员三分二以上之列席,不得开议,非列席员四分三以上之同意,不得议决。但关于疑义之解释,得以列席员三分二以上之同意决之。

吾人就以上所观可得下列评议:

(1)国会之权既因采联邦制而分其一部于地方,故不如英国国会权力之大也。

(2)中央与地方所分之权不必两方并举,举其一,则其余之权归之某方可耳。

(3)第二十六条所谓其余之权并未明白规定究归何方,夫以美加二国其余之权已有明定,而争端犹时时不免,矧含糊不确如新宪法者,其争执恐当益甚矣。

(4)立法机关对于行政机关之权似甚大,实则若有强有力之政府而有相当之利器对之固不足惧也。行政机关其对于国会武器维何?得下列二种:一否决权;一解散权。今宪法虽有此规定,然按之实际则无用,直等于零而已。一遇冲突,立法机关必获胜利,而政府必败,养成法国之内阁制,其详于后章论之。

(5)立法机关权力之限制,对于借外债未有规定三分二同意之限制而仅曰过半数，殊为缺陷。又借外债以各省财产作担保品须得省会之同意亦应规定也。

（6）宪法解释依联邦制应付之最高法院，今又由国会解释，误矣。谓第二十六条已有如此规定，则更不必有此并列也。又表决之人数宜采英国国会之大多数制，不应用三分二之太硬性，否则反对党得以持之以为反对之利器，而人数必难足法，立法案之通过更觉难矣。

第十五章　行政部之选举
（Executive: His Election）

立法机关之组织及权限已如前述，今请论行政机关。第一问题即大总统之选举是也。

选举大总统之方法大别有二：其一，两院合开国会以行选举，法国制是也。其二，由人民或选民选举，美国制是也。吾人对此两制须详加论究，然后可知中国之选举总统应采取何制为宜也。

法国制两院合开国会选举总统，其优点在能使选举简易而安静。以其选举总统之权，仅限两院议员有之，故甚简单而便易。以其不若美国竞争总统之扰动全国，而其决定争端由两院合开之国会表决，故甚安静。中国夙行此制，昔袁世凯之当选第一任正式大总统，及徐世昌之当选第二任大总统，及曹锟之当选为总统，皆由此制所产生者也。

然此制亦有其重要之缺点，中国径然采用，极属不智之事。第一，立法机关选举总统与真正之总统制相背谬。法国既行此制，故其大总统非为实际的行政者，仅为仪式上虚有其名之元首而已。而实际握政权者乃为总揆。总统制中之大总统须为名实相符之行政元首，今欲求肩负责任之行政者于立法机关选举之中，能得与否，殊属疑问。夫大总统既由立法机关产生，则其对于两院中选举有功之议员，自负有许多之义务，因而不得不宽于照应，惟命是从，以表其谢悃也。大总统欲图连任,亦非仰议员之鼻息不可,故彼直成为立法者之奴隶,事事仰承其意志,毫无尊严与自主,更何领袖或创造精神之可言耶？故立法机关选举之制度,必破坏总统制之要素——要素维何？即行政者之独立的、领袖的与创造的精神是；而不合中国之急需——急需维何？即强有力而比较的能独立之行政者是。此事理之必然者也。

第二,立法机关选举总统必致贿赂盛行也。选举者仅限于两院数百议员,贿买投票绝非难事。民七,某某督军等竞争副座公然讲明每票二千元至三千元。近年来,某之竞争总统选举,公开贿买,每票五千元。此种历史上之实例,确为不可否认之警告。立法机关选举总统之结果为无耻贿赂之盛行。质言之：总统大位可以买得,不为财阀即为督军,苟其有力买得议员之投票,即得为总统。总统既用钱买来,则其在位之时,势不得不尽量搜刮以偿其代价。且凡有功于选举之人,又须以美缺相酬。故如铁路、银行等官办实业之官员,因欲安固其位置、保全利益,不得不有夤缘之丑行。总而言之,立法机关选举总统之结果,必为贿赂盛行,污辱国家大位,酿成金钱转移政治重心之恶风,而违背人民之意志与祈向也。

第三,立法机关选举总统将引起武力竞争也。握军事大权者,极易以公然或隐密之手段,威迫两院之议员。民十一年,直奉两军战于京畿,即可视为预备次年大选之武力竞赛。战胜之党即得总统地位。民十三年,又见直系与反直系战于东南及山海关,即可视为前年贿选之果应,此尚非直接的武力威迫。吾人犹忆民二选举,袁氏以卫队包围两院,此则直接的威胁。此亦无可如何之事。若不以兵力从事,则国会既操于民党手中,彼决不能当选。故立法机关选举总统,总难免兵祸之扰攘,而彼一时兵强力足,常能乘机而起。故选举不由民意而诉诸武力，则军阀互为雄长，内乱将无已时也。

第四，立法机关选举总统与人民主权之意不符也。论者或谓人民已将选举总统之权委诸立法机关。然而揆诸实际，此种委托殊有破坏民意之趋势。议员人数极少，不足据以测度群情。至其公行贿赂或以武力威胁，则更与民意背驰。而全国最重要地位将被最富者或兵力最大者强取而得矣。选举总统之重要，初不逊于制定及修改宪法，后者既保留予人民由国民会议行使之，则前者何不援例，俾可合乎人民主权之理想与实际乎？

第五，立法机关选举所产出之总统柔弱无力也。彼既由议员所选出，则其能得人民之助力，自不若民选者之充实。设美国之总统由议会选举，则其能如今制由人民选出者之博得人民之赞助及信任与否，极属疑问。总之，由立法机关所选出之总统，恒易变成立法机关之奴隶，毫无左右国家舵把之手腕，而彼以金钱贿买，或以武力竞争之党之傀儡也。

立法机关选举总统，既具上述五大缺点，则虽有简易安静之利，亦不能不认为不适于中国之制度也。

人民选举总统之制度，适与上述者相反。此制有无可置疑之好处数端，试历述之。真正之总统制，非行此制不能确然固立。大总统既由民意选出，自能享人民之赞助与信任而能比较的独立安固，不受立法机关之牵制。盖后者已非总统之创造者，不过为彼之同等的公务机关而已。此固非立法机关选举者之所能及，尤非贿选与威选之所能望，其利一也。实行此制，则贿选与威选之弊，虽未能绝对除尽，然金钱与武力政治之风必大为消沉。盖欲行贿于全国之选民，或从而以武力威胁之，殊非易易，实亦不可能之事，其利二也。此制能使全国民意发生效力,且使人民主权之义见诸实行,以其当选之人为人民所选择之骄子,其利三也。此制消灭军阀争位之战,藉弭循环不已之内乱,盖选举之事既由人民意向从而决定,战亦无益,此其最后之利也。由此观之,惟此制为能化消立法机关选举总统之制度之一切恶弊,而产生一强有力的独立行政机关,以建设真正民治的中华民国也。

然而,此制佳则佳矣,乃在中国现状之下能否实行,中国人民能否起而负此选举总统之巨任,极属疑问。如何选择适当之人才?如何提举其人?如何选其人?凡此问题亟待论究。

人民选举总统固为佳制,然而实行问题实足以打破吾人之好梦。人民选举须有强大之政党组织,以提举候补人员,宣扬政治问题,从事选举竞争,驱使选民认定目的而投票,此可于美国见之。无此政党之组织,则所谓人民选举,几乎近于不可能。而中国殊不具备此强有力之组织能贯通全国而得多数人民之投票也。吾人已知北洋派并非人民之政党,不过为袁世凯部下余党而已。而彼居于反对地位之国民党,其组织虽有人民之成分,稍胜于北洋派,然究其实际,其党大多没于粤人之信从孙中山氏者。故可谓中国无强大之政党,伏根于选民之中以行民选总统而冀于成功也。

此根本要件既不具备,则行此制,其成功亦殊有限。中国大多数之人民尚不识文字,更遑论宪政之理论与实际。故欲实行民选,须先厉行政治教育。中国人民虽有丰富之常识、自治之本能,然在数千年君主专制之积威之下,一旦采行此制,易生流弊。故非先有充分的政治经验与训练,不足以语成功。如混乱选票,官吏舞弊,群众受少数狡黠者之欺压,固属选举中难免之事也。

于是吾人研究中国宪政问题至此,遂遇一极难解决之问题。

第十五章 行政部之选举

立法机关选举总统虽属可能而绝端有害，后之民选总统虽极有益而难于实行。取此舍彼乎？抑取彼舍此乎？吾人际此两难之间。如愿中国仍为一民国，则当力觅善法以选总统。尝见国内一般人士及外人之厚爱中国者，往往不顾群情之向背，倡为归复君主政治之议，盖亦因选举总统有根本之困难，难以达满意之结果也。

欲解决上述难题惟有一法，即由选举会间接的选举。此选举会之组织，亦犹专为制定正式国宪而设之国民会议也。

此专为选举大总统之选举会之代表应由人民严格的选出，每行政区域县应行选出之代表人数，与本县在省议会之代表人数相等。各省诸县之代表，集会于各本省之省城，自行选择代表派赴国民会议，其人数等于各本省应派众院及参院代表人数之总和。

各行政区内之选举方法由省议会自由酌定，如省议会尚未成立或未存在前，亦可由省长定之。各区选派代表于省会亦应以每区一名为基础，其人口在二十五万以上者，则每满二十五万得多派一名，在调查户口制度尚未施行以前，省长经大总统之许可，得依最可靠之调查行之。又选举"总统选举员"之选民应与选举众议员者同。当选人之资格，亦应为普通之选举人之资格。

关于各行政区内之选举方法，尚有欲言者，即为中国现状计，似应令村长、商会代表、同业代表以及教育会代表行使初选之职务，以代普通选举。在县内人民尚未获得相当程度之政治智识经验，而表示直接选举之意愿与能力以前，径行普选制度，必无安全与满意之结果也。

上述县内选举方法之可以实行，且合乎中国人民之自治的本能与习惯，殊为明显之事实。吾国人民有其特殊的乡村政治，能于乡人集聚之时，或由村议会中捷然选出村长或代表。此类村长或代表,谓为中国民治与自治本能之真正代表可也。吾国人民在城镇之中,惯于组织同业公会与商会。吾人自治于此等组织之下,历数百年之久。此类商业的组织,甚易选出代表或推定其首领为代表。吾国民治及代议政治之真正的使徒,当推此辈人物。近年以来,教育机关亦渐有参与政治集会之代表,若以此等机关之领袖人物加入初选会,必甚有益。际此民国草创之时期,凡有协作精神、政治经验之本土人才,均应萃集之,使得伸其特长,而彼社会的、商业的、教育的以及乡村种种机关,更皆应充分利用,以裨吾幼稚之民国也。

  此种计划之妥当,可以美国历史上之先例证之。一七八七年宪法会集会于费城之时,诸代表感民选之不妥,因多数人民同意之不能,大省之利益过当,以及人民无选择适当人才之能力。彼等亦觉立法机关选举之难保安全,惧立法专横独断,行政成为附庸,良以"官吏之任命,由于许多团体为之者,常不若单独负责的个人或人民全体为之者之佳也"。彼等力避两极端之弊害,而调节大小各省之利害,遂主张采用间接选举,由选举会行之。各邦选赴是会之代表人数与本邦应行派赴上下两院之人数相等。若用此法,可信群情得达,民意能伸,而民众的无能与夫立法的舞弊均可避免矣。最初所行之议会政党,预备会由各政党之领袖所组成者提举候补人员,其后经验与时俱进,政党组织随而长成,遂弃此种方法,而由全国政党代表会议提举候补人员。于是总统竞争、运动选票、传布文字以及争辩问题等事渐次盛行,间接选举会遂一变而为各省记载人民意志结果之机关而已。

  美国宪法创造者,洞鉴此种间接选举制度,为幼稚的民国之惟一安全办法,虽其后变为直接民选之结果,出其意料之外,然于安全之状态,伸张人民意志,要亦与彼等之初衷相符也。吾中华民国既得此历史上的好例,亟宜步其后尘而稍加变更,利用村长及同业公会之领袖,以求适于中国之社会与经济的状况。故在今日大政党尚未发达之前,此种由人民组成国民会议之间接的选举,实为承上接下之步骤,以连系此几乎不能解决之局势。亦如美国历史的进展,俟政党组织渐次长成,人民有充分的政治教育与经验,国民会议亦将一变而为登记之机关,而盛行直接民选制度也。

然而由中国之现状观之,此由选举会间接选举之方法,亦尚认为不可实施、不甚切当。主张不可实施者,谓民众对于政治事件概置淡漠,只知埋头于艰难的生存竞斗,不惯参与国家政事。主张不切当者,谓国民会议虽由人民出发,然而贿赂、威胁、官吏操纵,以及其他见于立法机关选举之弊端,仍难保其不有。且持反对论者,固认此国民会议之计划,为可行于国家大乱及国运危殆之时,且人民爱国精神激荡至于极度,或可发昏破闷,而战胜营私舞弊之私欲心也。而不知中国在此数十余年中,人民之政治教育与经验尚未发展以前,无论何种选举总统方法,恐皆不能免于私弊。抑犹坏者,不论采用何制,为立法选举,或人民选举,抑或间接选举,革命与内乱终不可免。此吾人可见诸美洲拉丁民族诸国者也。

制宪诸公如抱上述之意见与信念,觉回复君主之不可能,选举总统之乏良法,则惟一之解决方法似选出一总统,而使其有极长之任期,如有必要亦可定为终身任期,俾免每次选举,动生战乱,循环无已,而使中国于相当之时期内能保和平秩序。迨夫人民于政治有充分之教育与经验,然后民选总统或由国民会议选举之,均无不可也。然而此种计划,不至吾中国之状况陷于山穷水尽之境,民主政治绝无可行之希望,国运频于破产、共管与灭亡之危险,回复君主既不可能,维持民治亦不可得,决不宜贸然出此最后之策略也。

万不得已而出此九死一生之策略,则为不离初衷起见,不可不慎重选择适当之人才,必其人之品格无可訾议,才具历经试练,不利用其特殊之机遇谋一己之名利,须认定国人令委托视死舍己从公,其工作不仅维持有力的政府以御外人之侵略,内保和平与秩序,且须提高人民之教育与政治经验,俾其任期终了,或自逝世以后,人民所深恶痛绝而思斩蔓除根之革命内乱以及种种恶弊不复显现,而能自行预备其从事国政之工作,选举自己之元首,以实行民有、民治、民享之政制(a government of the people, by the people, and for the people)。达亚支(Diaz)专政墨西哥一世,诚能支撑和平与秩序,然于人民之政治教育与政治经验则毫无发展,迨其下台以后,历久抑止之革命内乱复又发作,此其结果良可叹息。中国之历史决不重演此悲剧也。故非为救急之计,不宜采此险策。既取此策,务须出死力以训练人民,否则此种方案亦不过为暴风狂雨中暂时之缓歇耳。吾人则希望此种方案之不属必要,而虔祝间接选举之能于推行也。

关于选举大总统之问题,简括以上所述,可得结论数端:立法机关选举决不当行;人民选举虽为良制而不能实行;暂可采行之方法似为国民会议之间接选举;如国民会议之方法,仍不能认切当可行,而国势又极危急,则救治之方,惟有设定终身或长期之总统;而著者之希望,则在国民会议之间接选举方法,能行于今日之中国也。

关于总统之选举尚有应论之事项。候补员得出席国民会议之代表的三分二的票数者当选为大总统。在第二次投票以后,候补员均无得三分二的票数者,即以票额最高之两人再付表决,得票较多者当选。投票方法应采澳国秘密投票制。副总统于大总统选举完毕以后随即以同法选举之。国民会议应多数为法定人数。国民会议应于大总统任期满前三个月内召集,进行选举事宜。此关于选举程序之事项也。

现制总统任期五年。然此与众院或参议院任期不相符合。众院任期三年、参院任期六年,每二年退休三分一。总统任期定为五年,与立法机关任期不相协调,极属不利。有总统与立法机关变更政治关系,两者分属异党之危险,而生冲突与争持之结果。欲免斯弊,惟有改定总统任期五年为六年,使与立法机关(至可与众院)任期相调协耳。此关于总统任期之问题也。

现制总统候补员之年龄为四十岁,未免失之过高;美制为三十五岁似已足够。凡本国公民,曾在国内居住十年以上者皆得当选。此关于资格之限制也。

现制总统仅得连任一次,显为抄袭美制。但此限制似不切当。一旦发生大战或经济上之骚乱或其他事变之时,适值更换行政元首,实与公安、与国运大有妨碍,危险孰甚。且以明文限制连任,无异剥夺后代人民自由选择行政元首之权利而背人民主权之意理,殊无足取。人尚须限制,则宜待将来总统之贤良者自设此习俗也。

关于当否选举副总统之问题:法制立法机关选举故无需有副总统,以两院合开之国会甚易召集。但美制则不可不有,盖以随时举行民选或选定总统选举人殊非轻举易办之事。中国既属美制,则当于同时选举副总统,无庸疑义;大总统如因亡故、辞职、重病或他故离职,则副总统应代其位,免再重召国民会议。副总统之资格、任期与大总统同。彼应依美制,为参院之议长。如副总统亦因故离职,则应由立法机关早以法律决定继位之次人,通常恒属诸阁员也。

新宪法第七章规定大总统之选举。第七十一条将"中华民国之行政权付于大总统,由内阁赞助之"改曰:

> 中华民国之行政权,由大总统以国务员之赞襄行之。

大总统被选之资格,依第七十二条所规定可分三项:
(1) 中华民国人民完全享有公权;
(2) 年满四十岁以上;
(3) 居住国内满十年以上者。

选举总统之方法系由国会选举,依第七十三条所规定:大总统由国会议员组织总统选举会选举之。前项选举以选举人总数三分二以上之列席,用无记名投票行之,得票满投票人数四分三者为当选;但两次投票无人当选时,就第二次得票较多者二名决选之,以得票为投票人数之过半者为当选。

大总统之任期,第七十四条云:

> 大总统任期五年。

至连任与否,同条又云:

> 如再被选,得连任一次。

大总统当就职时须发誓,如第七十五条云:

余誓以至诚遵守宪法,执行大总统之职务。谨誓。

至副总统之规定,则有第七十六条云:

大总统缺位时,由副总统继任,至本任大总统期满之日止。

大总统因故不能执行职务时,以副总统代理之。

副总统同时缺位,由国务院摄行其职务。同时,国会议员于三个月内自行集会,组织总统选举会,行次任大总统之选举。

内阁摄政之规定,则有第七十七条云:

大总统应于任满之日解职。如届期次任大总统尚未选出,或选出后尚未就职,次任副总统亦不能代理时,由国务院摄行其职务。

关于新宪法以上之规定,其得失已于本章论之綦详,即所谓总统之资格、任期、连任、国会选举四项是也。兹再为简括言之,以为新宪之评议:所谓资格,仿美制用三十五岁已可,不必为四十岁太严之规定。所谓任期,应定为六年,庶可与众院免冲突于危险。所谓连任,亦不必为之限制次数,其限制让诸政治习惯可耳。至于国会选举,其流弊前屡言之,即一,与总统制不符;二,贿选;三,武力压迫;四,与主权在民主义不符;五,产生懦弱之总统。吾人主张应由国民会议间接选举是也。之四端者,皆新宪法之缺点急应矫正者也。

第十六章　行政部之权力
（Executive: His Powers）

行政部之权力，在宪政国家本之主权在民之学说，恒为列举的。换言之，即其权力非如专制国之为固有的；除宪法特许的权力以外，一切皆不能任意作为也。

行政权力观念，其历史的发达亦当注意。政府权力恒发生于一统治者，或皇帝，或首长。当原始社会，一切立法、行政、司法之泉源，其权力皆发生自彼之一人，"朕即国家"，其意即含朕之意思即为法律；故制定法律、行使法律、解释法律，皆系于彼一人。然迄夫时势变迁，其权力亦浸分歧。英人之反抗无限制的苛征租税也，于不知不觉中促使政治之进步，从财政方面逐渐夺取皇室管理之权，英皇徒拥天子之虚名，真正之立法权，全归国会；行政权付诸内阁；司法权操自法院；英皇虽有固有之皇权（royal prerogatives），然其行为非经此三机关之同意盖莫能发展一筹也。

夫使君主制定宪法，颁行人民，其君主常保留其修正权，其行政权力非受自任何机关，除宪法上明定之限制外，不受任何限制。此为大陆之行政观念，亦无怪其然也。

然在非君主制定宪法颁行人民之国家，其宪法乃由人民、由革命手段创造新时代而得新宪法，即人民主权盛行之国家，行政机关之权力非固有的，而为人民制定宪法所赋予者也。夫既由宪法所赋予,则其权力应有限制可知。于是彼除宪法中赋予之权外,不能擅自行使,不能违背宪法,悍然行之而不顾。盖此非如专制政体下之君主,任情恣意。而须按据宪法明白规定者以行使其职权乃为当于理也。其权力通常为限制的、列举的,而非概括的,是又不待言也。

吾人由此行政权力之观念,可知中国之行政权力亦非概括的,而为限制的、列举的。中国之国宪系采用人民主权之学理,而非得自君主所颁与,乃由人民革命所换来者较然明矣。是故中国人民应以主权之地位,建设总统,赋予相当之权力。故中国行政权力之观念亦当为限制的、列举的也。

惟于列举权力时,要当慎重,务使充分之权力与总统之职务相当。夫权力与职务相为比例,此自然之理也。欲其尽最大之职务,必须有最大之权力,而与以最大之权力,则当有最大之职务也。然则总统之权力与职务应为比例的,不其然乎？

总统之职务甚大,外之有发生外交之关系,内之有维持安宁秩序、行使法律及增进一般之福利,倘无下列权柄之规定,抑何资守之遵循：

其一曰,总统为行政之首长也。凡有文武官吏除国宪有明文规定限制外,皆得任命之。凡有文武官吏,除法官及宪法或法律别有规定外,不论如何任命,皆得免之。故彼对于行政负全责,庶几可以发挥其志愿而无阻碍也。彼又可举此任免之权委托于各机关之首长、省长及其他有最高权力者,而受彼最高之管辖也。不但此也,彼亦可以创建行政制度,而不受立法机关之干涉,特于预算一种间接的须受众议院之限制而已。盖众院固操有准否预算之权也。要之,必使总统负行政首长之责,而后乃能执行法律,实现政府之目的也。

其二曰，总统必有外交权也。彼当为惟一的经理人代表政府发生外交关系。是以彼有接受大使及其他使节之权，而此权之意义即含有承认新政府之权也。又有缔结条约之权，然必须得立法机关之批准。在美国须得参议院三分二人数之通过，此种方法似为不当。盖参院非代表民众，其行为即可不必与公共意志相符，而犹欲以三分二之人数，实不啻与少数反对党有阻挠缔结条约之机。威尔逊之缔结对德和平条约也（The Treaty of Peace with Germany），而提倡国际联盟（League of Nations），此为最善之实例。当其提交参议院审查之时，一般舆论甚愿有条件之嘉纳，卒因民主、共和两党之间竭力争挠，未能通过，直至以后引出总统选举运动之争点，而舆论又竭力反对国币膨胀及山东问题，遂抛弃联盟案件。故吾人主张立法机关之裁可，不应仅予参院三分二之数，而应为两院之多数乃可也。

中国之参议院，就吾人之计划，其组织应一半由政府任命，故关于条约之裁可，不应仅保留与参议院，而此工作当付之两院共同行之。故不仅有经验、学识之参议院在条约上可解释及审查，抑当以代表舆论之众院亦可以表示其意见也。关于同意与否之表决，必有两院联席会或每院分会大多数之投票而后可。凡此办理外交事务之方法，其优点甚多，有受行政部及及其任命者之指导及经理，舆论之节制，以及立法机关以谨慎的调查有力的阻止等等。故此实为民主国家外交关系之行政最良的制度也。

其三曰，总统应享有军权。彼为陆海军大元帅，可以调遣全国所有军队，始能防御外侮，维持内政，于必要时尚可调用武力执行法律也。在民主国家，其宣战非得立法机关之同意不可。缔结条约亦必得每院或两院联席会议之同意。若当紧急时代宣战,尤须得大多数以上之投票,每院或两院联席会至少必有三分二之同意数乃可。故宣战较之缔约及批准一种政策为难也。盖此不仅为多数而已,尤必有大多数党以及反对党或少数党一部分之同意而后能通过也。

虽然,国家当危急存亡之秋,外患迫促,则大总统为抵御战争起见,亦可不必得立法机关之同意,而立调遣国内兵力以抵制之。盖就外国侵略之事实而论,苟因各党之争执,迁延时机,其危害于国家之安宁甚巨也。又当国会闭会之时,内忧外患迫于眉睫,大总统亦可行使其戒严之权,中止平时私权之保障,亦无庸得国会之承认,特立法机关开会时能随意撤销其宣告耳。宣告紧急状态或戒严以后,为保障私权计,其处罚仅限于监禁或罚金,监禁之期不得过三月,罚金之数不得过五百;其较重之刑罚或死刑,则须经法院审判,然后人民之生命、自由、财产不致横遭蹂躏也。即或枉受委屈,亦得取消宣告。时经民刑法院审判,得所伸直。在紧急状态宣布需要时,国会应从速召集,不待言也。

其四曰,总统应有赦免之权也。凡犯罪者彼皆可宣布缓刑、减刑或赦免之,但属弹劾案件不在此例。此种赦免权乃为救济法律之缺陷,当立法或司法机关不能补救此病时,大总统一用此权,则人无枉缧绁之苦矣。然大赦(granting general amnesty)必须得两院之同意,义不待言。

其五曰,总统对于立法机关应有相当之权力也。夫国家之一般的福利,既托付其增进之工作,则彼对于制定法律之机关,不能不有适当之力以抵制之,俾能得必要之合作,而可免冲突及僵局之险象也。彼有召集国会开特别会议之权,在必要情形时,可得立法机关在其左右。有散会权,当两院于散会意见不合发生争执,可以宣布散会时期。有犹预否决之权,此权须各院有三分二之表决始能推翻,故能保障自己与国家,不至受立法机关之对敌的或愚昧的立法之害也。大总统得随时将国事报告于国会,并用议案之形式将必要而急需之政策提交国会考虑,以补总统制行政元首不与立法机关接近之缺点也。彼又得用书面指定官吏或议员提出议案参加各院之辩论。然除议员以外,馀均无表决之权,此盖确保行政者创造的、领袖的精神。

关于总统如何行使停会或解散国会之权,此问题须慎重加以考虑。夫使总统而无此解散之权,则国会议员任意营私怠惰,除一党或数党能与合作,彼在立法机关可以指挥外,其他将束手无策,迫使立法机关之动作矣。尤有甚者,在行政、立法机关发生冲突,如两院政治的政党色彩变更之后,彼必无法使之协和,诉诸选民使其判决及另委任也。

此种冲突在美国盖为数见不鲜之事。当威尔逊第二任执政之最末二年间,反对党把持立法部,于是威氏与议会遂发生极大之冲突,然此冲突亦不过在最末之二年而已;当总统任期开始之际,行政与立法二机关固常为同一大党所操持,一旦不幸发生冲突,亦常在总统四年任期中,在议会每二年选举之时,反对党可以把持一院或两院,而总统及议会选举均在第四年之末,即可使政府之两机关又操诸同一政党之掌握中也。故其结果,即无解散之权力,其冲突及人民所受之痛苦,亦不过仅二年,过此以往重行选举,行政、立法仍旧和好如初也。

在中国,以吾人之计划,众议院之任期当为三年,大总统当为六年,故其发生冲突当在总统任期中之最末三年,必待次届总统及国会选举后乃能复原也。若欲除此难点,则必须有解散之权,而后三年间之冲突及僵局之险象乃可免也。若总统党胜则无大问题,否则立法机关为反对党所把持,冲突之事非层见叠出靡有底止,即总统受舆论之裁判,改变方针;无论在何种情形中,用此解散权力,在众院任期中仅限于一次。故为总统者,不能滥用此权屡次解散,毫无限制也。此种限制及选举失败之危险,其结果足使丧失威望及再选之可能,故不敢肆无忌惮滥用此解散之权也。

然在他方面,吾人应坦然承认以此种权力赋予行政机关,使其权力超出于立法机关之上也。在实际,任何合理而有益之法案均能使之通过,更可阻止反对者破坏之阴谋。故吾人欲得一强固之政府,而辅以服从之国会乎?抑愿受三年间之冲突乎?二者之间不可不任择其一:如否认解散权,则必受三年间冲突之痛苦;如赋予此权,则可建设强有力之行政机关以抗国会。但使立法机关成为服从的性质,殊不利于反对党,中国制宪者将不得不于此审择之也。同时吾人主张赋予此解散权,以免三年长期之争执,然同时此权之行使应有限制,即只许于众院任期内或内阁在职中,仅能为一次之解散,至其效力,则仅及于众院或并及参院均无不可。又参院中总统所任命之议员,是否包括在内,均任其自由酌定。国会既解散后,应于四阅月内召集新国会,否则认为重行召集被解散国会之理由,无须得彼之同意,且可以提出弹劾案也。

关于预算之事,因其关系重大,故当另章详论之。兹就其大要言之,大总统有核定每年收支预算提交于立法机关之权也。遇紧急情形时,彼更有增加特别出入款项之权,俾于战乱危殆之际,通常预算不能适用之时,能筹措应急也。但总统须依法向国库支款,否则即当弹劾,如是始能使用财严格得当也。彼应于国会每年会开幕后若干日以内,提交上年度用款及收据之详细副册,否则亦当弹劾也。如此行政机关使用公款能依法负责,开诚布公,而立法管理行政之权能庶有实效矣。

其六曰,大总统应有发表法令之权也。大总统为施行宪法及法律起见,为补救立法机关无力顾及各项细则之缺陷起见,在不与法律抵触之范围内得制定各种法令及规程,与法律有同等之效力。如国会在集会中,则于法令发表后两星期或十日以内,应即提交国会,否则应于下届开会后,亦于同数时间内提出。若不提交,必受弹劾。国会得随时以各院多数之表决,取消其法令或规程;此种情形,不受行政元首犹预否决之权。

此种法令权之赋予,实为行政权力发展之一般的倾向。英国皇帝特颁参议命令(orders in council),行政各部能发表临时命令(provisional orders),两者均为补救因执行法律而生之缺陷也;法国大总统能发布与法律不抵触之命令;美国宪法虽未以此权赋诸大总统,然立法机关以不与法律相抵触得发表命令及规程之权,委托与行政机关之趋势,日甚一日。中国之大总统固已早有发表法令之权,人民亦习久认为法律而不怪焉。中国立法机关成立未久,经验缺乏,且于草创之时期,应行之必要的立法既繁且多,故以制定法令之权赋予元首,实于国会大有裨益,使其能免烦琐之累而专注于立法上之大原则、大政策也。但国会须有最后的同意及否决之权力,有此保障,则此特权益确实而巩固矣。

约言之,总统之权有六:一,任免文武官吏之权;二,得国会之同意宣战、媾和之权;三,为陆海军大元帅之权;四,赦免罪犯之权;五,有提交及犹预否决之权(复议权),召集特别会议之权,散会、停会之权,解散权;六,发布命令之权。中国总统能完全享有此等权

第十六章　行政部之权力

力,在世界上之政治权力,庶几不但可与美总统并驾齐驱,而可超越之也。

行政元首之种种权力具如上述。然尚须为之规定数种特权,俾得尽其职,是亦不可缺也。总统在任期中为确保其身体之自由起见,除弹劾外,得免法院之一切程序。但其任期满后,其在任中所为违法行为,仍受通常法院之制裁。美国宪法虽未明定所事,而司法机关则已宣告其为法律之原则矣。又大总统之年俸定于宪法,在任期内不得有所增减,此盖确保其财政上之独立,亦以免行政、立法间因此问题而发生弊端也。

大总统于就职时,应表示其负责之纯挚,兹仿美国大总统之誓文以应用于中国宪法,其辞曰:

"余誓以至诚执行中华民国总统之职务,并以全力拥护中华民国之宪法。"

此外尚须略论总统职责下之行政组织。惟所述者乃为重要之点,其行政之原则与方法,则非本书之范围也。总统应由各部总长组织内阁辅佐之。其不居总长地位者,亦得在内阁赞襄之。内阁之职责为会议与忠告,对于大总统负责,非如内阁制之国家连同大总统或自身对于国会负责也。大总统可于阁议中有所咨询而讨论一切案件,但征求阁员意见后,最后决定之权仍操诸彼也。政府各部应由各总长直接负责。凡事务之宗旨、功用、目的,相类者应属一部管理。类似司法与类似立法或其他特别事务,应除出普通部务管理之外,俾此类立法、司法之职务,能离行政长官之管理而保其独立。凡需审慎考虑之事,或决定方针,司法或立法上的职务等,以取委员制行政为佳。凡属实际行为,统一事权,责有专归之事项,则以单独制行政较优。责任须配置明确,勿使重复,勿使冲突,如此而行政上之责易于确定,纠正之方亦易措施,效力乃可见也。为避免政党分赃制度起见,应采文官服务制,使官吏之任命,除阁员、省长及其他类似之官吏以外,尚可根据劳绩以为叙用,一扫营私夤缘之弊也。行政制度既如上述原理为基础,预算制又行之切实而有效,则中国宪政将不蒸蒸日上而颉顽先进诸国家者,吾不信也!

中国新宪法根据主权在民学说,宪法第二条云:"中华民国主权,属于国民全体。"故总统之权规定于宪法中者,非概括的而为列举的,且其权须由内阁赞助始能实行。现第七十一条云:"中华民国之行政权,由大总统以国务员之赞襄行之。"

总统之权如何,具体言之,有下之六种:

(一) 公布法律及任免之权

第七十九条云:

> 大总统公布法律,并监督确保其执行。

又第八十一条云:

> 大总统任免文武官吏。但宪法及法律有特别规定者,依其规定。

(二) 外交权

在第八十三条云:

> 大总统对于外国为民国之代表。

第八十五条云：

> 大总统缔结条约。但媾和及关系立法事项之条约，非经国会同意，不生效力。

既有如是规定，故中国外交缔结条约分二种：

（1）不得国会同意。如：

a. 行政条约（executive pacts）。即行政机关相互间所订之条约，如兰辛-石井（Lansing-Ishii Agreement）之类是也。

b. 战时或军事上所缔结之条约。

c. 条约虽为和平时所缔结，但与立法无关者。以上三种皆不必得国会之同意。

（2）得国会同意。又可分二种：

a. 媾和。

b. 与立法事项有关系者。

（三）兵权

如第八十二条：

> 大总统为民国陆海军大元帅，统帅陆海军。

然陆海军之编制，则以法律定之。又第八十四条规定总统宣战之权：

> 大总统经国会之同意，得宣战。但防御外国攻击时，得于宣战后请求国会追认。

又第八十六条规定总统宣告戒严之权,

　　大总统依法律得宣告戒严。但国会认为无戒严之必要时,应即为解严之宣告。

(四)赦免权

第八十七条云:其一为,

　　大总统经最高法院之同意,得宣布免刑、减刑及复权。

其二为,

　　对于弹劾事件之判决,非经参议院同意,不得为复权之宣告。

(五)发布命令之权

第八十条云:

　　大总统为执行法律或依法律之委任,得发布命令。

(六)对于立法机关之权

有下列三种:

(1)否决权

第一百五条云:

> 国会议定之法律案，大总统如有异议时，得于公布期内声明理由，请求国会复议。如两院仍执前议时，应即公布之。

此与美国有异：在美国，凡总统否决后退回，每院须三分二之表决乃可；今仅言大多数，是与第一次通过之数相同也。

（2）解散权

第八十八条云：

> 大总统得停止众议院或参议院之会议。但每一会期停会不得逾二次；每次期间，不得逾十日。

又第八十九条可分为三层：一为解散国会须得参议院之同意；二为同一会期或原国务员不得为第二次之解散；三为于五个月内定期开会。

（3）编制预算案权

第一百十二条云：

> 国家岁出岁入，每年由政府编成预算案，于国会开会后十五日内，先提出于众议院。

又自第一百十三条至一百二十条，规定通过预算案之手续及法则也。

次为总统之特权，有下列二种：

（1）不受刑法上之诉究

第九十条云：

> 大总统除叛逆罪外，非解职后，不受刑事上之诉究。

以此观之，民商等法上之事仍可诉究也。

（2）岁俸

第九十一条云：

> 大总统、副总统之岁俸，以法律定之。

但未言在任期中不得增减。

此外，大总统誓词，则如第七十五条：第一为遵守宪法；第二为执行职务是也。

本章规定较为妥当；但对于宣战条件，仅言得国会同意，按即大多数之同意也；此依吾人之主张，应为三分二之人数始可。

关于外交之权，其言条约之与立法无关者，即不必得国会之同意，似觉不当！盖总统因此可以缔结最重要之条约，而曰与立法无关，即不须得国会同意也（假定金佛郎案谓其与立法无关即可准此办理）。其损失尚堪问乎？

关于赦免权新宪法虽有规定，实等于无。普通案件赦免须得最高法庭之同意，总统即难实行此权；若弹劾案当然不在赦免之例。而欲得参议院同意，是与未赋予此权无异也。

关于总统对于立法机关之权太弱，此为最不公之道，亦即新宪法最缺之点！如：

（1）否决权

新宪法并未规定总统将原案退回以后，须以三分二人数通过始成法律，仅言大多数而已；而第一次通过即为大多数。又何必多此一举乎？故实际直等于无否决权也。循是以推，倘国会制定不利于政府或不利于国家之法律，总统亦无力以反对之矣！

（2）解散权

此为行政机关对于立法机关最重要之利器，有之即可令其动作，无之即不能号令，犹乘者之有鞭策是也。今言解散众院须得参议院之同意，此自一八七七年法兰西解散国会以来绝无仅有之事。是此权虽明定亦等于无也！此权既不能实行，则必演出以下之五大弊：

a. 国会分党复杂；

b. 内阁不固，政策不行；

c. 行政机关削去首领建议之能力；

d. 行政机关以各法术笼络议员，因此官吏任命不由才德裁判而惟议员之命是听，政府因而腐败；

e. 不解散国会，即行政机关与立法机关冲突最后解决不在选民而在国会本身，故依主权在民学说言之，主人即无最后解决党派纷争之权，而行政必失败，立法必大胜利矣。

关于总统之特权，其岁费规定新宪法未言在任期内不得增减，此大失矣！国会即可藉此伸缩以强迫总统服从其意旨，而总统首领独立之地位尚可保存乎？

第十七章　司法之独立及职权
(Judiciary: Its Independence and Functions)

立法与行政两政治机关,吾人已详论于前,兹所述者,为政府之其他一种机关,即所谓司法是也。

立宪政治中司法机关有特殊之点,不可不知。吾人已知立法与行政有密切之关系,二者实互相牵制,互相合作,互为利用者也。是以二部非属同一政党管辖不可。此两机关互相离异,则事事必不能实行;苟两机关为不同之二党管辖,则其结果必互相冲突,争持不下,影响国家之进步,害莫大焉! 然又司法机关对于其他两种机关,亦有迥不同在。其任期及政治上之合作,不必与其他两部相依并行,而当有超越与独立之精神也。其与两机关之关系,利于分而不利于合也。夫世界各国,行政与立法、中央与地方,其间之关系,有种种之形式,独司法一项,其形式比较简单,诸多类似,虽稍有不同,但无甚歧异之点也。

君主专制时代之司法权,操于行政部手中。皇帝即为法律之渊源,地方官府即奉行王化于治下。迄乎人类既有经验,乃认司法权能与行政业务,判然为两种不同之工作。倘一合并,则必危及人民之自由。盖任行政部解释一己之权限,即无异许其任意侵入个人自由之法定范围内,而强夺私人之权利以施行其行政专制(executive despotism)之恶制而已。

关于此点,吾人可举英国宪政历史以证明之,有所谓船费案(Case of Ship Money)者,法院为英皇权威所迫,强制约翰·哈母卜登(John Hampden)缴纳违法之税。此外尚有种种事例,使英人深知司法而不与行政分离,则个人之自由及权利必不能保,而行政部之势力,骎骎乎不宜驾司法官吏而压之矣,此英人之所以力争者也。十八世纪之初,革命成功,国会遂通过一案,凡司法官吏,除得两院之请愿外,皇帝不得任意调动之,此其所争之硕果也。

自是以后,经验更增,知个人权利恐受他人侵害固当防范,而行政者之强暴专横,尤当设法限制,于是法官之独立,法院之尊严,遂认为不可缺之要件矣。故司法独立之观念,乃自苦痛阅历中求得宪政之根本原则,今则举世莫不承认司法独立为宪政之根本原则矣。

谋法官之独立,通常采用之方,大抵规定法官行为妥善者则为恒久任期。吾人已知英国之法官除由议院之请愿,不得擅行撤任,在美国亦复如是。联邦诸法官在其行为妥善期间内执行职务,非受弹劾不得撤任。是以法官之任期实不啻规定为终身也。故法官确乎独立,无所疑惧,其判决一惟法律正义是遵,决无顾忌社会之毁誉,上司之意向也。然则法官之独立与其不怯不偏之精神,乃在行为妥善期间内永久任期之规定始能得之。此实世界各国之经验所表示者不容疑矣。

抑有国家关于法官独立之保障,不仅规定行为妥善期间内之恒久任期而已,且进而于移调法官管辖区域内之权力亦有确定焉。意大利行政部有移调法官管辖区域之权,故其独立之精神较弱,法官为免不利之移调计,不得不示相当之屈从也。德国则不然,法官非依法定程序并按法律之规定不得擅自移调,此在昔之帝国今之民国皆然也。

此外法官之独立尚有一层保障,即其年俸既定之后虽无禁止加增而绝对不得减少,此乃美国联邦法官之办法也。其不减少俸金者,乃在确保法官之生计,俾不致因生计问题而受人之牵制也。漢弥尔登(Hamilton)曰:有权操纵一人之生计,等于有权左右其意志(a power over a man's subsistence amounts to a power over his will)。旨哉斯言!

综言之,法官之独立,通常有下列之保障:(一)行为妥善期间内恒久之任期;(二)不减俸金;(三)不得擅行移调。此三者非依法定程序,并按法律所规定者,不得任意破坏也。吾人现述法官任命之方法:

通常任命法官之方法有三:第一,由立法部任命;第二,由人民公选;第三,由行政部任命是也。由立法部任命法官,殊难满足人意,盖其置法官于政党政治势力之下,而法官之选任将受政党预选会与政治原因之影响也。美国各省大多数已废弃此制,欧洲惟瑞士采用之,其联邦法院之法官即由联邦立法议会所选任也。

至人民公选法官,亦竟不能认为满意,施诸狭小之地方或可行耳,大社会中之分子不能详悉候补者之品质、能力能否胜任,故所谓人民公选,亦不外政党预选会及领袖之指定,其结果往往选出不适于司法工作之人才。且为法官者,或欲图谋连任,则物诱当前,势必屈抑公众意志,其为判决,难保其不俯就社会之感情也。故有言:"此制实足以堕落司法界之品格,驱逐法官为政客,而使司法者之心理常受压迫,而莫能抗拒。"诚笃论也!

然则法官由行政部任命,实为优良的制度,为世所公认者无疑矣！盖有质能之行政者，必能得优秀之候补员，法官可以脱离群议与党争之旋涡，而无阻挠畏惧之弊，此其所以为现代大多数立宪国家所采用。在美国联邦法院及高级省法官之任命即采此制也。

兹就中国国情言之，政党既未发达，人民又无参与政治之教育及经验，故法官由立法部任命与人民公选二说，实际均不成为问题。中国今日所需者，乃在一有实力能为而独立之司法机关，此为建设健全之宪政制度所不可缺者。故以各国之经验供我之参考，中国则庶几乎当采行政部任命之方法矣。

其次所当研究者为法官之移调也。夫法官虽有在行为妥善期间内继续其任期之规定，然法官之移调，亦应为之规定以防其舞弊与失职。诚以法官之舞弊与失职，犹姑息容忍不顾，则与司法机关以保护私人权利及自由、与夫依法定程序执行法律为主旨之本意大相悖谬矣。于是有通常之三道焉：其一，由立法部移调法官，此为英国所通行。其二，由立法部控诉法官，通常即由下院提出，上院审讯，此制美国行之。顾反对此说者，谓此两制实使法官之任期，仍受立法部党系之操纵，即令需票较多，此权不易施用，然最后仍不免为其所左右也。其第三种方法，即为由司法审判而移调法官也。此为德国制，前帝国及今民国均行之。夫法官之移调，须经上级法院依法审判之后乃可，此为最良之制也；盖法官之去留，不应受政党政治之影响，而当严格的受司法程序之裁决，盖惟法官为能有最佳之资格，以决其他法官之适当公正及能胜任与否；且司法的程序，较诸立法部之调度与弹劾，更能合乎公道也。

关于司法机关之工作若何之问题，普通均认应解决关于私人权利之争端，并于行使司法权能时解释与实施法律也。然于此有二种工作，论者之意见以及实际之办法各有异同，吾人不可不特加研究。

第一,立法部一切法案凡与宪法抵触者,司法机关应否有权宣告无效。吾人已知联邦制之国家,其司法机关每有此种权力。盖其权力既分配于联邦政府及地方政府之间,则关于宪法上权限,自不可不有此种权能以为最后之判断。而在统一制之国家,吾人已见法院通常无此权力,立法部自行裁决并解释自己之权限,良以中央与地方既未分权,而中央政府对于各省法案自有撤销之权也。中国宜采统一制而不适于联邦制,前已论之綦详。故中国之司法机关,不当有宣告立法机关法案违宪之权力也明矣。

关于司法解释宪法之问题,前虽曾有一部分之讨论,然此处不妨全部重加论究,俾吾人对此问题能得一清晰之理解。凡一国政府,仅有三种机关,可以解释宪法,而有最终之确定力。此三种机关维何?即行政部、司法部与立法部是也。此三部者,当其按宪法明文之指定,分别执行运用其职务权能之时,均应自行解释宪法与法律也。盖其行使职权之时,关于其权力及职务之解释,各自裁决也;然此三者之中,须有一部操最后解释之权力,俾遇冲突发生争端得有解决之望也。但行政部不能为其自身之权力与责任充最后之裁判者,已不成为问题也。因行政部之权力,既经一一列举而有限制,若以此权力予之,则是无限的扩充行政部之权力,势必流为专制,此立宪政治所不宜阻止者也。此外仅有司法与立法两机关,而在两者之中,今世诸先进宪制国家所采方法殊不一致:有以最后之解释赋予司法机关者,亦有归诸立法部者。美国之司法机关操有最后之权力,得解释宪法,并宣告与根本大法抵触之任何一切法案无效,已如前述,故将立法部置诸司法机关最后统制之下,而成立一种所谓司法至尊之统制。此制之优点,即在使饱学之法官得

第十七章 司法之独立及职权

从事最后之解释,而法律有一致之归趋,斯其维护宪法或更有效力也。至其缺点前已详述,无庸赘言。概括言之:即司法机关受政党之影响,宪法解释之刚性与守旧性,司法作用不足以应付政治问题,法律之不确定,法院认为有效以前之主法常受轻视,诉讼至多等事,不胜枚举也。

英国则不然,在统一制度之下,关于宪法及习惯之最后解释权属诸立法部,是以司法、行政二机关,均服从立法部之最后的管辖与决定而成立,所谓国会至尊之宪政制度。国会既有此权,遂为至高无上之机关,能随其意之所欲以解释宪法,惟受良心与舆论之限制而已。其加于立法权力之种种限制,在此种制度之下,不过为道德上的格言,拘束立法者之良心,其有效与否,仅视舆情与选举时最后之行动如何而定。故以实效言,此制殊不能与司法机关监护宪法之制相提并论,然亦有其显著之优点。依此制,则宪法解释中决定政治问题者,为吾人所认为代表群情与审悉公益之人物,因此可免法院受党争或政治的影响。此制使法律有确定之性质,一法律案通过并公布之后,无人敢质问其于宪法上之性质如何,究其结果,则尊重法律之观念增高,立法部责任之所在明确,而纠纷之争讼可以减少也;且其能使宪法有伸缩性与弹力性,譬如吾人之衣服,非为硬直之短衫,而为一袭柔适之外衣,随时之需要以为伸缩者也。

统一制之于中国较诸联邦制更形适用,前屡言之。故宪法之最后解释权,显应属诸立法机关,而不归于司法机关,俾中国可收上述之利益,而避免司法机关独断之弊害。试更胪举此制之优点,为迎合过渡与变迁之时代的需要计,宪法须富于伸缩性。无益之诉讼有避免之必要,法律宜确定与尊严,司法机关脱离党争或政治之影响，建设立法至尊之制度——凡此种种莫不切适中国之情势焉。

于兹有问题发生者，即立法部决定宪法之解释，是否应以通常多数投票行之，或以特别大多数之法定人数投票行之，或兼而用之是也。吾人初见解释宪法之重要，颇觉有用特别程序之必要。然就实际考虑之，似以采用普通多数之办法较为适宜。盖两院中所发生之政治问题，无一不需宪法上之解释，若以特别多数投票或特别足法定人数之规定，则少数派与反对党必利用之，于进行决定每问题之前，故意要求实行此特别人数之规定，则不易通过一案矣。然则事务之处理，实不能以普通多数行之而必需特别之足额人数，结果则立法行为恒遇不必要之阻碍也。

关于司法工作之第二问题，为行政官吏之行为，应除出于司法权限之外，对此问题，吾人欲得正当之结论，须加以审慎之考虑。

英美两国行政官吏，就其职务行为，对于普通法院之司法权亦须服从，与私人无异，盖私人与公员之间在法院前无所区分也。质言之：英、美、法认普通法院，就于行政公员侵犯或危害公民之私权之行为有完全管辖之权，且能审查此等行为依法有效与否。如认为越权或违法，则以法令禁止其实施，或裁判负责当事人损害之罪孽也。为执行此部分司法管辖权，而设定之令状约有下列数种："审查授权令"（Quo Warranto），审查官吏对于公务地位有权与否；"厉行公务命令"（Mandamus），命令官吏依法为某行为，"命令禁止"（Injunction），使不为法所不许之行为；"提案复审命令"（Certiorari），审查行政官之管辖权限；"人身保护令"（Habeas Corpus），保障个人之自由也。

然此种制度亦有缺点焉。国家自身不能被诉，故个人对于国家,虽有正当之要求,而无法行使其权利。国家固常承认对于自身因明示或默示之契约而有所主张之诉讼,然甚少承认因官吏行为违法而发生钱财损害之诉讼而已。若遇此种情形,其惟一补救方法,惟有对于官员个人进行诉讼,此时,该官员亦不能用其官力与官格以为抗辩也。

进而言之,此制实际将官吏独断之行为(official discretion)除出于司法管辖权之外也。依通常之规定,法院无权干涉官吏之独断行为,亦不得诘问其行为之动机或原因,法院所得而裁定者,仅服役无需独断之行为与行政权限而已。其结果私人权利,不得妥受保护,以抗官吏独断行为之实施,或则私权备受保护,而行政效能常受影响也。

且由行政诉讼发生之问题,往往属于行政权宜上之争执而含有专门性质者,吾人不能期望普通之法官能深得其道而宣告合宜之判决也。设有某税务委员,就某房屋依一定之评价为基础,课以一定之租税,而房屋所有人认为不满意时,则其评价与租税,非专门智识不能判其当否,而普通之法官,就于此类复杂事件而言,实与常人无异,而欲其以充分的专门智识为裁判,乃不可能之事也。故遇此种情形时,公道常不得伸焉。

抑犹有进者,官吏与人民间之公的关系与人民与人民间之私的关系为不相同,故处理此类行政案件亦异。官吏为国家之经理人,其行为恒根据法律或长官之命令。官吏之行为虽合乎诚信而不与法律之正当解释完全符合,或系出于盲从长官之命令者,若亦谓其本人应负责任,则其结果显失公道,将使官吏无勇敢之精神,法律与司法上之解释丧失确定之性质,行政之功效亦随而退化矣。例如有一陆军或海军官员,奉长官命令将杀一人,而觉察其为非法之事者,此军官即陷于进退维谷之境;若将拒绝长官之命令,则必受军事处分,若受命而杀人,则又违法须受刑罚之制裁,故其所处地位,实如前有深渊后有猛虎也!

尤有言者,行政行为而服从司法意见,就其实际之意义论之,乃司法机关挟制及臣服行政部也。行政机关与行政团体,将因司法机关认定宪法上之责任而事事故步,推其极端,势将麻木不仁,而行政部衰微之象亦随之而至矣。故论者主张司法固应离行政之管辖,而维持其独立,然行政亦当免司法之干涉,而不受其牵掣也。

要之,官吏之不法行为,人民对于国家有所请求,而无强制执行之权力;关于私权之保护,官吏依其独断而自由行动,法院无充分管辖之权;行政诉讼,须有专门学识始能裁判;官吏与人民间之关系与私人间之关系不同,其适用规程与待遇方法亦不相同;行政机关与行政事务有脱离司法干涉与挟制之必要——由是以观,以行政案件属诸普通法院之管辖,不若令其除外,而归于别一机关审理为愈,此吾人由经验而知之者也。

无上述诸弊,而与英美制度相抗衡者,有法国制度,不可不一察焉。法国及欧洲大陆数国,其关于官吏侵害或危及私人之权利之行为,除出于普通法院之管辖以外,而另属诸一种法院,称为行政法院(Administrative Courts),归行政最高法院(Council of State)节制,其组织半为经验丰富之行政官吏,半为法律学者也。

法国之行政法院,其组织既如上述,故其性质为特殊的而非混合的,其穷究官吏行为之动机与行政上行动独断之理由,从详检查,虽其行为有效,而其动机不当或其理由不充者,即加以抑制。其能推行无阻者,实其性质使然也。

且法国制断定政府对于官吏或经理人之行为所负之责任较为

广大。与英美制不同者,官吏以其官吏之资格,损害私人之权利,不问其由于契约或出于侵害行为,被害者对于政府有所请求,政府须负责任也。如有巡警于此,因逮捕犯者,而将路上行人撞仆,由此所生损害,政府亦务负赔偿之责焉。又吾人于奥简里安镇(An Algerian Town)之警兵击射疯牛而误伤人一案,亦可知法国制政府之责任范围也。

依法国制,其官吏以官吏之资格所为之行为,就其所负之责任有较善之保障,故行政能充实而有效也。设有官吏因服从长官之命令,而损害私人之权利,则官吏本人不负责任,以国家或政府为被告,而判断其损害赔偿可也。

故在法国,"官吏居于国家的责任之后"而其为法律行为时,可免行政服从或个人责任进退维谷之境也。

然法国制必须设一特别之机关以解决属于行政案件,或属于普通案件之争执。盖行政法院与普通法院之权限既不同,则两者遇有冲突时,必不可少公断之人,职是之故,法国制遂设有弭争法院(Tribunal of Conflict),由九人组成之:大理院(Court of Cassation),法官三人;大理院者,即法国普通案件之最高法院也。最高法院行政三人;由上述六名法官选举二人;司法部总长任院长之职。弭争法院之事务日益减少,因人民信仰最高法院行政,凡诉讼之关于行政官吏者,大抵诉诸最高行政法院,而不取弭争法院,而提出管辖权限问题之权,亦操诸行政机关手中也。

虽然,论者批评法国制之缺点,谓最高行政法院,与弭争法院同受制于行政机关,此等法官之任免不能独立,未免有行政专制之危险。然此在理想上固甚可能,实际上法国最高行政法院之表示,既不卑曲,又无专横,反较普通法院有裨于私人之权利也。故曰:

"因行政上之专横行为而涉讼之人,深知受中央最高行政法院之保护远胜于弭争法院。"盖非诬也。

由上之讨论以观,可得一结论,即中国之行政法院(按中国名平政院)宜采法国制,较之以行政案件归诸普通法院者较为有益。在法国行政法院制之下,私人权利与官吏效力可以兼程并进。公共关系,有特别之性质,受理行政诉讼,须有专门之行政学识,行政务宜脱离司法而独立。英美制认为不满足,故以合乎理性而不偏不党之心不得不赞成法国制也。然欲行此制须先具一种条件,即为免除行政机关及行政行为之操纵,行政法院应如普通法院离行政机关独立而后可。有此保障,则中国采用法国制较胜于英美制无庸疑也。今兹当讨论者为司法机关之组织,然其详情不属本书之范围。简言之,今世通行之宪法制,莫不以司法机关之组织让诸立法机关,使其富有伸缩性,且将专门而繁杂之条文排除于宪章之外也。

新宪法司法之权,据第九十七条云,由法院行之,可知其付予法院也。

司法独立之规定有二种:

(1) 法官独立审判,无论何人,不得干涉之(第一百一条)。

(2) 法官地位独立,复有四种保障:

a. 不得减俸;

b. 不得擅自移调;

c. 不得免职;

d. 处罚须照法律手续。

第一百二条云:"法官在任中,非依法律,不得减俸、停职或转职。法官在任中,非受刑法宣告或惩戒处分,不得免职。但改定法院编制及法官资格时,不在此限。法官之惩戒处分,以法律定之。"

法官之任命由法律所定,即由国会规定也;但最高法院院长之任命须得参议院之同意(参见第九十八条)。

司法之特别工作可分二种:

(1)解释宪法,即第二十六条所云,如有未列事项发生时,其性质关系国家者,属之国家,关系各省者,属之各省;遇有争议,由最高法院裁决之。前已屡言之矣。然此条与第一百三十九条、第一百四十条规定国会解释宪法冲突又不待言也。

(2)行政法院,即平政院也。南京《临时约法》有此规定,迄新宪法成立,则取消之,此采英美制也(参见第九十九条)。

法院之组织由第九十八条云:法院之编制,以法律定之。可知完全由国会立法也。

以上规定最错误者,为司法解释之权限不清,即第二十六条之由最高法院裁决而又第一百三十九条及第一百四十条之国会解释也。

行政法院之取消殊深可惜!按吾人之计划应采用法国制仍须保存之,不当采英美制也。

第十八章 省自治政府
（Provincial Autonomous Government）

中央政府之大纲已备述于前，今请言省政府。政治问题中之总统选举最难解决，其次则为省政府。欲谋圆满之解决，恒遇困难之障碍。然中国欲得永久之安宁秩序，非此问题解决殆不可也。

自行政上观之，省政府或地方政府，为政府之必要单位，其功用在释中央政府关于省行政及立法之重负也。凡一国版图之辽阔，事务之纷繁，决非中央政府所能备举者，故必分工于省政府以补助之而后乃有完美之望。且各省中惟本省乃知其需要，较诸设国家代理机关以代谋之者固有深浅之不同也。是故各省之需要既不同，而人民之祈向亦有互异，则由地方之行政与立法，自非泛泛者所能深切肯綮也。

自宪法政体之点观之，省政府亦为不可少之物也。夫省政府者，乃人民实验自治与夫获得政治经验之训练场也，而自治与政治经验者，又为人民实力参与国家政事所不可或缺者也。地方事务之管理与立法应依地方人民之祈向与意志，此原则惟地方政府乃能实现焉。

省政府之重要既如是，故吾人当审其根本原则以为研究此问题之基础。省政府者，行两重职务之机关也。自一方面言之，即为中央政府之代理机关而施行省之行政与立法。质言之，即为国家利益而设之机关也。又自他方面言之,省政府亦为省与地方之代理机关而令满足地方上个别的需要与意向。质言之,亦即为省与地方之福利而设之机关也。假令国家之利益与地方之福利无所冲突,则省政府能充分的行使其双重之职务,以满足两方主人翁之意志;一方则由地方辅弼而增加国家之利益,他方亦可促进地方之幸福也。倘遇地方幸福与国家利益冲突之时,吾人所遵守之原则,惟有援同时不能事两主之义而牺牲地方之幸福以殉国家之利益。质言之,即遇有冲突时,先国家而后地方以顾全大多数之福利也。

又中央政府与省政府或地方政府之间不宜分权,前已详述。易言之,欲谋中央政府与地方政府间关系之易解决,不应采联邦分权制,而宜采用统一制以集大权于中央政府,对于各省及地方仅予其委托之权而已。

虽然,采用统一制亦应避免行政与立法之过度的集中,而亦应规定相当的省自治也。夫以中国地域之广袤,人口之繁多,以及交通之不便,在在皆有适应的地方自治之必要。试观历年西南诸省力争省权或省自治,今若无此规定,而欲纳此诸省于统一范围之中,戛戛乎其难矣!

于是吾人所计划省政府所应遵守之根本原则有三焉:国家之幸福应优于各省或地方之利益一也;采用统一制二也;切实规定地方自治三也。

吾人既有此数原则为前导,自当进而研求宪制中关于省自治之模范以资借鉴。但因中国各省有特殊之状况,故于现代宪制国家之中,殊无确当之模楷可矜式。中国既采统一制,而各省中颇有大若欧洲之一国者,则吾人计划中国之省政府,几须循宪制政体之原则,此由经验而知其然者;又省政府之模楷亦可效法菲律宾

（Philippine）与婆佗莱科（Porto Rico）政府，南非联邦（South African Union）之省政府及德国、法国之地方政府均可也。本书篇幅有限，惜乎不能详述上举诸制而细论其得失，然此数制中有关于中国情形较切之处，固可考虑以为吾人研究之助也。

循前所述之原则与模范，吾人可见省行政之人员应为中央政府之人员，然后可保证事权之集中与统一，特对于各省人民，亦应付予相当之掌管权力，由省议会行使之乃可耳。在统一制下之国家，中央政府有一切之主权，省政府仅有委托之权力。易言之，即省立法或命令，应得大总统之核准，任中央国会之取消，听高级法院之依法宣告无效也。但其委于省会之权力，其大小分量，亦须适合各省之应用，俾省自治不徒虚拥其名而能得其实也。

吾人既有上述之意见在胸中，于此研究省长问题，可知在统一制下及中国之现状，省长与其由人民，或立法机关，或地方联席会议选举，无宁由大总统任命较为妥当。省长之任期应与大总统之任期相同，即按本书计划应定为六年，且得连任也。省长有不当之行为时，大总统得罢免其职；大总统之决定应为最后的，不受法院之复勘，庶中央行政者能切实掌管各省省长也。省长为大总统之代表，行一省之政务，并有随时接受大总统增委权力之特权。省长为一省之行政长官，有督全省行政之权。省长缺位或丧失能力时，不问其原因若何，大总统得任命代理省长。

辅助省长者为行政会议，由各厅厅长组成之。厅长之任免，依省长之建议，由大总统行之。省政府本于宪法及国会之委托，分全省政务为应尽之六项：即财政（finance）、教育（education）、公益事业（public works）、内务及警察（interior and police）、公共卫生（public health）、公共慈善及福利（public charity and welfare）是也；每种事业设一厅以司之,厅长之任期与省长同。

除行政会议外,应有独立之省审计员(independent provincial comptroller and auditor),其职务为连署由省库支款之一切凭单,监视款项之用途是否与依法所定之预算案相符,并审查省及各地方之账目。因其职务类似司法官吏,故彼不经省长推毂,应由大总统任命之,但须得省会之同意而已。故关于财政用途能牵制省长,而确保一省之财用也;其撤任须经司法审判始能移调,不能随意行之,故能专心执行其职务而为一有力的省库监护人,毫无恐惧,绝不偏袒且有实效也。

一省之行政机关与立法机关间之关系,宜以中央行政机关与国会为模范,俾省政府成为中央政府之复影而政体政制有单纯之性质,且使志愿从事国政者得为初步的训练也。省长犹之总统应有停止裁可之权(the power of suspensive veto),省立法机关须有三分二之票决始能维持原案,如此乃可与反对之立法机关相抵抗而维护宪法上所赋予之权力也。虽然,总统对于省法案有绝对否决之权,得于一月以内行使之,使其能保障国家之福利,不受省法案之干涉,且维护宪法不致为其破坏也。其与宪法及国会立法有抵触之省法令或省法案,国会与高级法院亦应有宣告其无效之权。

省长亦如总统之应有解散国会之权庶可免冲突之争执也,但在每期省令仅得有一次之解散,解散后两月以内即应召集新省会,故投票结果,省长若失败,则当从人民之命令,或遭总统之撤换,此颇足威胁省长不敢滥用解散权力也。省长及厅长等行政员,亦犹之中央行政者应有提出法案于省会列席讨论之权,但不得有表决权,始可确保立法部内行政领袖之精神也。此外,省长亦如总统有制定省预算案提出于立法部,但省立法部不得自行动议计核预算案,亦不得有所增加。其预算案若遭否决或会计年度之指定的时间内不能置议,则其救济方法与国宪同,省长应援上年度之预算案,俾行政机关之独立与巩固,不致为立法机关之敌忾与私欲所摧陷。不特此也,省长亦应有召集常会及特别会议之权,与大总统相同。

然在他一方面,省立法机关亦应有诸种武器以抵御行政机关,此亦与国会相同。所谓武器者即弹劾权,全体议员三分二之表决即可弹劾厅长,对于省长则应有四分三之表决,故省行政官吏虽为大总统所任命,而实际不过中央政府之代理者,其从事省政,亦不得不按照人民代表之意思及指令也。有质问权,以书面质问行政机关,亦有审查官吏之行为及省行政事务,并强迫公布与报告政府行为之权,如此行政官吏能负责尽职,省行政将因公开与批评而益臻澄清。此外尚有与国会同者,即有支配省财政之权,至少须限制新的用度,此即统制行政机关之新政策与新事业之权力也。

省行政与立法之关系,以大总统与国会为模范,既如上述,然于此发生问题焉:省长与厅长,皆为大多数党呈请总统任命,则反对党何能获得掌管省政之权?此问题实甚重大,现在尚无切实之解决,惟俟他日之经验如何,或者有解决之方耳。在执政之党自必主张由总统任命省长,以保持其支配各省之权力。反之,反对之党亦必力争省长应由省会、省民或地方联席会议选举俾得操纵各省,盖彼等相信或期望能左右此等机关也。若采前制,则反对党处于极不利之地位,而执政之党势将排斥异己,位置同党,以把持反对之省分,此问题将发见于中国制宪之前途,苟欲纳西南各省于统一范围之内者,对此问题不可不有圆满之解决焉。

反对总统由立法机关或选民选举之一切论据亦可用以反对省

长之选举。所谓贿赂也,威胁也,内乱也,等等危险之不免于总统之选举者,于省长之选举亦甚易发生。故中国虽幸而不受军阀领袖之割据,而各省亦必乱起萧墙,分崩离析,推其结果,生民涂炭,国家亦受其绝大之影响也。

故若选举省长,内乱及流血,即为难免之事,且其范围不必限于一地,实能延至中国各行省。如由总统任命,则反对党必处于极不利之地位,左右既属两难,解决之方,似以调和折衷为当。然为国家之福利及安宁秩序计,且按诸中国之现状,实应采总统任命省长之法,舍此更无他道可循也。至在他方面,亦应以公正待反对党而保障其利益。凡属反对党之省分,如西南各省,其省长悉由总统任命一仍其旧。直至将来无论何党能掌管其立法机关,即由该党操省长之位置。详言之,依上述之计划,即省会能以全体四分三之表决弹劾省长,三分二之表决弹劾省行政官,故省立法机关若由反对党操纵时,实有进退官吏之能力,总统未必敢径行任命异党之人物,最低限度,亦在与彼等有相当之融洽也。

今请论省议会:省议会应采一院制,不取两院制,其议员即应以选举众议院议员之选民选举之;选民之资格与选举之规程均应同一,庶几政制能有单纯之性质也。南非洲省议会议员之人数与本省在众议院中之议员相等。然中国不宜采此也。盖中国一省之区域甚广,若采此制,则人数未免太少。其选举应按省内之行政区域行之,每区派选代表一人,较大之区域,每二十五万人口,即得派选代表一人。选举或为普遍投票,加以教育的限制,或为间接的选举会行之。如前章总统选举所述,省会任期应与众议院同为三年,每期仅能被解散一次。省议员关于逮捕、言论、诉讼、俸金进行及选举竞争等特权一与众议员同。

关于省议会制定法令之权力，宜有宽广之规定，俾能担保确切之省自治。省会应有征税供给本省需用之权力，内债由本省完全负担，应得大总统之同意，且须依国会所定之规程行之，外债则非所许，盖恐外人乘机侵略有丧失国权之弊也。于此应特别注意者，即省自治若无充分切实之财政权，则徒拥虚名而毫无益于实际也。中国省地辽阔，人齿繁多，一方租税权之大部分固应属于中央，然一方亦应以切实之租税权付诸省政府，然后能举其职务也。

此外，省会从事教育事业，应依国会通过之规程进行之。在南非洲宪法，区分教育为高低两级，高级者属于中央，低级者属于省。但历时未久而经验昭然，深知此种区分甚为不当，必委诸国家而后可有划一之能事，精益其业务，集中其管理也。中国地大人众，中央与各省政府，固均有从事教育事业之职责，但省政府行使此种职务不可不依国家的法律与制度，且遇有冲突时，对于国家的权力应让步也。

省会更应有从事公共事业与改进本省事业之职权。但如铁路、海港等扩充至省限以外之事业，不在此例。且无论何种事业，一经国会宣告应归国办，省会即应听命。一省之公共卫生、医院及慈善机关等均应委诸省。农业、工业、实业、商业等，省会亦应依国会所定之规程从事经营之。此外则有管理本省公共财产之权，依法监督省内地方政府之权力也。

除上述特殊的权力以外，尚须规定省会对于省内一切事件，凡大总统认为地方或私人的性质者，保留其管理之权力。又国会得依法律随时委付附加的权力于省会，而令其制定诸种法令。省会既保留管理一切属于地方的特权，又有国会得委付附加的权力之规定，故其权力实能无限制的扩充以应省及地方之需要也；但须听命于大总统、国会之赞否,及高级法院之宣告有效无效也。

省会既授有各种权力,故其制定法令也得应本省之需要以为伸缩,有时与中央政府行使同时并存之统治权(concurrent jurisdiction),有时执行受托的职务,有时补充中央政府所略之事务,然同时国家、政府之权力依然存在,毫无分裂。其对于省权之关系仍有伸缩之可能,故其权力不但未分且随情景之所需、法律之所许,各方伸缩其权职胥受其利益也。然使中央与省之权力一有冲突,则省应即退让,盖其行为固应惟总统之赞否、国会之准驳、法院之认为有效与否之命是听也。如此则冲突、分崩离析、内乱之祸可免,而国家之权力得保无虞焉。

在结束省自治政府问题之前,犹有不可不察之事,所谓确定各省现在境界起见,国会决不应行使其变更省界之权,分一省为数省,或由数省中另划出新省,如此等事,除有关系之各省省议会自行呈请外,决非国会所宜,如此则变更疆界之权自以授诸关系各省为当矣。关于由属地创划新省,国会立法权内虽已包含,然宪法亦宜有国会在某种条件内、某种情由时,得为新省之创划之规定也。

在新宪法中,地方制度单位分为二:一为省,一为县。第一百二十四条云:

地方划分为省、县两级。

省得规定自治法,依第一百二十五条云:

省依本宪法第五章第二十二条之规定,得自制定省自治法。但不得与本宪法及国家法律相抵触。

省自治法之产出,其方法:由省议会、县议会及全省各法定之职业团体选出之代表组织省自治法会议制定之(参见第一百二十六条)。

省自治法会议,其人数,半由各县议会所选出,四分一由省议会所选出,又四分一由各法定之职业团体所选出。第一百二十六条后项云:

> 前项代表,除由县议会各选出一人外,由省议会选出者,不得逾由县议会所选出代表总额之半数;其由各法定之职业团体选出者亦同,但由省议会、县议会选出之代表,不以各该议会之议员为限。其选举法由省法律定之。

省政府

(1) 省议会

应为一院制,由直接方法选举。第一百二十七条第一项云:

> 省设省议会,为单一制之代议机关;其议员依直接选举方法选出之。

(2) 省议会之权

据第二十五条云:

a. 省教育、实业及交通;

b. 省财产之经营处分;

c. 省市政;

d. 省水利及工程;

e. 田赋、契税及其他省税；

f. 省债；

g. 省银行；

h. 省警察及保安事项；

i. 省慈善及公益事项；

j. 下级自治；

k. 其他依国家法律赋予事项。

又关于第二十四条所列各项：

a. 农、工、矿业及森林；

b. 学制；

c. 银行及交易所制度；

d. 航政及沿海渔业；

e. 两省以上之水利及河道；

f. 市制通则；

g. 公用征收；

h. 全国户口调查及统计；

i. 移民及垦殖；

j. 警察制度；

k. 公共卫生；

l. 救恤及游民管理；

m. 有关文化之古籍、古物及古迹之保存。

上列各款，省于不抵触国家法律范围内得制定单行法。可见省议会亦有一半立法权力也。而后项又云：本条所列第一（农、工、矿业及森林）、第四（航政及沿海渔业）、第十（警察制度）、第十一（公共卫生）、第十二（救恤及游民管理）、第十三（有关文化之古籍、古物及古迹之保存)各款在国家未立法以前省得行使其立法权。又可见省议会在以上各项国家未立法以前亦有立法之权也。

国家法律在省法律之上,第二十八条云:

省法律与国家法律抵触者无效。

省设省务院,即第一百二十七条规定之第二项:

省设省务院,执行省自治行政,以省民直接选举之省务员五人至九人组织之;任期四年。在未能直接选举以前,得适用前条之规定,组织选举会选举之。但现役军人,非解职一年后,不得被选。

省长,同前条第三项规定云:

省务院设院长一人,由省务员互选之。

省公民之资格,同条之第四项云:

住居省内一年以上之中华民国人民,于省之法律上一律平等,完全享有公民权利。

省与县之关系
(1) 财政上,省税县税之划分
第一百二十九条云:

省税与县税之划分,由省议会议决之。

（2）县权之保障有二

第一百三十条云：

> 省不得对于一县或数县施行特别法律。

第一百三十一条云：

> 县之自治事项,有完全执行权;除省法律规定惩戒处分外,省不得干涉之。

（3）行政权之委托

第一百三十二条云：

> 省及县以内之国家行政,除由国家分置官吏执行外,得委任省、县自治行政机关执行之。

省、县违法之惩戒,第一百三十三条云：

> 省、县自治行政机关,执行国家行政有违背法令时,国家得依法律之规定惩戒之。

新设之省县,第一百三十四条云：

> 未设省已设县之地方,适用本章之规定。

第一百三十五条云:

> 内外蒙古、西藏、青海,因地方人民之公意,得划分为省、县两级,适用本章各规定。但未设省、县以前,其行政制度,以法律定之。

据新宪规定,省政府非中央委任或产出,不过为地方与省选出者,故省政府非国家执行机关,而为地方之代理人耳。

省会之权照联邦制即有 exclusive rights,与统一制不同。故省政府实行此权后,总统与国会不能准否省立法。惟最高法院乃有宣布无效之权(第二十八条)。则第一百三十九条"宪法有疑义时,由宪法会议解释之";第一百四十条"宪法会议,由国会议员组织之"之规定为错误。盖不但国会无此权,且与第二十六条冲突也。

省自治权甚少。盖在联邦制国家中央既与地方分权,则地方所得者宜有相当之权。今其所得,乃比加拿大尚少,比之美国则尤少矣。

省政府行政为委员制,非单一制。此种制欲成功应有三要件:(1)委员须同党;(2)委员责任及工作须分清晰;(3)只能适用于小城或中等地方。否则断难成功也。

省政府与省会之关系,新宪未有明文,盖应让诸省自治法规定也。

省政府与省会之产出,均用直接选举,但须有三要件而后能成功。(1)选民有正式政党;(2)国民有政治教育;(3)选民有政治阅

第十八章　省自治政府

历。否则断难成功也。

吾人主张中国宜采统一制，故省不必有省自治法，即由宪法规定大概，以免有因省宪而召分崩离析之祸，省会采用一院制甚善，惟规定人民直接选举，此时因无善良政党、政治教育、政治阅历，恐无此能力。省会之权在联邦制下有宪法规定内之独断权，但法院可以宣布其无效，因此发生诉讼之事，致法律不确定，人民无信仰法律之意，法庭亦干涉政治，斯其弊甚大耳。省会借债之权应有限制：即须由省会三分二之同意或国会大多数之表决，得总统之批准乃可也。

省行政机关，采委员制，用直接选举，且规定军人非解职一年后不得被选。于废督之理想上甚佳。但此制之弊有：(1)中央无代表；(2)责任与权限不易划分；(3)非同党有轧轹之祸；(4)不适于大地方，如省者；(5)行政宜用单一制，不宜用委员制，因会议当用多人而得各方之意见、智识，然行政既需独断速行，则宜采单一制，此亦天然行政之制也。有此五弊，故不适用委员制也。

省选民之资格，亦未规定，其意欲令省会或自治省自定也；然为划一计，国宪应规定之。吾人主张最好以选举众议院议员之选民即为选举省议员之选民之资格。

省审计员(Provincial Comptroller and Auditor)，亦未规定。吾人研究省政府以此为最要，不如是则省政府易于腐败也。

中央否决省法，惟最高法院乃能，行政与立法二部无此权。此为政府与国会不能行使权限之一大障碍。然新宪既采联邦制，则亦无怪有此规定。若在统一制下。岂惟法院可以取消省法，即政府、国会亦可以取消省法矣。

第十九章 地方自治
(Local Self-Government)

吾人研究地方政府首宜注意者,通常国宪关于地方政府之形式及权力,大都不规定而让诸国会之立法。依联邦制,若其所许之权力皆系列举的规定,即包括于保留的权力之内。美国统辖地方政府之权,属于各省立法机关。然按统一制,则因权力不分,中央独握此权,其若以权力委托于省议会,则双方可协同行事,此可于南非联合国见之。

是以无论依何制,不问其宪法为成文或不成文,地方政府决无固有的或自主的权力,仅有委托的或附与的权力而已,且又须服从上级的主权之掌管与监督也。质言之,地方政府之权力,出自上级政府,而其行使此等权力,须合乎后者之意趣也。

然地方政府者为真正民主国之基础也,人民在地方的小单位内不能实行自治,而望在国家的大规模中能自行统治必不可能;故民主国家之人民,若欲处理国事而望其顺利,不可不在地方政府作初步的训练也。如无地方自治,即不能成为真正的民主国家可断言也。故云:"地方自治者,民主国家之最良的学校,民主国家成功最妥的担保也。"

由此观之,吾人对于中国之地方自治,应取积极提倡之政策。人民在乡村公所与商业协会内,虽不无经验,然在地方政府中无充

第十九章 地方自治

分之训练,冀其在国家的大规模中能运用宪政的民主政治而有功效是乌可得哉？苟欲使中国成功为民主国家而行真正的宪政,则非从根本上建筑新国家的基础不可；基础非他,地方自治是也。是以一般国宪中关于此项虽皆未规定,然为中国计,应设立一种地方政府制度,故吾人在安稳与可能之范围内,应竭力提倡也。

吾人既采此政策,则应取先进诸宪政国家之地方政制加以简略之考察,以资借鉴焉。

英国地方自治,在荒漠之乡,则集中于州(county)；在稠密之区则集中于镇(borough),常为市议会市长、技士团等组织而成。市议会由地方之选民选出,妇人亦许参与选举。市议会又自议会中或议会外选立参议会(Aldermen),其人数以市议会人数三分一之数为限。市议会与参议会之职权无甚差别,惟参议会任期较长,非由地方选民选出,乃由市议会自身选出而已。此种用意,在使资格卓越,不图众选或图而不得之人才能出而用事也。当选之团体,通常于一定之时期退休三分一,使此团体永续不绝。市议员、参议员及市长,联席而成为一团体,一切政治权力,咸萃于此,一切任命及命令,亦皆由是出焉。由此团体所选定或派定之委员及雇员举办市政事务。市长由此团体选定,即为议会之主席,为一地方之仪式上的首长。诸镇有联合之特权(charters of incorporation),依居民之请愿而所许予者。此"市长及市议会"式之地方政府(mayor-council type of local government)即英国制之大概也。

美国地方政治与英国颇相类,荒野之地则集中于州(county),繁盛之区集中于城市(town or city)。其市议会及市长亦由民众公选。然有数要点与英不同,市长不由市议会选出,而由地方之选民直接选出；其他之重要市政官员不由市议会任命,而亦出自选举。

夫民众公选为选择专门人才之末法，而欲收行政之实效，须有任期长久之专职的技士，故美制亦有失也。

因有此种缺点，故曾运动改善，限定公选之官员仅为一人或数人，其他专门的技士，即由此一人或数人任命之。且推行诸种新式的城市政府，期于收行政之实效。其委员式之政府（the commission form of government），由地方选民选定五人或七人组成之，每人各司市政之一部，行于小城镇间颇见顺利。又有委员会任命管理员式者（the commission-manager plan），即由地方选民选出之委员会或市议会任命城市管理员一人，此管理员对于市政之处理应有一切之权力，且负一切之责任，无限定任期，其进退操于委员会或市议会之手，受城市计划部（The City Planning Board）及文官考试委员会（The Civil Service Commission）之扶助，此两机关亦由委员会或市议会选定之。

法国地方政权，较诸英美二国更形集中，所谓府（departments）、县（arrondissements or districts）、乡（communes），各地之集中是也。府由府尹及代表议会统辖之，其府尹之进退为中央政府之权，代表议会则由成年之选民公选之。每区（commune）各有一名选举代表。县由县长及县会统辖之，县长进退权亦操于中央政府，县会则由成年之选民选举之。至于乡则不仅有公选之乡议会，其乡董由议会选任，其辅助人员亦然。由是以观，法国之乡自治，可谓最合民治主义之制矣，但亦非尽不受中央政府之掌管也。中央有停止或撤任乡董官职及解散停止乡议会之权。一乡中关于中央政府之利益之一切行为均受府权力之监督。乡议会对于乡内重要事项有所决定，若不得高级官厅之许可不能生效。乡预算案须得府尹之核准，而听其审查与纠正。警察委员由大总统指命，大乡之司库员由大总统于议会提呈三人之名单中指定之。

大战以前，德国之地方自治颇有特点可述。第一，专职的技士，系国家教育训练而成者，由中央政府任命于地方任事，有一定任期，非行为不正，不得撤任；退职以后有恩给金。城市外，每郡（province）、每乡（government district）及每区（circle）均有专门的技官一人为之长。第二，此类专门的技士，须听一种民众的、非专门的团体之管理，此团即由地方人民直接或间接选定之，故其专务实含有民众自治之性质。至城市（city）中市政之管理，分类设署或干事会以行之。其组成者为专职的技士一人及非专职的人民代表也。第三，凡属地方性质而有关于市政利益之事件，则一面责成地方人民所选设之议会处理之，一面中央行政统制之权依然存在。综而言之，德制之主要特点为专门技士之政治，以人民代表之通俗的批评与财政之权力调节之，而听命于中央政府之实力的监督而已。

英、美、法、德四国之市政制度既如上述，虽因篇幅有限不能详论，然亦概见地方自治之三大种形式，足为中国所取法也。

其一，"市长及市议会"式（mayor-council type）是也。议会由人民公选，其议员一次退休一部，市长由议会或地方选民选定，或由中央政府任命。此种市政制度之优点，即在能代表民意，然若无特别之规定，则易流为非专门人才的政府，而专职之技士将受排挤或低首降心以屈从也。

其二，"委员会式之市政"（commission form of municipal government）也。此制发展于美国，其优点在集中一切行政、立法之权于五人或七人之小团体；分之每人执掌一部，合之共同负责。然亦有重大之缺点，即其政事畀诸非专门人才而不予专业的技士，且有职权分划不清，其势必至于冲突，倘有过失，则必互相推诿也。

其三，即最近发达之"委员会管理员式之统治"（commission-manager form of government），由人民公选之议会选任议长一人，及城市管理员（City Manager）一人；前者仅为名义上之首领，任期常短，后者乃实际的统治者，任期无定限，操市政之全权而负管理之全责，除有格外规定外，得文官考试委员会（Civil Service Commission）协作，可进退一切之城市吏员；预备每年之预算案，待议会之许可，设城市计划局（City Planning Board）共发展城市之计划焉。

以上所述三种制无一适于中国现代之情势者，然无论欲采何制，均非有切实预备不可，故依吾人之计，在目前状况，中央政府对于地方区域须有强权，非至准备充分之日，不可撤回中央权力而代之以地方公选之官吏也。

现行之乡村自治，除人民自动的愿采新式制度，决不可为之变动。城镇政府由高级机关任命知事，亦应一仍其旧。要之今日市政不宜骤然改变也。

此时当切实预备务使市政权转移于地方人民代表，每一乡城首须设立民选之议会，若选举一时未能实行，则暂由知事任命。此议会立即选任其他之代表，其人数以议会人数三分一为度，使品格卓越、不运动选举或运动失败之人才亦有服务之机会也。若选议会非由普选不可，亦不必有教育之限制，使一般村人或劳工之富于常识者虽不幸而无教育之机会，亦得参与市政选举而受自治之根本训练也。议会之任期以三年为宜，每年退休三分一，使其有继续之性质。此种议会制度为介绍地方自治于中国之第一步，可断言也。

议会成立以后，一面市长或知事仍由高级官厅任命。一面应许可议会所选之干事与市政各部之专职的部长相周旋,藉收批评与发表意见之实效,且又使彼等有详悉市政管理之机会。然则此干事会之制度又为介绍地方自治于中国之第二步也。

既有此干事会,则应许可议会或地方选民自选市长,所任命之知事即当撤回。市长既由民选,亦即市政权移转于地方代表之成功也。

预备介绍地方自治之程序已如上述,至于城镇或其他乡区既有自治能力之表示者,应即予以市政自治之特权(municipal home rule),俾此类能力充足之地方能尽量享受市政之自由及利益,而不与国的或省的福利相冲突也。无论任何村镇之选民均有制定或修正市政条例(municipal charter)之特权。关系地方之事务,应特许地方能行使一切之权力。无论何种特许所列举之权力,均不得认为限制概括的特许权力;而此概括的特许,亦不得认为限制国会或省会行使法律于地方上之权力也。

除此概括的特许权力以外,其可以许予的特殊的权力应列举于下:地方政府在法律限定之范围内,应有征收赋税之权;以特别税额从事地方改良事业之权;设备地方文官制;维持地方公益机关,及在法律特定保护其他地方之限制范围内订定章程,发给特许之权;没收犯罪人之财产以充公用之权;调节及拨用税余之权;依法律维持公立学校及图书馆之权;规定及施行地方警察、卫生等类章程之权,为诚实行使此种权力计,关于财政事务,应有报告;关于公共审查市政当局或公共事业之簿记、凭单等物,亦应明定之。

按照自治条例(municipal home rule),无论何时何村既有自治能力或有自治之志愿,均得制定条例;任采一种市政形式,或为"议会市长"制,或为委员制,或为"委员会管理员"制,或其他之制度,均无不可。依照此法，则可望较有进步之地方，随意之所欲，逐渐制定市政条例而成立城市政府；其稍逊之地方，则因高级机关强力之维持与指导，亦能趋于进展之地位；迄乎地方程度渐高，能进于自治之域，此时高级机关即可弛其强力。吾人既采用自治条例之制，且对于地方自治作系统的预备，则中华民国之基础，不转盼间即跻于巩固之地矣。

新宪法将地方自治之权付于省、县，第一百二十四条云：

地方划分为省、县两级。

地方政府之规定，见第一百二十八条：
（1）县议会

县设县议会，于县以内之自治事项，有立法权。

（2）县长

县设县长，由县民直接选举之；依县参事会之赞襄，执行县自治行政。但司法尚未独立及下级自治尚未完成以前，不适用之。

（3）地方自治之保障
a. 省税限制

县于负担省税总额内有保留权，但不得逾总额十分之四。

b. 地方财产

县有财产及自治经费,省政府不得处分之。

c. 省有执行权

第一百三十一条云:

县之自治事项,有完全执行权;除省法律规定惩戒处分外,省不得干涉之。

d. 补助费

第一百二十八条之五项云:

县因天灾事变或自治经费不足时,得请求省务院,经省议会议决,由省库补助之。

县在国家、省之下,故第一百二十八条之第六项云:

县有奉行国家法令及省法令之义务。

规定地方自治之权,新宪法并未明言,依其所言,国会、省会均有之。如在第二十四条第六项之市制通则,国会既有此权;而第二十五条第三项省市政、第十项下级自治,则省议会亦有此权。然省立法在国会立法之下,一有冲突时,省法无效,此又第二十八条"省法律与国家法律抵触者无效"之规定也。可见最后之权仍操国会。

地方政府之样式，采用"县长及县议会"形式（mayor-council type）。县长为地方选民所选举，有参事会赞襄之，但未明言县议会如何选出。以意度之，当为由国会省自治法或省会规定也。

地方自治应逐渐施行，不能躐等，乃新宪法所规定，并未循序介绍西洋地方自治而一跃与西洋颉颃，此乌可哉？吾人之意，第一步，各地方应保存旧有地方政府及自治会议；第二步，人民应有在地方政府参政之权，而得选举县议会；第三步，人民应选举县长，或地方议会选举，或普通选举。县长选出后，政府所任之知事应即撤回。

实则地方政府不须规于宪法应付与国会或省会也：在统一制属于国会，在联邦制则视所分之权如何以为定：如属于中央，则属于国会；属于地方，则属于省会。如此而能应其需要以立法，非如宪法之一成不变也。然为保卫地方自治计，宪法内可规定地方依国法或省法有请求地方自治宪章（Charter of Municipal Home），得此特权，则地方可遂意组织地方政府以应各地之特别需要，而无需勉强采用一成不变之制度矣。

第二十章　预算之职务及其程序
（Budget: Its Functions and Procedures）

吾人于中国之政府既已叙述详尽，兹当讨论宪政中之一最主要的问题，所谓预算制度是也。

夫预算之职务久已著明于世。人民为使政府之效能更善，故设法以监督国家之财政。凡行政机关之征收租税、订借内外公债，必须得立法机关之同意；凡政府之消费，必受立法机关之审查及管理，故预算制实为政府岁出岁入之最平衡的清账，而同时复有考量财政程序之机会。结果可使政府节俭而有效能，立法与行政二机关皆受预算势力之限制也。

预算制之于中国实为无上之需要。此不仅监督财政之问题，亦非仅使政府节俭而有效能之问题，实为中国国家生存之问题也。中国自改建共和，虽有国会，然正当之预算制度尚付缺如。除少数之例外，行政机关规定自己之预算及岁出岁收等，均未得立法机关之同意也。外债内债之中，如外债一项并立法机关同意之形式亦未尝有。结果，国家岁收及财产，在在皆付抵押，几致国家于破产之危险。此预算制之缺乏，同时督军制之存在，及因其维持逾限之军队，亦使中国财政部濒于危殆不能工作。故预算制不仅关于宪政之实行，实国家生存之问题也，而以中国此时之乱，亦舍此盖别无挽救之方。

吾人既主张以预算制施行于中国,兹试就先进诸国之预算制而研究之,以期适于吾人之计划焉。

英国宪政可谓发源于人民管理财政之一事。其预算由内阁使用国库而制定。当提交于国会时,由全院委员会(Committee of the Whole)审查。无一议员可得增加或另提新预算案。以理论言之,任何条款可以减少或竟拒绝之。然实际此种行为殆少。盖此种行为乃含有不信任内阁之义在其中也。其账目则由财政审查员(Comptroller and Auditor General)审查之,此财政审查员为国会官吏之一也,再经国会委员会(Parliamentary Committee on Public Accounts)审查之。

美国历年以来即无所谓预算制。除供给国会一种报告外,行政机关从未制定预算制度,亦无中央委员会在议会中同时考虑支出及收入。惟设立各种不同之委员会以规定用项及收入。其结果在收支公产之各种机关间决不统一合作。其尤甚者,立法者有建议及增加预算之权,与英国制大相反。行使此种特权,结果徒使狼狈为奸,互相赞成提议之案,或移公作私,以营本地之利益,无限制的浪费而已。而其账目之审查,又不由国会规定之独立机关而由政府自己审查之,其舞弊宜乎甚矣。

此种预算当然为人所不满,未几而有运动发生,以组织新预算制。一九二一年,《预算及审计条例》(Budget and Accounting Act)遂通过,而预算制度乃成立。其办法由大总统令国库中之预算局拟定,提交议会审查。除议会之任何一院有要求外,无论何种行政官吏不得建议增加此种项目。在众院内,合并各种分配委员会而为单一分配委员会,由议员三十五名组成之。一般审计院(a general accounting office)由审计员指挥行使审查之职务,其地位离行政部而独立,由总统得参议院之同意任命之,其任期为十五年,但不得连任,受两院弹劾,始得免移。虽然,议员仍未取消其行使其建议或增加用度之特权,而狼狈为奸及以公作私之种种弊政仍不免。行政机关在分配款项通过以后,亦无审查及管理支出之权也。

日本宪政在试验中,其情形颇与中国相类。其预算进行之方法,颇值吾人研究。通常虽容许人民管理财政权,然应规定严重的保障以保护行政机关,使国会不至于预算事件为无经验或仇敌之恶意。每年收支预算应提交议会同意。其附加预算或其他过度之支出,亦须提交议会得其批准。其继续金(a continuing expenditure fund)及应急之准备金(a reserve fund)亦可规定。此外,如征收新租税,或修改税率,除行政之报酬外,所有募集国债及缔结债务使国库增加负担者,均须得议会之同意。

但现时征收税,若非法律重新制定,则仍按照旧制;而此旧制对于国家收入实能赋以永久性,且能保持在收集时不受他人之干涉及阻碍也。按照宪法属于天皇之特权而根据此特权所规定各种用费:如由法律效果而发生之用费;属于政府之法律上的义务之经费。若无政府之同意,则议会既不能减少,亦不能拒绝。因此保护国家不至有覆灭,对于行使天皇主权权力不至陷于不可能之危险,或不能行使法律上之义务也。遇有拒绝或不能成议之时,则政府可按照上年之预算行使之。

当国家内忧外患危急存亡之际,议会不能召集,则政府为维持急需之公安起见,可由其命令以行各种财政政策。然事后必须提交于下届之议会同意之。如是庶可保国家免于危急之难也。政府之账目,则由审计院审计之,其组织及权限一并于法律决定。政府连同审计院之签证提交于议会。

吾人对于先进诸国之预算制已大略见之,兹当就其所得之经验与教训为中国制定预算制度,并采用诸国制度中之优点也。

第一,制定预算案也。凡政府之消费收入或内外债均应包括于预算案。然此职责于立法、行政二机关孰为适宜?以吾人之经验断之,立法不当行之,而行政机关制定预算案较为适当也。美国在一九二一年前,由立法机关预备预算案,两院议员有提议或增加收支之权。结果有狼狈为奸移公作私种种浪费之弊。英国则由内阁制定预算,召集各部讨论审查修正以后,再提交国会考虑同意之。英国制产生最足以令人满足,胜于美国一九二一年以前之制远矣。

不特于此二先进国实际之经验予吾人莫大之教训,预备预算应付诸行政机关,且由智识及理想之考虑,亦有同等合理之结论。以吾人所知,立法机关不能深知行政事务上之需要,而彼对于行政事务,又不如行政机关之负责,且彼又恒重地方利益而轻国家利益也。由此种理由观之,故使预备预算付之立法机关乃极不当之事也。反之,行政机关能深知行政事务之需要,又能对于行政负责,故应予以筹划政府财政之权,俾预备预算案。盖中央行政机关考虑国家财政较胜于地方代表也。故由上述理由观之,行政机关应有预备预算之权。

预备预算既由行政机关,则预备之人,又以总统及财政总长孰宜?应之曰总统最为适当也!盖财政总长为负征收、保管及支出之责,而非负全部行政财政程序之责也。且财政总长与其他之各部总长处于相等之地位,无名义及法律的权以修正预算使收支相均也。反之，总统照此书之意为行政首长，即有权力计划全部财政。故总统若无此权，则必失其财政及行政事务领袖之地位。彼为各部所公认之最高长官，故彼居于法律及名义上修正提交预算之地位，而能使国家财政支收二种相符也。有此种种理由，故总统借预算局之助，由彼直接指挥负责，有预备预算之权。

  大总统预备预算案既已言之，然则预算之中其包含如何，亦不可不知。其一，应平均以表册表明下届财政之收支；其二，应报告上年度及现年度之收支；其三，宣示在上年度之始末国库之来源及债务；其四，就各方观察作成张本，以表册示其次序，撮要及分析解释其收支；此外大总统、各部总长及其他重要官吏，均须为行政之报告，又当说明国库之情形，现所存者现金若干，所有保管及其他特别款项之情形如何，上届财政年终之情形及前一年或一年以上之同样数目如何，或本届年末之情形及未来年末之财政如何，皆须详细说明也。关于收入之说明应用表格表示历年收入之详细数目，特别对于本年及未来年度，其岁收之来源及岁收之表册，应按照各部之组织而列之，兼及其他各种收入。说明岁出时应有五观察点：（一）款项；（二）组织单位；（三）各单位活动情形；（四）岁出性质（资本消费、固定消费及本年消费）；（五）岁出目的（服务及采买材料等）。

  第二，预算之考虑也。预算考虑应由立法机关。自英国宪政史上所得之大教训，管理国家财政应付予国会中之人民代表，然后可使自由及宪法主义更形固安也。关于岁出、租税及公债等，应先得国会之批准。即为临时的支出、超过或未超过用度，亦必于下届会议提交国会追认。然为免除缺陷之困难，应规定准备金，或为应付数年间继续开支，亦应规定继续金也。

然在他方，亦予吾人一大教训，即除国会管理财政以正当行使及保护，则常发生危险之事。结果不亚于行政机关中各部不负责之浪费、横征暴敛，擅借公债诸弊。故国会议员应取消其建议预算任何收支、借债；亦不能增加行政机关提交国会之各种项目。否则不仅破坏行政部预算之责，且酿成狼狈为奸、假私作公，而使行政缺乏效能，其为害殊甚！

此外亦有经验表示，即在国会制正在实际试验之国家，而行政机关须有特别保障以免国会加以不智及反复无常之反对，此种国家对于立法机关应有所附加之限制，可于日本之预算见之。故国家之生存，不至于因反对之取消历来所有必要之租税而陷于危险。所有现存之租税，除由法律修改，仍应保留。为保护国家不致难于应付债务免于财政困难之弊，则凡关于债务，由条约的规定，或由法律的指定，或政府合法的负债，苟无行政之同意，立法机关不得减少或取消之。虽然关于此点应详细说明者，即陆海军用费，除已由国会批准，则不可不受立法机关之管理，否则政府将利诱之牺牲国家以扩张陆海军之势力，而人民之代表必失其根本的权力，即管理陆海军财政之权力，其真正之指挥亦仍须在行政元首也。易言之，国会之管理权中除去此分配陆海军用费之权，将使中国陷于军阀主义之祸；反之，不除此权，一方能免军阀遗毒，他方由国会人民代表所决定，又能供给切实防御国防。在日本关于陆海军费用，并基于天皇主权之任何款项，非得行政机关之同意，国会不得减少或反对之。结果，日本颇受武力主义之危险。在美国，则应感谢彼聪明之国父，其陆海军用费严格的由议会管理，甚而至于议会本身之权力亦受约束，陆海军费用同时不得制定超过二年之用度，故其结果美国获免于军阀之危险，但随时能按照国情以为伸缩。中国若欲免于此难,陆海军之费用亦应付诸国会严格的管理而后可也。

进而言之,行政机关为免除立法机关无理之侵害而反对全部预算,使政府之机能停顿,特别的在总统制国家,行政机关不能与拒绝预算同时变更,其蒙害尤大。若遇此种情形时,政府惟有援引前年度之预算,每月以十二分一支出,此言已屡言之矣。

若国会停顿或难于召集特别会议,而因战争或危害之事需用款项维持国家,则亦应规定行政机关有特权采取一切必要财政计划超越原来之预算,但于国会下届会议,应提交追认。

第三,预算之行使也。若使立法之管理仅止与此,则行政机关仍可自由解释立法之授权与分配,而立法机关之管理渐至为形式而已。于是而如何可使行政机关按照立法权行使之问题生焉。按此有二法:其一为用费以前监督,其二为用费以后审查是也。然此二者,用费以前监督较胜于用费以后审查也。在第一法,使政府于用费之先宣布款项用途,能按国会之宗旨支出与否。第二法则行政机关于用费时自由解释,在审查时期惟应负责而已。若立法机关欲行使其有效之监督及审查,则与其制之于已形,不如防患于未然较尤当也。

因此离行政而独立之审计官(comptroller)宜设立焉。其职务在通过及副署一切国库用款之收据或证书,故有行使独立的管理预算之解释及公款之用途。其职务又类似司法(quasi-judicial)(准司法)的,故其职务,其谓为行政机关之代理,毋宁谓为立法机关之代理;因此,故彼之管理权应离行政机关而独立,并受国会之最后管理。是以彼应由大总统得国会之同意而任命之,又如司法官在职中其行为妥善,苟非得彼之同意,不得擅自移调,或减俸,或免职,若欲移免,必须经司法之程序或国会之弹劾按照法律惩罚之。

第四,审查账目也。欲政府财政健全,不可无精密的审查账目,无庸赘述。因此应设立审查部,审查政府一切账目。审查官之职务亦类似司法,且宜独立,不受行政机关之管理,以期能行使正当完之职务。其任期亦如法官同为久恒的,或在行为妥善期中,非得彼之同意,不得擅行移调或减俸;若欲免职,亦必依司法之程序或国会之弹劾,依法惩罚之。要之与审计官之须独立与司法的保障同也。

第五,即预算制度最后之程序所谓报告是也。即将所有审查之账目及行政证书,审计员之副署各种收据,提交国会,由国会委员会再行审查也。此种职务在阻止行政机关、审计官及审查官之不当的工作,且予最后监督之权于国会以保障国库也。审计官、审查官及行政部关于行政财政之行为应为公开的,且供给材料以为制定一年或数年后预算之考虑焉。

综上所述,吾人主张中国预算制应有五步手续,大总统制定预算一也;立法机关在依有限范围内之考查二也;审计院事前监督三也;审查院事后审察四也;报告于国会与国会委员会重复审查五也。中国能采用此五者,岂惟能达真正民治国家,抑且可从濒于危亡之中免去破产及丧失赎回抵押权之险也。

新宪法对于预算之规定如下:

(1)预备预算。

在新宪法第一百十二条云:

> 国家岁出岁入,每年由政府编成预算案,于国会开会后十

五日内，先提出于众议院。

是知政府有预备预算案之权，未特明言究竟政府中之元首，抑总理或财政总长乎？然据第一百二十条所云：

> 国家岁出岁入之决算案，每年经审计院审定，由政府报告于国会。众议院对于预算案或追认案否认时，国务员应负其责。

既云国务员应负其责，则可知为总揆预备预算案也。
（2）国会讨论预算案有以下各条之规定：
第一百九条：

> 新课租税及变更税率，以法律定之。

募债及缔结有关国库之条约应得国会批准，第一百十条云：

> 募集国债及缔结增加国库负担之契约，须经国会议定。

政府应规定继续费，第一百十三条云：

> 政府因特别事业，得于预算案内预定年限，设继续费。

政府应规定预备费，第一百十四条云：

政府为备预算不足或预算所未及,得于预算案内设预备费。预备费之支出,须于次会期请求众议院追认。

政府之紧急费,第一百十八条云:

为对外防御战争或戡定内乱,救济非常灾变,时机紧急,不能朦集国会时,政府得为财政紧急处分。但须于次期国会开会后七日内,请求众议院追认。

众议院之特权有二:第一百十一条规定先议权:

凡直接有关国民负担之财产案,众议院有先议权。

又第一百十二条第二项规定云:众院有完全决议预算之权。

参议院对于众议院议决之预算案修正或否决时,须求众议院之同意,如不得同意,原议决案即成为预算。

可见,参院虽有修正或否决之虚名,而最后决议之实权则操诸众院也。

限制国会之规定则又有二项。

第一百十五条云:

下列各款支出,非经政府同意,国会不得废除或削减之:
一　法律上属于国家之义务者;

二　履行条约所必需者；

三　法律之规定所必需者；

四　继续费。

凡此四项,非先得政府之同意,国会不得废除或削减也。

第二限制即不准国会自由加增岁出,第一百十六条云：

国会对于预算案,不得为岁出之增加。

保护行政部之规定,则有第一百十七条云：

会计年度开始,预算未成立时,政府每月依前年度预算十二分之一施行。

(3) 实行预算。

第一百十九条之审计院核准：

国家岁出之支付命令,须先经审计院之核准。

第一百二十一条之审计院规定：

审计院之组织及审计员之资格,以法律定之。

审计员在任中,非依法律,不得减俸、停职或转职。

审计员之惩戒处分,以法律定之。

可见，新宪法将审计员之地位处于司法独立地位一样。第一百二十二条云：

> 审计院院长，由参议院选举之。
> 审计院院长关于决算报告，得于两院列席及发言。

大总统公布预算，第一百二十三条云：

> 国会议定之预算及追认案，大总统应于送达后公布之。

（4）审查账目。
即第一百二十条之规定：

> 国家岁出岁入之决算案，每年经审计院审定……

（5）报告国会。
亦即第一百二十条之规定是也。

> ……由政府报告于国会。众议院对于决算案或追认案否认时，国务员应负其责。

新宪法会计章程规定最善，吾人主张预算之五步，完全已规定矣。

惟限制议员不得增加岁出。第一百十六条云：

国会对于预算案,不得为岁出之增加。

并未规定岁入之增加,殊欠完备。按照英国宪法,亦应将岁入之限制规定之。

订借外债仅有一百十条之规定,所惧者政府与国会多数党连结作弊,故应规定凡订借外债应得国会三分二之表决;如有关于各省之财产时,应得各该省省议会员三分二之表决乃可。

第二十一章　政党之功用及要需
（Political Parties: Their Functions and Requisites）

吾人研究中国宪政问题，有一重要之事不可不加讨论者，其事维何？即政党是也。

政党为宪政或民主政治所必需，毋俟赘述。民主政治以民意为基础，故欲民意之发展与结晶而为集体的表现，不可不使意见与利益相同之人结合而为一致之行动，以传布其政治上的主义及政策，而与异己者相抗争也。民意既有具体的表现，不可无人为之执行，故必有一种代理机关，选择最贤之执政人才，获得多数人之同意票，并于选举时检点投票等事。当选之官吏在行政机关与立法机关之间，及在中央政府与地方政府之间，务须协力合作，故又必有一种合作的关系以连接政府之各部分，使融为一体，而赋以发展能力，俾其工作易举而无滞难之弊。总之，民意之表现与发展，执政人员之推举与选举，政治机关间之协作，在在皆使政党成为民主或宪制所必需之要件也。

吾人试观先进诸国中政党在政治舞台上成败之迹，即可明其所以然矣。英国执政当局之任期，视国会中大多数之拥戴与否而定。故政党在行政机关与立法机关之间为一种不可缺之系索或连环。若无此物，则行政机关之地位不能稳固，而政策与法律难于执行矣。故英国政府或任何内阁制之政府而无政党者,实乃无灵魂之物也。

美国之行政机关与立法机关间之关系不若英国之密切,且立法机关中两院之权力同等并列,而此种离析之制,竟能协作行事者,皆政党之力也。若无政党连缀其间,则总统与议会必陷于麻木不仁之僵境;设政府之各种机关而为不同党之人把持,则行政、立法及两院自身亦将纷争不已。欲其合作如一团体,则非有政党不可;诸党中必有一大政党能掌管一切机关者使之统一而为一调协之整体,否则又将分裂而互相冲突也。

日本显与英美稍异。国体虽为宪制,而民主政治施行以来,至今尚未有显著之成功。考其主要之困难,不外行政部不能得大多数党在立法机关中之拥戴。天皇出于世袭,故亦不能得政治上之人物在立法机关中代为奋斗;政党产自人民,若不予以掌管行政机关,决不愿为必要之拥戴与合作,故争执之事,屡见不鲜,解散国会,更属司空见惯,故日本诸政党中,若无一党能同时掌管行政与立法两机关,则永不能有美满之宪制,可断言也。

中国则历史反复之情势亦然:北洋系盘据行政,国民党奄有立法,争持不下,卒有解散国会之惨劫。《临时约法》既未有解散国会之规定,而民国六年,北洋系悍然为之而不顾,卒使西南诸省起而护法,酿成中国南北分裂之祸。行政党为旧官僚所把持,不能得民间多数之党徒以左右国会,使大多数人民信仰与赞助也。至国民党分子多数为广东籍,濡染西方近代思想,若能以武力战胜北洋,或同时操纵行政与立法二机关,即可获得行政大权,然此两事国民党卒未能成也。十一年,吴佩孚败张作霖,两次解散之旧国会复活于北京,然以过去之经验及他国之历史观之,若两党中之一党仍不能同时掌管行政与立法两机关,则此两机关之难以合作可想而知。要之行政与立法不属同党,或行政不得立法大多数之拥护,则解散分立及内乱之险象将续演无已时也。

据以上所述,英、美、日本、中国四国之宪制与政党之关系观之,吾人可得下列之结论:即政党为宪制或民主政体之必需条件一也;政党愈发达,则组织愈佳,而宪制益完满二也;立法、行政二机关不受同一大党掌管,或行政机关不得立法机关大多数之赞助,则宪制决不顺利三也;中国须有两大政党,一操纵行政、立法两机关,一居于强固之反对地位,此不特为宪制进步必要之步骤,抑且为救国之急需四也。

论者或谓政党固属必要,然其发生将有种种祸害相随而来,能使国家堕落,政府腐败。盖政党最易使人养成党派概念,重本党之利益而轻国家之福利。此种祸害诚属不可免之事,然亦有补救之方法。此法不在法律,盖遇此种情形时,法律之效力恒属可疑,而在实行政党之时努力养成政治道德,使党员胥能为国宣劳,摒除私党利益,苟非确为国家造福,则不为一党谋胜利与成功也。

或又谓政党发生,将有一不可避免之结果,即首领之专政(the domination of political bosses)是也。盖团体行动,不可无领袖人物,此可于美国见之。然则民治(by the people)、民享(for the people)、民有(of the people)之政府将不能成功,其成立之政府,由彼居于政治舞台后面之党魁操纵,几何其能代表人民之意思。此种弊病固恒不免,且其结果恒摧残政府之民众的性质及阻碍实行真正之民意,然此亦为民主政治所不能避免之事。普通人民既不能自为统治而须富有才能之领袖,教育之,指导之,故治者阶级之发生与原始民族之酋长无异,亦自然之势也。大多数民众,类皆困于生计及家庭之事务,无暇过问政治问题,公共政策,实由少数特具政治才能及高尚品格之人所创造,是即所谓民主政治中之少数专政(oligarchy within democracy)也。政治之真谛原不重在治者专政之防止,此几为任何政体所可免,而在配置宪政制度,务使少数之治者依从舆论而趋向于公共幸福。其在民众方面,与其自为统治,不若选择适当之领袖,使之依民意与利益而行统治较为当也。

或又谓政党发生,则位置党人之分赃制度(spoils system)亦将随之而起。夫此恶弊,固有害于政府之实力及政治之健全,但须注意者,即此分赃制度不可不区为两大类:其一,发生于政务机关,即例行公事,或专门职务而无与于筹划政策之机关。此等机关殊不受分赃制度之影响,且可采用考试制度以济其弊。即凡能通过一定之考试,且试用合格者始令其任职也。其二,发生于政治机关,居此类机关之职者,须自决定国家或政府之政策,其重要人物须互相沟通,不使政府有困难争执之事,如阁员、省长、公使以及其他筹划政策与高级行政机关是也。此类机关中决不容发生冲突,且欲实行其所标榜之政纲,尤非谋政治的协作不可,故其职位,决不可任人竞争,应由获得政权之党中的政治人物占据之也。由此观之,所谓分赃制度者,在政务机关可厉行文官考试及成绩制度以防止之;在政治机关,当然认为非局外人所能参与之也。

上述重要难题既已解决,亟宜论政党之普通职务。吾人述政党之必要之时,对于普通之职务曾略言及,然以其关系重大,故不厌反复以讨论之也。

第一,政党在民治国家之职务,为结晶政治意见化为公式而传播之。一般人民关心政治恒不若生计之切,故在政治思想与政治教育上,政党机关须任指导之责。其工作通常以刊行小册、书报、公开演讲等行之。民意与政策为民治政府之基础,若无政党之存在与活动,则国家能否明确将民意与政策推展无遗,使能成固定清楚形式殊不敢必也。

　　第二,政党之任务为选择候补人员以备选充执政之职也。民意所造成之政策非有公众之代理者居于行政之职位决不能实行,有之始能决定政策按公意而施行;然团体繁多,若无代理机关之指导,恒不能得适当执政人才,于是政党尚焉。此种工作,通常恒由政党会议或预选会行之。选举之事,若无政党为之代办,恐冥摸暗索,不能得适当之人,将为善于辞令者之所诱惑也。

　　第三,政党之职务,在执行选举时所揭橥之政策与党纲。质言之,政党不仅推行民意与政策而已,且须设法使所标揭之政策与党纲能见诸实行,以满足大多数人之意愿也。故政党恒以操持行政、立法两部为务,有时且欲纳多数之省政府于己之范围内,然后能畅所欲为,庶几各种政府机关及各地方政府,咸成为合作之一大机器。因此,执政之党,须能左右立法机关之大多数而有切实之方法,依公正与克己之态度,战胜少数党之反对,庶几为选民赞助,而其政策及党纲乃可实行也。

　　第四,政党之职务为确定政治之责任。无论总统制或内阁制,其行政机关,除纯粹行政性质之事,原有切实之权力不受他人干涉外,如宣战、媾和及预备预算案等,则不得立法机关之同意,即不能进行。或宪法有明定须得立法机关之同意始能有所动作。在一般宪政之下,立法行为如受政府绝对的或暂时的否决,或受政府解散,则立法机关亦不能负严格的责任。要之,宪制政府之政治作用,既须立法机关与行政机关之协意合作,则政治责任决不能安置于任何一机关,而应付于第三者政治团体之中也。而此团体超于法律，外于宪法而统治立法、行政二机关，即政党是也。是故政治的责任可付于政党，责有专归，选民亦可视各党能否履行政治责任而定其向背也。

政党之普通职务具如上述，兹再就各党之执政与否而论其特殊的任务。

执政之党，有特殊之工作，即调协立法、行政二机关是也。此两机关如机器之两部，各不相属，惟用政党始能连合之。又欲使地方与中央政府之关系密切，亦非藉政党不可。故政党又为连络大多数地方之单位之政府于中央之线索也。总之，政党为使一部机器中互相冲突不合作之各部分能圆滑进行工作，无论何国，决不可少。在中国，不但为实行宪政所必要，抑且为救国之方法也。

反对党者，在野而居于反对之地位，在宪制中亦有其重要之职务。执政党固属必要，在野党亦不可缺。在执政之政党，其党员每易忽视本党或领袖之过失，反对党即可起而代之，使执政党能设法改善，否则执政党难免忽略其职务，此反对党之所不可少也。盖反对党无日不觊觎伺隙，以攻执政之短，利其选举之便，倘执政党发现有营私舞弊不德之事，则反对党即可起而攻击，以期得众人之欢心，彼可取而代之也。此外若无反对党存在，更难免违宪之举，内部分裂之祸，苟得反对党一言，则不敢不恪守宪法团结一致，故曰无敌国外患者国恒亡，政党亦犹是也。如执政党因失政而败，则继其后者即为反对党。要之，反对党负有批评、监督、阻止舞弊及违宪之责，其重要正不亚于执政党。譬之家然，多数党为人民之仆人，反对党即为守望者、监督者、劝戒者、代替者也。

第三党恒无益于政府，其在两大党之间常能左右操纵而轻重其权力，以达其实质的目的，结果即为政策之调协。彼恒一意孤行而成少数统治之局,根本倾覆大多数之意思。最健全之宪制政府,每由两大党运用,一为执政,一居反对。小党固可存在,但勿使其膨胀成为有实力的第三党,而能打破大多数统治,至其力能排斥两党之一而代其位,则又当别论也。

独立无党之人亦为民治国所必要。两大党之势力几属相等,故恒有互相牵制之局。独立不党者常左袒利国福民之党,其在均势之中偏重一党,则政治之争即可解决。夫独立不党之人,固无建议或任职之权,然实握解决政治纠纷之柄,故两党不得不力主最良之政纲政策、政治道德,以期独立不党者之附从也。由是可知彼等在民治国家为解决政治游戏之裁判者。故民治国家之进步程度,咸视此种人之能否公正评判为断也。

今请论政党之要件,庶几利用政党而不受政党弊病之苦。

第一,即考试制度。实行政党政治,同时应采用定期的、系统的文官考试制度,俾政务机关,其中无擘画政策之职务,可免分赃制度之弊端,否则此种弊制必不可免。此实行政党政治所以同时应采考试制度也。

第二,需两大政党,最好仅有两党能公表民意而由一党执行之。阶级、种族或宗教之党派亦宜竭力避免。盖此类党派每图自己特殊的利益而置国家于不顾也。二党之区分,应依心理的基础,如反动派(reactionaries)与守旧派(conservatives)成为一系,进步派(liberals)与急进派(radicals)又成为一系。或以国家政策之大争端区为标准,如保护关税与自由贸易相对,统一制与联邦制相对,总统制与内阁制相对,立法机关选举总统与国民大会选举总统相对,国会制宪与国民会议制宪相对,总统任命省长与立法机关或选民或地方议会联合会选举省长相对,诸如此类,不可枚举,而皆使之成一对焉。

第三,推定候补员须简单、省钱而有民治之精神。候补员决不应由政治领袖内定,宜由初选会(primaries)或代表会(party convention)推定。其无政党援助之候补员,如有小数相当人数之选举人署名请愿,亦应许其被推,使一般热心公务之人亦有公平之机会。

第四,选举要简单、省钱而有民治之精神。由选举充任之职位不宜太多;不然选民将为选举之繁复所迷惑。由选举产生之官吏应减至极少数,其余之官吏,即由当选者任命之,使选民能确定政治责任于当选者。选举票应以国家公费印行,投票方法宜采澳国制度(the Australian Secret Ballot)——即无记名投票——庶可免威胁、贿赂及其他之弊也。投票者之注册,选举票之投交,票数之计算,选举之公告,均应由选举委员会之监视与司法官之督察行之。

第五,为养成政治竞技之美德与精神(sportsmanship in political games)。民治国应由大多数统治之,否则即无统治可言。故竞争失败者应服从大多数,不应以武力相抵抗,亦不应采暗杀与毁骂之手段。反之,大多数党既享有统治权,亦应克己自抑,虚心下怀,许反对党与少数党存在而于宪法及法律范围内有所活动。双方之行为,均应以国家之荣光、福利为前提而严守竞争之美德如游戏焉斯可矣。

第六,须养成道德之习惯,视国家与人类之幸福高于一党之利益,视党派之成功为直接造福国家,间接造福人类。具有此种道德,然后于危急存亡之秋能合全力以消除障害也。否则人皆惟党之利是图,置国事于不顾,则国家惟有日趋于危亡之途也。

第七,国民须有选择高尚领袖而遵奉之之能力。此种能力异常重要,实为判别民治国家进退之标准。若无此种能力,则人民易为巧言如簧之流所诱惑,而正直高尚之士必受排斥,则国家之危险殊甚。欲享民治国之幸福而避其害,实于人民能选择适当之领袖一端即可得之矣。

　　于是吾人可得一结论:具备上述七大要件,政党制度实为发达立宪政治之秘诀,且亦为挽救中国目前危亡惟一之方术也。

第二十二章 私权之种类及保障
(Private Rights: Their Enumeration and Guarantees)

吾人讨论中国宪政问题犹未完结,尚有一事极为重要不可不言者,即私权(private rights)是也。

人皆知英国之宪法政治以英人力争私权为其嚆矢,因保留其认为应得之权利,故力拒行政者之强权,且以财产权纳诸国会之中,以设立宪法政府。易言之,私权之卫护及保留,为英国宪法制度之根本作用,实亦为一切宪法政府之根本的作用也。

吾人讨论私权之问题,通常有二种方法,即英国制与美国制是也。英制不列举私权,而让诸立法机关规定。今大陆诸国亦有采用此制者。其宪法无明文之保障,一任立法机关之规定,惟英人特于司法上谋补救之方以防其应有权利被侵,故立法机关虽能规定其私权,然非依法律程序,其私权终不能被夺。英人自觉私权无论如何规定终不切实。况又听命于立法机关之改变,故以为司法上之保护与救济为私权之惟一的保障也。要之,英制重程序的权利(rights of procedure),甚于重实质的权利(substantive rights)。以为惟此始能担保其应有之权利也。

美制反之,实质(substantive rights)与程序(rights of procedure)的权利两者并重。合众国之宪法列举各种权利,其初联邦宪法之批准,实以修正各项私权为交换条件。此类条件,不但列举规定,且处于立法机关以外之地而受法院之保障,法院不仅操解释宪法之权,亦且有解释及保障私权之力,抑袭英国之习惯而有程序的权利,庶几私权无论如何非由正当之法律手续终不得剥夺。故曰美制并重实质的与程序的权利者也。然此制亦有缺点,即私权既处于立法机关权力以外,则如社会经济之状况变迁,立法机关必受司法机关之阻碍,而后者势必依宪法之规定,将改进社会增加福利之影响及于私权之一切立法任意宣告无效也。故列举私权而不予立法机关以改正之权,实为社会改良与进步之阻碍也。

由上述两种先例观之,吾人可以断定私权之列举与否毫无关系,所重要者惟在规定切实之司法的救济而已。

关于私权之规定吾人既以他国之经验作参考,自可为中国造一最良之制度。夫宪法中列举私权与否固属无足轻重之事,然对于私权之破坏既有正当而切实的救济之规定,则赘为列举私权,固无弊害,且于中国司法制度更新未久之时,常能提撕人民及官吏,使之不忘个人权利之不可侵犯也。

英制则除宪法有明文规定外,不许立法机关对于个人权利,虽为社会福利亦必得有所节制,实为改良与进步之阻碍,其缺点殊甚,不足取法。吾人应规定立法机关为增进公共福利及维持秩序计,或在危急存亡之时始有节制私权之权力也。

私权虽经列举,立法机关虽亦有调节之权力,然诉诸法院以求司法上救济之规定决不可无。盖人类由经验而知权利若无保障必不安全。保障私权最善之方法,惟有在规定司法的救济,否则私权虽经列举,亦难免不受立法机关之限制甚而至于灭绝也。

由前所述,今之问题为何种私权应行列举?

私权之列举既含训示之意味而与宪法之宗旨无甚相关，则以简明为贵。通常为保障私权起见，有下列之规定实足包括一切私权：中华民国公民之生命、自由、财产，非经正当之法律程序不受侵夺，或取消其法律平等的保障。但欲完全表示各种私权之性质，则须一一列举之也。

关系生命者，人民非依法不受拘留、监禁、审讯、处罚。追溯既往之律例（ex post facto law）或不依法剥夺公权（bill of attainder）之法令不得施行。

关于自由者，人民于不妨碍公共秩序并不违反公民义务之范围内，有信仰宗教之自由；法律不得设定某宗教或禁止谋宗教之运用。宗教之仪式得自由举行，宗教之职业得自由从事；除维护民国宪法、法律之誓文外，任何官职或公务均不得以政治的或宗教的试验限制之。人民于法律范围以内有言论、著作、出版、集会，结社之自由。人民有请愿于政府伸诉苦痛之权利。有依法规定携带、收藏军火之权利。在法律范围内有居住、迁徙之自由。人民之家宅非经宅主同意不得擅入搜索或驻兵，但依法律者不在此限。除法律明定之情形外，人民有通信秘密之自由。奴隶制度不应存在，除处罚犯人外，不得强人服役。人民非依法律规定不因债务而受拘禁。

关于财产者，人民有享受财产安全之权利，私人财产不因公用而被剥夺或损坏。然依法定而给予公平赔偿者不在此例。

此外应概括的规定人民依法所有之一切权利非依法不受剥夺。此种规定之功用在使人民得受列举的权利中未规定之一切合法的权利，且使立法机关为公共福利起见，或于危急存亡之秋有调节私权之权力也。有此概括的规定，则人民于法院行诉讼受审理得裁判之权利,于行政法院提起官吏违法或侵权之诉讼之权利,参与文官考试之权利,选举与被选举之权利……均包括无遗矣。

迩来关于私权之立法,亦有以禁酒、多妻、政府雇员八小时之工作、儿童劳动限制十四岁以下、贵族之称号、长子承续,诸如此类之新的社会改良包含在内者。虽甚有注意之价值,然为中国计,除制宪或人民对于此类社会改良抱有特殊的理想,则不必规定于私权章而让诸国会之立法可也。

于此应为说明者,即此种规定私权之方式,直与由立法机关决定无异,但严格的禁止立法机关通过某种法案者不在此例。是以吾人之生命、自由、财产之第一保障,乃在国会,故选举代表宜极注意,勿使立法机关为反害自己权利之具,则自能保障矣。

兹述司法救济或程序的权利。英人对于自由之主要保障有预审、陪审、及人身保护状等。预审者(preliminary judicial examination),使诉讼在最初之时期受负责官吏之审讯,故保障人权于诉讼发端之时也。陪审者(trial of jury)使诉讼案受若干通俗人的公平裁判,此制于民事诉讼殊感不当,然在刑事方面,尚有主张此制能确保被告之利益者,惟其效力如何,尚在试验中也。人身保护状者(The Writ of Habeas Corpus),即由司法官对于拘禁某人之人发出命令,令其开释被禁者身体之谓也。此种命令,实为保障人身自由免受官吏或他人的擅自侵害之根本的保障。我国宜以预审及陪审与其他程序的法律付诸国会规定,惟此人身保护状,亟宜仿行,而应规定于宪法之私权章中。关于此状之特权不得中止,但在叛乱或受侵讨时如属公安所必需,则此特权亦得由总统或国会或省长得总统之意而中止之。

人身保护状及由国会制定之程序已如上述。此外仅须为概括的规定人民依法受法院审判之权利不得剥夺之。盖如此,则立法对于程序的权利无论作如何之规定,人民至少亦得保全依法得法院审判之不可侵的权利也。

总之,私权之列举的规定,人身保护状与依法得法院审判之明文,立法机关为公共福利起见,于战争或危急之时得调节私权的特权,再副以独立之司法机关,则一面人民之私权既能满足的担保,而他方之公共福利亦有确定之保障也。

新宪法中华民国国民资格规定于第四条:

> 凡依法律所定,属中华民国国籍者,为中华民国人民。

其意即由国会以法律规定之是也。
中华民国国民在法律上皆平等,即第五条所云:

> 中华民国人民,于法律上无种族、阶级、宗教之别,均为平等。

国民生命之保障在第六条规定之第二项:

> 人民被羁押时,得依法律,以保护状请求法院提至法庭审查其理由。

所谓保护状者即 Habeas Corpus 是也。
个人之自由
第一,居住自由。第七条云:

中华民国人民之住居，非依法律，不受侵入或搜索。

第二，为书信自由。第八条云：

中华民国人民通信之秘密，非依法律，不受侵犯。

第三，为选择住居及职业之自由。第九条云：

中华民国人民有选择住居及职业之自由，非依法律，不受制限。

第四，中华民国人民有集会之自由。第十条云：

中华民国人民有集会、结社之自由，非依法律，不受制限。

第五，中华民国人民有言论之自由。第十一条云：

中华民国人民有言论、著作及刊行之自由，非依法律，不受制限。

第六，中华民国人民有信仰之自由。第十二条云：

中华民国人民有尊崇孔子及信仰宗教之自由，非依法律，不受制限。

第七，中华民国人民有请愿之权。第十六条云：

>中华民国人民依法律有请愿及陈诉之权。

财产之保障
中华民国人民有财产所有之权。第十三条云：

>中华民国人民之财产所有权，不受侵犯。但公益上必要之处分，依法律之所定。

此外则有一般概括之规定。在第十四条云：

>中华民国人民之自由权，除本章规定外，凡无背于宪政原则者，皆承认之。

又第十五条规定人民有诉讼之权云：

>中华民国人民依法律有诉讼于法院之权。

第十七条规定人民有选举权云：

>中华民国人民依法律有选举权及被选举权。

第十八条规定人民有服官之权云：

中华民国人民依法律有从事公职之权。

关于国民责任之规定,则有第十九条纳税之义务云:

中华民国人民依法律有纳租税之义务。

第二十条当兵之义务云:

中华民国人民依法律有服兵役之义务。

第二十一条受教育之义务云:

中华民国人民依法律有受初等教育之义务。

在第十四条规定,所谓"……凡无背于宪政原则者,皆承认之",此言殊欠明了。以吾人之意,应规定为"中华民国国民之生命、财产、自由,非依法律,不得侵害,且在法律前均为平等"较为概括。

此外,新宪法则尚有未规定之缺点:

(1)人民宜有携带枪械之自由。此在美国宪法视为极重要之事,盖人民能携带枪械,则可组织国民军,能组织国民军,人民即有最后之实力而民治即不难发展也。

(2)奴隶制度未禁。美国因南北之战而有此规定。中国虽无黑奴,然亦有变相之奴隶,故亦应规定。

(3)政府戒严权宜有相当之限制。第八十六条云:大总统依法律得宣告戒严……但未规定限制,此于人民大有危险。以吾人之意,应规定:"凡拘禁人民不得过三月。若定死刑,则应经过普通法院之手续。罚款不得过五百元,在五百元以上亦应得普通法院之手续。"倘无此限,而人民于解严后虽可告诉,然如死刑则死者不可复生,亦已无救矣。

义务之民兵制。在第三十二条云:"国军之组织,以义务民兵制为基础。……"又在第二十条规定人民有服兵役之义务。此种规定,恐足以令人民不利。然此非本书所论范围,不暇讨论。兹仅言此制之弊,在使战争之际往往令全国青年加入军队,如欧洲大战时之德国以逞战斗,其结果终致使一般青年皆歼灭净尽也。故应以在必要时由国会规定,不必明定宪章作永远之制也。

第二十三章　国民会议
（National Convention）

中国宪政上一切问题讨论已竣,兹则叙述国民会议以奠其后焉。

由吾人主张,国民会议应有代表人民最后主权之职权。此职权实取于立法机关而留诸人民以待国民会议之行使。盖人民无此主权,则其意旨将被阻抑也。国民会议所应行使之职权为制定宪法、修改宪法、选举大总统并经众院提议弹劾总统而加以审判是也。此外,受同等立法宪法中之规定限制之下,尚有行使一切立法权力之特权,人民始获发展其主权之意思而不为数种特别职务所限制也。然国民会议会期过长,殊有僭越立法机关之嫌,故其时期应以三月为限,设不得已而须延长,亦宜经该会全体议员四分三之表决,但至多亦不得逾三月也。

于此国民会议苟能按照吾人之计划实行,将为宪法上独一无二之制度实可断言。上述诸权,在英国则由国会行使,美国则由选民或各省会议合并行之。吾国既无大政党,人民又无宪政学识及经验,于此过渡时期,人民方经学习及训练,国民会议诚为补救世局之必要也。

列席国民会议之代表权应如何分配,实为最难之问题。盖无论如何计划,均难免缺点而受批评。然此种问题,即在先进诸国亦尚未得完满之解决，而国民会议又为今日挽救中国必需之品，吾人初不必介介于缺点之不可免因噎以废食也。吾人惟有外就他国之经验，内察本国之情势，以期造成一可能的分配代表权之计划。至其缺点则留待后日之来者之补救焉可也。

　　由此言之，则国民会议代表权之分配可得而言矣。此权分配之基础应与省议会之代表分配相似，即每一行政区域无论县或镇，应设一选举区。分配代表既以行政区为基础，则彼政府党或其他握权之党势将操纵选举而变其范围，图自身之益而侵他人之利，危险殊甚！以此不公正、不自然之方法，划分行政区域为害既大，吾人为预防此弊，故主张制定国宪时所存之行政区域不宜遂意变改。由省议会方面言之，非有本省省议会全体议员三分二及国会全体议员三分二之表决，又得大总统之同意，决不能擅自更改。由大总统方面言之，非有国会全体议员三分二之及该当事省分之省议会全体议员三分二之表决，亦不得擅自更改。更由国会方面言之，非经两院全体议员三分二及该当事省分之省议会全体议员三分二之表决，复得大总统之同意，亦不得变更现行之行政区域。既如是严格，互相牵制，野心之政党，即欲操纵选举藉图私利亦属至难之事。于是同意变更与否之权操诸关系最切之党，故其利益得以保全，而分区选举之弊又可免其十之九矣。

　　每区选举，或行普遍的直接选举，或由区内之村长、公会领袖及其他在指定之日期以前得官厅核准之商业及教育机关之代表组织选举会行间接选举。此二法可任省议会自由选定，在省议会尚未设立以前则由省长决定，因省长及省议会能深知该区内适用何法也。然以中国现状而论，应以先行采用第二法为当，待省议会宣布实行普遍选举后始可采用第一法也。其理由已详述于前，兹不赘述。如行普选举制度,则选举国民会议之选民,应即为选举众议院或省议会之选民,其资格、程序、制度及其保障,均使相同。选举之期,应全国一致,以星期及放假日为最善也。

分配代表之比率,应与选举省议会相同,使每选出之代表与赴省会之议员人数相等。易言之,即每区不足二十五万人者,得派代表一名。由此推计。每满二十五万人得增派代表一名。在人口调查尚未就绪以前,省长得总统之同意,可据最确之调查核定每区人口之大概数目。

虽然,中国全国约有二千余区,若按上述比例方法,则国民会议之代表人数将达数千之巨,殊嫌繁冗,且恐不能有所作为。故应以各区选出之代表集于本省省城再行复选以为出席国民会议之代表,其人数大抵与本省选赴参、众两院议员之总数相等为宜。

此种复选,不仅减少国民会议之代表人数至于五六百人,在会议时易于行事,且可使代表之分配于人口、于该省各得平允而满足。盖依吾人之计划,众院之议员,每百万人口始能选出一名,而参院议员则由每省省议会或特别选举会仅选出五名也。此种分配之法,美国固有先例可循:美国宪法分配大总统选举人于各州,其人数与各州应选赴国会之参、众议员之总数相等,所不同者,美国之选举人于各本州聚集,而中国之代表,由吾人所主张须集于国都已耳。前者之职务限于选举大总统,而后者之职务则不仅总统之选举,且须制定宪法、修改宪法、遇弹劾总统之时,决定其去留,并得议决关系国家之种种重要法案也。

蒙古、西藏等地之代表,其人数亦应与该地在国会之议员相等,其选举方法,亦与选举国会议员同。如有地方立法机关,则由其决定之。

复次,国民会议之组织与程序。国民会议之各种职员,以不于代表中选举为当。盖各地代表素昧平生,一旦欲使其选择领袖,殊不可能,故其主席以一定之人充任较为适当。吾人主张参议院院长即民国之副总统应为国民会议之主席。如副总统缺位,则由参院临时院长充之,惟遇弹劾总统之审判时不在此例,则应由全国最高法院之院长为主席也。此种预定主席之办法,美国亦有先例;各州所投之总统选举票,由参院院长在两院之前公开之,其最高法院院长则为参议院主席而审判大总统。此主席人员除赞否票数相等时得投最后决定之一票外,应无表决之权也。

国民会议代表人数既多,其行事自非依委员之制度按一定之规程不可。虽其有一定之主席,然任命委员,制定规程之权不宜属之,否则恐趋于专断之皇帝蹈昔日美国众院院长(Czar Speaker)之覆辙,故此职务应由各省代表团派出代表若干,共同协议规程之制定,及委员任命之指导委员会(Steering Committee on Rules and Committees)。此委员会应自行选任主席。故国民会议之与行政管理将归诸各省代表中之精选而公认之领袖,此等人必为代表团之能者,又必为各省握权之政党领袖,而全会议实际的领袖地位,属诸关系重大之委员会主席,依吾人所提议之选举方法而行,彼必为左右各省代表团及国民会议之多数党之领袖也。此种组织及程序之方法,实以会议之管理及责任,加于国民会议中多数赞助之政党,故能行使其职权,达其目的,畅行而无所阻也。

国民会议之程序、特权及岁俸等与众议院相同。宪法或法律若无例外规定,则半数之议员,即满议事人数,多数之表决即可通过议案。常会会期不得超过三个月,前以言之。由大总统以命令指定日期召集之。然审判大总统之特别会议,则由最高法院之院长以通告召集之。于此情形即须另选国民会议。此目的实与以去留元首之问题取决于选民之意相同也。

虽有上述缜密之组织及程序,然吾人之希望,仍在发展政党,使之强大有力;训练民众,使之熟习宪政制度,宁令国民会议仅成登录或注册之机关,而必使国民藉政党之力以解决国家重要问题,选举总统,制定宪法,修改宪法,审判违法之总统,解决其他之国事也。质言之,此种变迁能早实现,则真正之民治即有成功之望也。

兹论国民会议为制宪而集会时,其宪法委员会之组织如何。吾人主张此种委员会之组织应与指导委员会同,即由各省代表团中各派代表一人组成是也。

此外当述者,欲谋政府及各省军长,握有政治实力而能互相合作,则宪法起草委员会中应使若辈有相当之代表权。但此类代表仅为占委员会中之少数,庶几其决断之权仍在人民代表之手中。故吾人主张行政机关应派代表五人,立法机关五人,司法机关三人,各军长合派五人。此等特别代表,不仅为委员会之委员,且以专制宪法为目的,与国民会议之议员同有表决之权也。但亦仅限制宪、修宪,他如选举总统等,则不得列席也。

故此委员会将由各省代表团公选之代表二十二人及政府、军长派定之特别代表十八人合成之,其主席由会中自选。

正式宪法既由此委员会草定,即应提交国民会议批准。此盖仿美国一七八七年费城会议草定之宪法,即交由数州州议会批准之先例也。由吾人计划,吾国宪法草案不宜分交各省省议会,而应交国民会议批准。盖前者需多时期及纷争,而后法简单易行也。

窃制定宪法需时较多,三月之期,恐嫌太促,故应延长之。其会期可分两种：一期以组织宪法起草委员会制定宪法草案，一期以批准正式国宪，庶使委员会有充分之二会期中间时获尽其才能以起草宪法也。

兹根据以前讨论之结果及著者主张之制度，谨撰定国宪草案列于末章。

第二十四章　中华民国宪法草案

弁言

中华民国人民为谋永久联合,建立正义及维持国内之安宁,增进人民之福利,确保人民之自由与民治之幸福,特制定中华民国宪法。

第一章　通则

第一条　中华民国为民主共和国家。

第二条　中华民国之领土依从前所有之疆域,非依法律不得变更。

第三条　中华民国之主权在民。

第二章　人民之权利、义务

第四条　中华民国人民有充当中华民国公民之权利。

第五条　中华民国公民在法律上一律平等。

第六条　中华民国人民之生命、自由、财产,非依法律不得侵犯或取消法律之平等保障。

第七条　人民非依法律不得被逮捕、拘禁、审讯、处罚。

法院须发布人身保护状(Habeas Corpus)，无论何人若被逮捕而未得此状者，则可要求立即发布此状。

此种人身保护状之特权，除在危急、革命、内乱或外侵之状态时决不能停止；如遇上述任一情事发生时，则大总统、国会或省长，经大总统之同意，得停止之。

人民之诉讼权非依法律不得剥夺。

第八条　追溯既往之法律(ex post facto law)或不法剥夺公权之法令(bill of attainder)不得行使。

第九条　人民于不违背国家安宁秩序及在公民职务之范围内，得自由信仰宗教，不得以法定之。

第十条　人民如不妨害善良风俗与公共秩序，得言论自由、出版自由、著作自由及集会、结社之自由。

第十一条　人民有请愿政府救济损害之权利。

第十二条　人民依法得携带军器。

第十三条　人民有居住迁徙之自由，非依法律不得侵入或搜索。

第十四条　人民有书信秘密之自由，非依法律不受限制。

第十五条　中华民国不得有奴隶制度存在，亦不得强迫人民服役。但因受惩罚之宣告而服役者不在此例。

第十六条　人民不能因债务而被监禁。但有法律规定者不在此例。

第十七条　人民享有财产安全之权。不得因公用而被没收，或非法而受损害。但依法交付正当之赔偿者不在此例。

第十八条　人民享受之一切权利,非依法律不得剥夺或削减之。

第十九条　人民除上述之自由外,在不抵触宪法或法律范围内得享受其他一切之自由。

第二十条　人民依法有纳税之义务。

第二十一条　人民依法有服兵役之义务。

第二十二条　人民依法有受教育之义务。

第二十三条　人民依法有尽其他法律所规定之义务。

第二十四条　国家为增进一般福利、维持公共安宁或在危急及战争之状态时,人民所有之权利、义务得限制或改变之。

第三章　国会

第二十五条　中华民国之立法权付予国会,国会由参议院及众议院组织之。

国会以法律得将立法权力委托于大总统、法院及省政府。但其一切违法动作,国会得撤销之。

众议院

第二十六条　众议院由各地选出之议员组织之。

众议院之人数,依各省人数为比例,满一百万人口者得选出议员一名;在调查户口未竣以前,各省应选出之议员如下:

以下数目,皆根据中华民国一年八月十二日国会选举及组织法之各省应有之众院人数;惟以使每一议员代表一百万人,每省人数减少五分一。

直隶　三七　　　奉天　十三　　　吉林　八

黑龙江 八　　江苏 三二　　安徽 二二
江西 二八　　浙江 三〇　　福建 一九
湖北 二一　　湖南 二二　　山东 二七
河南 二六　　山西 二二　　陕西 一七
甘肃 一一　　新疆 八　　　四川 二八
广东 二四　　广西 一五　　云南 一八
贵州 一〇

蒙、藏、青海之议员如下：

蒙古 二二　　青海 二　　　西藏 八

第二十七条　凡中华民国男子年在二十一岁以上，在选举单编定时，曾为地方居民之一，又曾受初级或高级教育或有同等之教育，在选举区内皆有选举众议院议员之权。

第二十八条　凡中华民国男子年在二十五岁以上具有投票人之资格者，得被选为众议院议员。

第二十九条　众议院议员任期三年，得连任之。

第三十条　各省选举区及各区选举方法，应由各该省省议会决定之，在省议会未成立之省，得由省长决定之。但均宜受国会之节制。

第三十一条　各省选出之议员有缺额时，得由省长任命或另行选充之。

第三十二条　众议院议员选举议长或其他之职员，且有弹劾权。

参议院

第三十三条　参议院由各省选举五人组织之，其选举方法，依本宪法内之规定。此外之参议员，则由大总统按照本宪法内所规定任命之。但任命之参议员不得超过选举之数目。

第三十四条　各省参议员之选举由过半票表决而用全省选举方法(scrutin de liste)且由选举会在省城投票,其组织之团体如下:

一　众议院该省议员;

二　省议会议员;

三　省地方会议议员;

四　每村就投票人中选出一名。

前项任何机关缺乏时,则由其余团体组织选举会选举之。

第三十五条　各省中选出之参议员发生缺额如不能另行选举时,该省省长应暂时任命之。

第三十六条　参议员由大总统任命者,其被任命之资格如下:

一　众议院议员曾任议员三次或曾服务八年以上者;

二　阁员曾服务三年以上者;

三　大使、公使曾服务五年以上者;

四　大理院长或平政院长曾服务五年以上者;

五　陆海军长官曾服务五年以上者;

六　省长曾服务五年以上者;

七　于科学、文学、教育、实业、商业、财政、法律及其他学术负有高名而为社会所公认者;

八　曾服其他事务负有荣誉,或有功勋于国家及有功德于人民或人类者;

九　有继续五年以上付直接财产、商业或所得税五十万元以上者。

前任总统无庸得大总统之任命,当然有任参议院会员之权。

第三十七条　凡公民年在三十以上具有投票人之资格者,即可被选为参议员。

第三十八条　参议员无论选举或任命者,其任期均为六年。期满后得再被选或任命。

第三十九条　参议院第一次选举集会后,即应均分全院议员为三部:第一部议员在第二年休职,第二部议员在第四年休职,第三部议员在第六年休职;故每二年改选三分一。其任命之参议员亦同。

第四十条　中华民国副总统为参议院议长,无投票权。但在赞否人数相等之情形时得加入投票表决之。

参议院议员互选其他职员及临时议长。如遇副总统缺席或须行使中华民国大总统之职务时,临时议长继任之。

第四十一条　关于选举参议员及众议员之时间、地点及方法,均由省议会决定;省议会未成立前,则由省长决定之。但国会须随时依法节制或变更之。

第四十二条　国会每年至少应开会一次。除由法律规定不同之日期外,通常集会期应在八月一日。但大总统得随时召集特别会议,或因两院议员大多数之请求,大总统即须召集特别会议。若大总统经请求而不召集,则应受弹劾。

国会特权

第四十三条　两院得自审查本院议员之选举、报告及资格。

第四十四条　两院得自决定议事日程,惩罚议员之扰乱行为,以全体议员三分二之表决得除名,并强令缺席之议员出席。

第四十五条　两院得保存议事录,除应秘密之必要外,须随时公布之。任何一院赞否之议员名单,在讨论各种问题时,有五分一之同意即可列入议事录。

第四十六条　国会开会,一院非得他院之同意不得延会三日,亦不得在一定会场以外集会。

第四十七条　两院议员之岁费以法律定之,由国库支付。

第四十八条　两院议员除叛逆及破坏和平等重罪外,在出席时间或往返议场之途中,非得各本院之许可不得擅行逮捕。又议员于院内之言词辩论,院外无论何人不得质问。

第四十九条　两院议员在被选任期中,不得任命为官吏。其已任官吏者,非解职后不得充任议员。

两院议员,无论何人不得同时为两院议员。

议事日程

第五十条　两院讨论议案,应以大多数法定人数,始得开议。但法律有例外规定者不在此限。

第五十一条　两院讨论议案,应以出席议员大多数之投票始得议决。但法律有例外规定者不在此限。

第五十二条　两院之议事公开之。但依总统之请求或两院之决议得秘密之。

第五十三条　两院议员要求各官吏之行为公开并报告;国务员及其他官吏发表事实及消息,查究官吏之行为及行政。但大总统有因国家之理由而反对者不在此限。

第五十四条　大总统得依本宪法规定之原因弹劾之。弹劾案之提出,须有众议院议员全体四分三之同意始得成立。国民会议为惟一有审判大总统之权,以全体会议三分二之投票即可确定判决。

第五十五条　除大总统外,其他官吏违法,须依本宪法或法律之规定,而有众议院议员三分二之同意始得提出弹劾,四分三之投票始得确定判决。

第五十六条　裁判弹劾案之确定判决范围,以罢免官职或褫夺服官之权为限。但免职后官吏尚可依法受私法审判或处罚。

第五十七条　凡讨论各种议案,国会须按照本宪法所规定者通过之。在议案未成法律以前应呈请大总统核阅:如大总统表示赞同,则对于该案件副署;如表示反对,则应陈述意见连同原案退回发源院再议,该院应将反对意见列入议事日记重加讨论。如得全体议员三分二之通过,则应汇集该案全案咨送其他一院。他一院亦以三分二之表决,则该案即成为法律。但在此种情形时,两院之投票,由赞否两方决定之,赞否该案议员之名,须列入各本院议事日记。大总统如在十日以内不退回原案,则认为副署,该案即成为法律。但国会在延期中者不在此限。

无论何种命令、议决案或表决等,须依本宪法所规定取得国会之同意(国会在延期中及宪法另有例外规定者不在此限),呈请大总统,如大总统批准,则发生法律效力;否则两院应再按照前条所规定以三分二之数重行表决。

第五十八条　凡财政议案应由众议院提出。

凡议案由众院通过,且经议长证明其为财政议案者除该院表示反对外,经大总统依宪法规定批准,即成为条例或法律。参议院得众议院该案咨达后,一月内即宜批准,不然该案亦认为法律。

除财政议案外,各种议案均须得两院之同意。

遇有争执时,两院开联席会由出席议员大多数投票解决之,或两院委员会开联席会调停之。

第四章　大总统

第五十九条　行政权力付予大总统,其任期六年,与副总统同时由宪法规定之国民会议选出。

第六十条　凡中华民国公民原生于中国,或在宪法制定时,已为中华民国公民,而完全享有宪法上之公权者,即有被选总统之资格。但以年龄三十五岁以上及住居本国满十年者为限。副总统之资格与大总统同。

第六十一条　大总统因死亡、辞职、出缺或丧失能力不能行使职权时,则由副总统执行其职务。国会应以法律规定,大总统及副总统均因死亡、辞职、出缺或丧失能力不能行使职权时,何者官吏应摄行大总统职权,何者官吏应摄行副总统职权,至期满或总统已选出时然后退职。

第六十二条　大总统之年俸在任期中不得增减,并不得接受国家其他之酬资。

第六十三条　大总统在任期内,除受弹劾外,不受法庭之制裁。但任期满后,任期中所行之违法律举动,仍应受法庭制裁,依法律判决。

第六十四条　大总统就职时应为下列之宣誓:

余誓以至诚行使中华民国大总统之职务,且竭诚遵守拥护中华民国之宪法。

大总统之特权

第六十五条　大总统为行政首长,得制定民国行政制度,有任命各文武官吏及省长之权。但宪法有例外规定者不在此限。又得以任命之权委托各部总长、各省省长、法院及其他合宜之当局,国会得以法律规定总长及省长外彼等官吏之资格。大总统得罢免各文武官吏。但法律有另外规定者不在此限。又得以此种罢免下级官吏之权,委托于各部总长、各省省长、法院及其他合法之当局。但国会可由法律规定,此种官吏除各部总长外,凡所有官吏,在罢免之前应付以控告状(copy of any charge),俾得有自卫及辩明之机会。

第六十六条　大总统为陆海军大元帅,有调遣全国军力之权,并得制定陆海军军制。

第六十七条　大总统当国家有危急状态时得宣布戒严。在国会开会期间,则于宣布后十日应提交国会同意;在国会闭会期间,则应召集特别会议,十日内提交特别会议同意;若国会以为不需戒严时,则应立即撤销。在已宣布戒严时,于有关系之区内应施行戒严法,直至总统宣布该区不在危急状态时为止。非得民、刑法庭之同意,不得执行死刑或三月以上之拘禁,或五百元以上之罚金。

第六十八条　大总统以各院或两院联席会全体议员三分二之表决得宣战。但于防御外国攻击时,得立时设法保卫国民、国土,可于宣战后请求国会追认。

第六十九条　大总统得两院之同意得缔结条约,其规定应以两院联席会或任何一院大多数同意。大总统又有外交权,得接受大使及其他使臣。

第七十条　大总统除弹劾案外,有赦免罪人之权。

第七十一条　大总统对于宪法及法律应竭诚拥护及施行,本此目的故得制定法规或单行法与法律有同等之效力。但此种法规及单行法应于公布后十日提交国会;若国会在闭会期中,则于下届国会开会后十日内咨请同意。国会不得大总统之同意,得随时撤废此种法规及单行法。

前项法规及单行法,大总统若不提交即应受弹劾。

第七十二条　大总统可随时将民国消息报告于国会,且以其政策及各种方案交由国会考虑。

大总统得派代表出席任何一院说明政策或提议立法案。但只得讨论并无投票权。若代表为国会议员不在此限。

两院对于散会之时期不一致时,大总统得决定散会时期。

第七十三条　大总统有停止一院或两院会议或解散之权。但停会或解散,不得在众议院会期中一次以上。大总统所任命之参议员,并不受影响。解散国会后大总统于二月内应召选新国会,四月内即召集之;如不召集新国会,则被解散之国会得重行集会而弹劾之。

第七十四条　大总统、副总统及所有文官若因叛逆、受贿及其他重大不法行为受弹劾及定罪后,应立即免职。

第五章　司法

第七十五条　中华民国司法之权力付予法院。

第七十六条　法官在职中其行为妥善,非得其同意,不得免职,亦不得减俸,亦不得移调。

第七十七条　法官如有不妥善行为,国会得设法以免其职,又得规定法官不法行为及关于法官不妥善行为决定之方法。但此种法律,应规定法官被诉者,宜付与控告状,使有自卫及辩明之机会。

第七十八条　凡法院关于初审或上诉权限,均依法律决定之。

第六章　财政及预算程序

第七十九条　凡增加新税或修改税率,均依法决定。

前项规定,不适于一切行政报酬之收纳。

第八十条　凡募集公债及缔结其他有关国库负担之条约,须得国会之同意。但已批准者不在此限。

第八十一条　凡征收现行租税,若未由新法律修正者,仍得照常征收。

第八十二条　国家岁出岁入,每年均应制定预算案,提交国会同意。

第八十三条　大总统每年预备岁出岁入预算案,于国会开会后至迟不得过十五日须提交国会同意,其分类方法可由法律规定之。

若遇国家有危急事件发生或须用大宗款项时,大总统得嗣后增加预算提交国会。

若国家有特别事业发生须举办数年始能完竣者,大总统得预先规定继续费,以能支用该事业成功为度。

为使预算不至不相符合,得规定准备金。但在此种项下动用之款须于众议院下届开会时提交追认。

第八十四条　无论任何用费超于预算原额或预算未规定者,均须得众议院之追认。

第八十五条　预算案应先提交众议院。

第八十六条　参众两院不得提议或通过关于任何之岁出岁入之分配;凡非大总统提出之岁出岁入之分配,参众两院不得提议或通过之。大总统提出之数额亦不得增加。

第八十七条 凡订借外债,须得众议院全体议员三分二之表决;若以各省之收纳财产作担保时,则应得各该省省议会全体议员三分二之决议,始得提作抵押。

第八十八条 国会未得大总统之同意不得取消或减少下列项目:

一 为遵守条约上认可之必需项目;

二 由法律特别规定之项目;

三 关于政府法律上责务之项目。

第八十九条 国会若在预算案年度未完以前,投大总统提交预算案之票,大总统得提取国库款项供给预算所规定之需;若下届年度之预算为国会否决或未投票时,则大总统可按照前年度之预算总数每月以十二分之一支出。又遇国会否决或未投票大总统提交之预算某种项目,或减少某种项目并未得大总统之同意时,则大总统可按照前年度预算之某种项目支出。

第九十条 大总统若不依法或宪法上所规定者擅支国库款项时,则受国会弹劾。但宪法有例外规定者不在此限。

第九十一条 在国会闭会中或难于召集时,遇有内忧外患危急状态,大总统为保护安宁起见,得增加预算,特设财政办法。但于下届众议院开会十日内应提交追认。

第九十二条 审计官(Comptroller General)依法副署于国库支出预算案上,审计官之任命由大总统得众议院之同意任命之。审计官在职中,其行为妥善,非依法或得其同意,不得擅行处分、移调、减俸或免职。

第九十三条 审查院(Auditing Department)审查政府一切收支

账目,审查官之任命及保障与审计官同。

审查院之组织及审查官之资格以法律定之。

第九十四条　大总统于每年国会开会若干日内,应报告于国会,说明前财政年度之收纳支出,其说明分类方法可以法律定之。

大总统若不依法提交报告,应受弹劾。

第九十五条　审计官及审查官得列席国会,报告关于政府之财政或账目,并得说明及建议。

第七章　国民会议

第九十六条　国民会议依宪法规定有选举大总统、副总统,审判受弹劾之大总统及修改宪法之权。

第九十七条　集会中之国民会议有国会立法的各种权力。

第九十八条　所有未付予国会或总统及司法机关之权力,应付予国民会议;国民会议不在时,付予国会。

第九十九条　各县应举出代表,其数目与选出赴省议会之省议员相等,其选举方法一与选举省议员同。

每县选出之代表聚集省议会复选代表出席国民会议;其数目与该省选出之参议员、众议员相等。

蒙古、西藏、青海及其他属地所选出之代表,亦与该地选出之在国会代表数目相等。

第一百条　大总统在任满前至少六个月即应确定日期,令各县选举代表。定期一月后,令各代表赴省议会复选出席之国民会议代表。

第一百一条　大总统在任满前三月,国民会议应召集在国都或其他适当地方集会。

第一百二条　参议院院长应为国民会议之主席；若院长缺席时,由参议院临时院长代理。

大总统受弹劾时,大理院院长得规定日期召集国民会议,并为该会之主席。

国民会议主席无投票权。但赞否人数相等时,得加入表决。

第一百三条　国民会议应组织指导委员会(Committee on Rules and Committee),由各省代表团选出一人组织之。委员会自选会长得制定规程及任命委员之权。

第一百四条　国民会议之程序、特权及岁俸,概与众议院同。但国民会议另有规定者不在此例。其会议期间以三个月为限；如遇有延长之必要时,经全体会员四分三之表决,得延长之。但至长不得再过三个月。

第一百五条　凡得国民会议三分二之投票者即由主席宣布为大总统,大总统得重选连任。若无人得法定三分二之票,则就两次投票所得最多数之二名决选,以得票大多数当选。

第一百六条　副总统选举在大总统选出后同时举行,其方法与选举大总统同。

第一百七条　国民会议选举或表决应用无记名投票法(The Australian Secret Ballot System)。

第八章　省

第一百八条　省有省长,由大总统任命之,其任期与大总统同。

第一百九条　省长代表大总统为一省行政长官,时时接受大总统委托之职务。

第一百十条　省长缺位或抱病或丧失能力时,大总统得任命代理省长行使省长之职权。

第一百十一条　省有行政会议,其会员即为省署各厅长,由省长呈请总统任命之。其任期与省长同。省长为行政会议主席。

第一百十二条　凡制定宪法时,省长所有各种权力、职务,在宪法制定后,仍宜付之省长。惟此种权利、职务,须在省议会有制定法规或单行法范围以内,而受本宪法所规定之限制。

第一百十三条　关于省会无有权力之一切事项,于必要时,省长得总统使命用总统名义行使之。

第一百十四条　省审计审查员(Provincial Comptroller and Auditor)副署省库一切付款之账据及审查全省及地方之账目,审计审查员由大总统得省议会之同意任命之。其在职中行为妥善,非依法或得其同意,不得处分、移调、减俸或免职。

省议会

第一百十五条　省设省议会。

第一百十六条　各县非得省议会全体议员三分二之表决及大总统之同意,国会各院三分二之表决不得变更;大总统非得两院三分二及省议会三分二之表决亦不得变更;国会非得各本院三分二之表决及大总统之同意,关系各省省议会全体议员三分二之表决亦不得变更。

第一百十七条　选举制度及方法均由省议会决定。但在省议会缺乏时,得由省长决定之。

第一百十八条　无论何人能选举省议员即有被选省议员之资

格,选举省议会选民之资格与选举国会众议院选民之资格同。

第一百十九条　举行选举时期由省长公告之,关于选举众议院议员之法律得适用于选举省议员。

第一百二十条　省议员同时不得为众议员或参议员。

第一百二十一条　省议员任期与众议员同。

第一百二十二条　省长得规定省议会开会之时期,省议会每年至少应开一次。

第一百二十三条　省议会议员互选议长一人,自定议事法规,由省长呈送大总统。若大总统无明文异议,即作为有法律效力。

第一百二十四条　省议员得享受众议员第四十三条、第四十四条、第四十五条及第四十八条之特权。

省议会之权力

第一百二十五条　省议会按照宪法规定,及得大总统之同意,得制定下列各种法规(ordinances):

一　关于省用之租税。

二　得大总统之同意及按国会法律关于募集本省之内债。

三　按照国会法律施行教育之事项。

四　省公共事业之改进者。但铁路、海港等以及不在一省范围内者及受国会之限制者不在此例。

五　公共卫生、医院等之慈善事业。

六　省内农工商业。但以国会法律所定之范围为限。

七　公共财产之属于省者。

八　依法律管理地方政府。

九　为实施本条列举之法令而发生之罚款、刑罚或拘禁之事项。

十　依照大总统或国会法律办理警察。

十一　所有一切事件,在大总统认为在一省内仅关于地方或私人之性质者。

十二　其他国会依法委托省议会有立法规或单行法之事项。

第一百二十六条　省议会于不抵触宪法及国法范围内,得制定一切法规或单行法,于省内有效。

第一百二十七条　省议会不能制定之法令得向国会建议。

第一百二十八条　省议会制定法规或单行法于未实行以前,应咨达省长核准;如省长有异议时,得连同反对意见送还省议会,省议会重行讨论,若有三分二之表决时,该法规即为通过而有效。

第一百二十九条　省长对于省议会制定之法规,无论赞否,即经全体议员三分二之表决,均须呈送大总统核准。大总统于收到该法规后一月内应宣示其同意或否决或保留再考虑;此种所保留之案,大总统在提交日起算一年以内应公告其同意,否则无效。

第一百三十条　国会可随时取消省立法规或单行法。

第一百三十一条　凡法规或单行法得大总统批准及省长公布后,受本宪法及国法管理范围之下,即有效力。

第一百三十二条　在本宪制定时,其正当地方机关合法行使之一切职权,于依法改正或取消以前仍不失其效力。

省长与省议会之关系

第一百三十三条　省长及各厅厅长得提出任何法案出席于省议会。但无投票权。若为本会议员则不在此例。

第一百三十四条　省长得延长或解散省议会。但在一省会任期内不得为二次之解散。解散后二月内应召集新省议会。

第一百三十五条 省长每年预备预算案提交省议会,除由省长提议外,议员不得擅自提议岁出岁入,亦不得增加项目。若省会否决或表决预算时,省长得按照前年度预算或某种项目,每月以十二分之一支出。

第一百三十六条 取用省款,非依照预算案及得省长同意,及省审计审查员之副署,不得提用。但在省审计审查员未任命以前及省议会初次开会一月以前,省长可提用省款。

第一百三十七条 凡募集公债、增加租税,非得省议会同意及依照宪法或国会法律不得举行。

第一百三十八条 省长提交及报告每年用费审查后之结果于省议会。

第一百三十九条 省议会得以议员四分三之投票弹劾省长。但对于各厅长,得用三分二之投票弹劾之。省长及厅长被弹劾时,须辞职或解散省议会。

第一百四十条 省议会有查究省行政行为或其他事件之权。得以书面质问省长及其他行政官,请求报告事实及一切事项。但省长有正当理由另令办法者不在此限。

第九章 新省区及属地

第一百四十一条 国会受关系省省议会之请愿,得变更省区,或划分一省为数省以上,或合数省为一省。

第一百四十二条 国会依照规定之条件,得允许新省区加入中华民国版图。

第十章　宪法之修改、解释及效力

第一百四十三条　本宪法之修改由大总统提议，经各院或二院联席会三分二之表决，或各院或二院联席会议三分二表决之提议，得大总统之同意，并提交国民会议，经全体会员三分二之表决得修改之。

第一百四十四条　本宪法如有疑义时，由最高法院组织解释宪法会议解释之。

第一百四十五条　在本宪法制定时，现行之各种法律及法规未经法律变更或撤销者均不失其效力。

附　　录[*]

清室宪法之大纲（纲目由宪法起草之际定之）
光绪三十四年八月初一颁发

谨按君主立宪政体，君主有统治国家之大权。凡立法、行政、司法皆归总揽。而以议院协赞立法，以政府辅弼行政，以法院遵律司法。上自朝廷，下至臣庶，均守钦定宪法，以期永远率循，罔有逾越。谨本斯义恭拟如下：

君上之大权

一　大清皇帝统治大清帝国，万世一系，永永尊戴。

一　君上神圣尊严，不可侵犯。

一　钦定颁行法律及发交议案之权。（凡法律虽经议院议决而未奉诏令批准颁布者，不能见诸施行。）

一　召集、开闭、停展及解散议院之权。（解散之时，即令国民

---

[*]　附录中各法律文件为著者所辑，其内容与政府公布法律文件略有出入，编者依现有资料稍加整理。——编者注

重行选举新议员,其被解散之旧议员即与齐民无异;倘有抗违,量其情节以相当之法律处治。)

一 设官制禄及黜陟百司之权。(用人之权操之君上,而大臣辅弼之,议院不得干预。)

一 统帅陆海军及编定军制之权。(君上调遣全国军队,制定常备兵额,得以全权执行;凡一切军事,皆非议院所得干预。)

一 宣战、讲和、订立条约及派遣使臣与认受使臣之权。(国交之事由君上亲裁,不付议院之议决。)

一 宣告戒严之权。当紧急时,得以诏令限制臣民之自由。

一 爵赏及恩赦之权。(恩出自君上,非臣下所得擅专。)

一 总揽司法权。委任审判衙门,遵钦定法律行之,不以诏令随时更改。(司法之权操诸君上,审判官本由君上委任,代行司法;不以诏令随时更改者,案件关系至重,故必以已经钦定法律为准,免涉纷歧。)

一 发命令及使发命令之权。惟已定之法律,非交议院协赞,奏经钦定时,不以命令更改废止。(法律为君上实行司法权之用,命令为君上实行行政权之用,两权分立,故不以命令改废法律。)

一 在议院闭会时,遇有紧急之事,得发代法律之诏令,并得以诏令筹措必需之财用。惟至次年会期,须交议会协议。

一 皇室经费应由君上制定常额,自国库提支,议院不得置议。

一 皇室大典,应由君上督率皇族及特派大臣议定,议院不得干涉。

附臣民之权利义务

一　臣民中有合于法律命令所定资格者,得为文武官吏及议员。

一　臣民于法律范围以内,所有言论、著作、出版及集会、结社等事,均准其自由。

一　臣民非按照法律所定,不加以逮捕、监禁、处罚。

一　臣民可以请法官审判其呈诉之案件。

一　臣民应专受法律所定审判衙门之审判。

一　臣民之财产及居住,无故不得侵扰。

一　臣民按照法律所定,有纳税、当兵之义务。

一　臣民现完之赋税,非经新定之法律变更,悉仍照旧输纳。

一　臣民有遵守国家法律之义务。

满清十九信条

宣统三年九月十三日公布

第一条　大清帝国之皇帝万世不易。

第二条　皇帝神圣不可侵犯。

第三条　皇帝之权,以宪法规定为限。

第四条　皇帝承继之顺序,于宪法规定之。

第五条　宪法由资政院起草、议决,皇帝颁布之。

第六条　宪法改正提案权,属于国会。

第七条　上院议员,由国民于法定特别资格公选之。

第八条　总理大臣由国会公选,皇帝任命;其他国务大臣,由总理大臣推举,皇帝任命;皇族不得为总理大臣及其他国务大臣并各省行政长官。

第九条　总理大臣受国会弹劾时,非解散国会,即总理大臣辞职。但一次内阁,不得解散两次国会。

第十条　皇帝直接统帅海陆军。但对内使用时,须依国会议决之特别条件。

第十一条　不得以命令代法律;除紧急命令外,以执行法律及法律所委任者为限。

第十二条　国际条约,非经国会之议决,不得缔结。但宣战、媾和,不在国会开会期中者,由国会追认。

第十三条　官制官规,以法律定之。

第十四条　本年度之预算,未经国会议决,不得照前年度预算开支;又预算案内,不得有既定之岁出;预算案所无者,不得行非常财政之处分。

第十五条　皇室经费之制定及增减,依国会之议决。

第十六条　皇室大典不得与宪法相抵触。

第十七条　国务裁判机关由两院组织之。

第十八条　国会之议决事项,皇帝颁布之。

第十九条　第八、第九、第十、第十二、第十三、第十四、第十五、第十八各条,国会未开会以前,资政院适用之。

清帝退位旨

宣统三年十二月二十五日颁布

奉旨朕钦奉隆裕皇太后懿旨：

前因民军起事，各省响应，九夏沸腾，生灵涂炭，特命袁世凯遣员与民军代表讨论大局，议开国会，公决政体。两月以来，尚无确当办法。南北暌隔，彼此相持，商辍于途，士露于野，徒以国体一日不决，故民生一日不安。今全国人民心理，多倾向共和，南中各省既倡议于前，北方各将亦主张于后，人心所向，天命可知。予亦何忍以一姓之尊荣，拂兆民之好恶？是用外观大势，内审舆情，特率皇帝，将统治权公诸全国，定为共和立宪国体，近慰海内厌乱望治之心，远协古圣天下为公之义。袁世凯前经资政院选举为总理大臣，当兹新旧代谢之际，宜有南北统一之方，即由袁世凯以全权组织临时共和政府，与民军协商统一办法，总期人民安堵，海宇乂安，仍合满、汉、蒙、回、藏五族完全领土，为一大中华民国。予与皇帝得以退处宽闲，优游岁月，长受国民之优礼，亲见郅治之告成，岂不懿欤？钦此。

（二）

奉旨朕奉钦隆裕皇太后懿旨：

前以大局阽危，兆民困苦，特饬内阁与民军商酌优待皇室各条件，以期和平解决。兹据复奏，民军所开优礼条件，于宗庙陵寝永远奉祀，先皇陵制如旧妥修各节，均已一律担承。皇帝但卸权，不废尊号。并议定优待皇室八条，待遇皇族四条，待遇满、蒙、回、藏七条。览奏尚为周至。特行宣示皇族暨满、蒙、回、藏人等，此后务当化除畛域，共保治安，重睹世界之升平，胥享共和之幸福，予有厚望焉。钦此。

（三）

奉旨联奉隆裕皇太后懿旨：

　　古之君天下者，重在保全民命，不忍以养人者害人。现将新定国体，无非欲先弭大乱，期保乂安。若拂逆多数之民心，重启无穷之战祸，则大局决裂，残杀相寻，必演成种族之惨痛，将至九庙震惊，兆民荼毒，后祸何忍复言。两害相形，取其轻者。此正朝廷审时观变，恫瘝吾民之苦衷。凡尔京、外臣民，务当善体此意，为全局熟权利害，勿得挟虚矫之意气，逞偏激之空言，致国与民两受其害。著民政部、步军统领、姜桂题、冯国璋等，严密防范，剀切开导，俾皆晓然于朝廷应天顺人，大公无私之意。至国家设官分职，以为民极，内列阁、府、部、院，外建督、抚、司、道，所以康保群黎，非为一人一家而设。尔京、外大小各官，均宜慨念时艰，慎供职守。应即责成各长官敦切诫劝，勿旷厥官，用副予夙昔爱抚庶民之至意。钦此。

关于大清皇帝辞位后优待之条件

宣统三年十二月二十六日政府公报

第一款　大清皇帝辞位之后，尊号仍存不废，中华民国以待各外国君主之礼相待。

第二款　大清皇帝辞位之后，岁用四百万两，俟改铸新币后，改为四百万元，此款由中华民国拨用。

第三款　大清皇帝辞位之后，暂居宫禁，日后移居颐和园，侍卫人等照常留用。

第四款　大清皇帝辞位之后，其宗庙陵寝，永远奉祀，由中华民国酌设卫兵，妥为保护。

第五款　德宗崇陵未完工程，如制妥修，其奉安典礼，仍如旧制，所有实用经费，均由中华民国支出。

第六款　以前宫内所用各项执事人员，可照常留用，惟以后不得再招阉人。

第七款　大清皇帝辞位之后，其原有之私产，由中华民国特别保护。

第八款　原有之禁卫军，归中华民国陆军编制，额数俸饷，仍如其旧。

修正清室优待条件
中华民国十三年十一月五日

第一条　大清宣统帝从即日起永远废除皇帝尊号,与中华民国国民在法律上享有同等一切之权利。

第二条　自本条件修正后,民国政府每年补助清室家用五十万元,并特支出二百万元开办北京贫民工厂,优先收容旗籍贫民。

第三条　清室应按照原优待条件第三条,即日移出宫禁,以后得自由选择住居。但民国政府仍负保护之责。

第四条　清室之宗庙陵寝永远奉祀,由民国酌设卫兵妥为保护。

第五条　清室私产归清室完全享有,民国政府当为特别保护,其一切公产应归民国政府所有。

中华民国临时约法

中华民国元年三月十一日公布*

第一章 总纲

第一条 中华民国由中华人民组织之。

第二条 中华民国之主权,属于国民全体。

第三条 中华民国领土为二十二行省、内外蒙古、西藏、青海。

第四条 中华民国以参议院、临时大总统、国务员、法院行使其统治权。

第二章 人民

第五条 中华民国人民,一律平等,无种族、阶级、宗教之区别。

第六条 人民得享有以下各项目之自由权:

一 人民之身体,非依法律不得逮捕、拘禁、审问、处罚;

二 人民之家宅,非依法律,不得侵入或搜索;

三 人民有保有财产及营业之自由;

四 人民有言论、著作、刊行及集会、结社之自由;

---

* 原书此处为"元年三月十五日临时大总统令 三月十五日政府公报",疑误。——编者注

五　人民有书信秘密之自由；

六　人民有居住迁徙之自由；

七　人民有信教之自由。

第七条　人民有请愿于议会之权。

第八条　人民有陈诉于行政官署之权。

第九条　人民有诉讼于法院受其审判之权。

第十条　人民对于官吏违法损害权利之行为,有陈诉于平政院之权。

第十一条　人民有应任官考试之权。

第十二条　人民有选举及被选举之权。

第十三条　人民依法律有纳税之义务。

第十四条　人民依法律有服兵役之义务。

第十五条　本章所载人民之权利,有认为增进公益、维持治安或非常紧急必要时,得依法律限制之。

第三章　参议院

第十六条　中华民国之立法权,以参议院行之。

第十七条　参议院以第十八条所定各地方选派之参议员组织之。

第十八条　参议员以每行省、内蒙古、外蒙古、西藏各选派五人,青海选派一人；其选派方法,由各地方自定之。参议院会议时,每参议员有一表决权。

第十九条　参议院之职权如下：

一　议决一切法律案；

二　议决临时政府之预算、决算；

三　议决全国之税法、币制及度量衡之准则；

四　议决公债之募集及国库有负担之契约；

五　承诺第三十四条、三十五条、四十条事件；

六　答复临时政府咨询事件；

七　受理人民之请愿；

八　得以关于法律及其他事件之意见建议于政府；

九　得提出质问书于国务员，并要求其出席答复；

十　得咨请临时政府查办官吏纳贿违法事件；

十一　参议院对于临时大总统认为有谋叛行为时，得以总员五分四以上之出席，出席员四分三以上之可决，弹劾之；

十二　参议院对于国务员认为失职或违法时，得以总员四分三以上之出席，出席员三分二以上之可决，弹劾之。

第二十条　参议院得自行集会、开会、闭会。

第二十一条　参议院之会议，须公开之。但有国务员之要求或出席参议员过半数之可决者，得秘密之。

第二十二条　参议院议决事件，咨由临时大总统公布施行。

第二十三条　临时大总统对于参议院议决事件，如否认时，得于咨达后十日内，声明理由，咨院复议。但参议院对于复议事件，如有到会参议员三分二以上仍执前议时，仍照第二十二条办理。

第二十四条　参议院议长由参议员用记名投票法互选之。以得票满投票总数之半者为当选。

第二十五条　参议院参议员于院内之言论及表决，对于院外不负责任。

第二十六条　参议院参议员，除现行犯及关于内乱外患之犯罪外，会期中非得本院许可，不得逮捕。

第二十七条　参议院法，由参议院自定之。

第二十八条　参议院以国会成立之日解散，其职权由国会行之。

第四章　临时大总统、副总统

第二十九条　临时大总统、副总统，由参议院选举之，以总员四分三以上出席，得票满投票总数三分二以上者，为当选。

第三十条　临时大总统代表临时政府，总揽政务，公布法律。

第三十一条　临时大总统，为执行法律或基于法律之委托，得发布命令，并得使发布之。

第三十二条　临时大总统统帅全国海陆军队。

第三十三条　临时大总统得制定官制官规。但须提交参议院议决。

第三十四条　临时大总统任免文武职员。但任命国务员及外交大使、公使，须得参议院之同意。

第三十五条　临时大总统经参议院之同意，得宣战、媾和及缔结条约。

第三十六条　临时大总统得依法宣告戒严。

第三十七条　临时大总统代表全国，接受外国之大使、公使。

第三十八条　临时大总统得提出法律案于参议院。

第三十九条　临时大总统得颁给勋章并其荣典。

第四十条　临时大总统得宣告大赦、特赦、减刑，复权。但大赦须经参议院之同意。

第四十一条　临时大总统受参议院弹劾后,由最高法院全院审判官互选九人,组织特别法庭审判之。

第四十二条　临时副总统于临时大总统因故去职或不能视事时,得代行其职权。

第五章　国务员

第四十三条　国务总理及各部总长,均称为国务员。

第四十四条　国务员辅佐临时大总统负其责任。

第四十五条　国务员于临时大总统提出法律案、公布法律及发布命令时,须副署之。

第四十六条　国务员及其委员得于参议院出席及发言。

第四十七条　国务员受参议院弹劾后,临时大总统应免其职。但得交参议院复议一次。

第六章　法院

第四十八条　法院以临时大总统及司法总长分别任命之法官组织之。

法院之编制及法官之资格以法律定之。

第四十九条　法院依法律审判民事诉讼及刑事诉讼。但关于行政诉讼及其他特别诉讼,别以法律定之。

第五十条　法院之审判,须公开之。但有认为妨害安宁秩序者,得秘密之。

第五十一条　法官独立审判,不受上级官厅之干涉。

第五十二条　法官在任中不得减俸或转职,非依法律受刑罚宣告或应免职之惩戒处分,不得解职。惩戒条规,以法律定之。

第七章　附则

第五十三条　本约法施行后,限十个月内由临时大总统召集国会。其国会之组织及选举法,由参议院定之。

第五十四条　中华民国之宪法,由国会制定。宪法未施行以前,本约法之效力与宪法等。

第五十五条　本约法由参议院议员三分二以上或临时大总统之提议,经参议员五分四以上之出席,出席员四分三之可决,得增修之。

第五十六条　本约法自公布日施行。

《临时政府组织大纲》,于本约法施行之日废止。

中华民国国会组织法

中华民国元年八月十日临时大总统令 八月十一日政府公报

第一条 民国会议于下列两院构成之：

参议院

众议院

第二条 参议院以下列各议员组织之。

（一）由各省省议会选出者，每省十名；

（二）由蒙古选举会选出者二十七名；

（三）由西藏选出者十名；

（四）由青海选出者三名；

（五）由中央学会选出者八名；

（六）由华侨选出者六名。

第三条 众议院以各地方人民所选举之议员组织之。

第四条 各省选出众议院议员之名额，依人口之多寡定之：每人口满八十万选出议员一名。但人口不满八百万之省，亦得选出议员十名。

人口总调查未毕以前，各省选出之名额如下：

直隶四十六名，奉天十六名，吉林十名，黑龙江十名，江苏四十名，安徽二十七名，江西三十五名，浙江三十八名，福建二十四名，湖北二十六名，湖南二十七名，山东三十三名，河南三十二名，山西二十八名，陕西二十一名，甘肃十四名，新疆十名，四川三十五名，广东三十名，广西十九名，云南二十二名，贵州十三名。

第五条　蒙古、西藏、青海选出众议院议员之名额如下：

蒙古二十七名,西藏十名,青海三名。

第六条　参议院议员任期六年,每二年改选三分之一。

第七条　众议院议员任期三年。

第八条　两院议长、副议长,各由本院议员互选之。

第九条　无论何人不得同时为两院议员。

第十条　民国议会之开会及闭会,两院同时行之。

第十一条　民国会议之会期为四个月。但依事情之必要,得延长之。

第十二条　民国议会之议事,两院各别行之。

同一议案不得同时提出于两院。

第十三条　民国议会之议定,以两院之一致成之。

一院否决之议案,不得于同会期内再行提出。

第十四条　民国宪法未定以前,临时约法所定参议院之职权,为民国议会之职权。但以下事项,两院各得专行之。

（一）建议；

（二）质问；

（三）查办官吏纳贿、违法之请求；

（四）政府咨询之答复；

（五）人民请愿之受理；

（六）议员逮捕之许可；

（七）院内法规之制定。

预算、决算,须先经众议院之议决。

第十五条　两院非各有总议员过半数之出席,不得开议。

第十六条　两院之议事,以出席议员过半数之同意决之。可否同数,取决于议长。

第十七条　临时约法第十九条第十一款、第十二款及第二十三条关于出席及议决员数之规定,于两院各准用之。

临时约法第二十一条之规定亦同。

第十八条　临时约法第二十五条、第二十六条关于参议院之规定,于两院议员各准用之。

第十九条　两院议员之岁费及其他公费,别以法律定之。

第二十条　民国宪法之起草,由两院各于议员内选出同数之委员行之。

第二十一条　民国宪法之议定,由两院会合行之。

前项会合时,以参议院议长为议长,众议院议长为副议长。非两院各有总议员三分二以上之出席不得开议;非出席员四分三以上之同意不得议决。

第二十二条　本法自公布日施行。

大总统选举法

中华民国二年十月五日大总统令　十月六日政府公报

第一条　中华民国人民，完全享有公权。年满四十以上并住居国内满十年以上者，得被选举为大总统。

第二条　大总统由国会议员组织总统选举会选举之。

前项选举，以选举人总数三分二以上之列席，用无记名投票行之。得票满投票人数四分三者为当选。但两次投票无人当选时，就第二次得票较多者二名决选之，以得票过投票人数之半者为当选。

第三条　大总统任期五年。如再被选，得连任一次。

大总统任满前三个月，国会议员须自行集会，组织总统选举会行次任大总统之选举。

第四条　大总统就职时，须为下列之宣誓：

余誓以至诚遵守宪法，执行大总统之职务。谨誓。

第五条　大总统缺位时，由副总统继任，至本任大总统任满之日止。

大总统因故不能执行职务时，以副总统代理之。

副总统同时缺位时，由国务院摄行其职务；同时，国会议员于三个月内，自行集会，组织总统选举会，行次任大总统之选举。

第六条　大总统应于任满之日解职。如届期次任大总统尚未选出，或选出后尚未就职，次任副总统亦不能代理时，由国务院摄行其职务。

第七条　副总统之选举,依选举大总统之规定,与大总统之选举同时行之。但副总统缺位时应补选之。

附则

大总统之职权,在宪法未制定以前,暂依临时约法关于临时大总统之规定。

中华民国约法

中华民国三年五月一日公布

第一章 国家

第一条 中华民国,由中华人民组织之。

第二条 中华民国之主权,本于国民之全体。

第三条 中华民国之领土,依从前帝国所有之疆域。

第二章 人民

第四条 中华民国人民,无种族、阶级、宗教之区别,法律上均为平等。

第五条 人民享有下列各款之自由权。

一 人民之身体,非依法律,不得逮捕、拘禁、审问、处罚;

二 人民之家宅,非依法律,不得侵入或搜索;

三 人民于法律范围内,有保有财产及营业之自由;

四 人民于法律范围内,有言论、著作、刊行及集会、结社之自由;

五 人民于法律范围内,有书信秘密之自由;

六 人民于法律范围内,有居住迁徙之自由;

七 人民于法律范围内,有信教之自由。

第六条 人民依法律所定,有请愿于立法院之权。

第七条　人民依法律所定,有诉讼于法院之权。

第八条　人民依法律所定,有诉愿于行政官署及陈诉于平政院之权。

第九条　人民依法令所定,有应任官考试及从事公务之权。

第十条　人民依法律所定,有选举及被选举之权。

第十一条　人民依法律所定,有纳税之义务。

第十二条　人民依法律所定,有服兵役之义务。

第十三条　本章之规定,与陆海军法令及纪律不相抵触者,军人适用之。

第三章　大总统

第十四条　大总统为国之元首,总揽统治权。

第十五条　大总统代表中华民国。

第十六条　大总统对国民之全体负责任。

第十七条　大总统召集立法院,宣告开会、停会、闭会。

大总统经参政院之同意,解散立法院。但须自解散之日起六个月内,选举新议员,并召集之。

第十八条　大总统提出法律案及预算案于立法院。

第十九条　大总统为增进公益,或执行法律,或基于法律之委任,发布命令,并得使发布之。但不得以命令变更法律。

第二十条　大总统为维持公安或防御非常灾害,事机紧急不能召集立法院时,经参政院之同意,得发布与法律有同等效力之教令。但须于次期立法院开会之始,请求追认。

前项教令,立法院否认时,嗣后即失其效力。

第二十一条　大总统制定官制官规。大总统任免文武职官。

第二十二条　大总统宣告开战、媾和。

第二十三条　大总统为陆海军大元帅,统帅全国陆海军。

大总统定陆海军之编制及兵额。

第二十四条　大总统接受外国大使、公使。

第二十五条　大总统缔结条约。但变更领土或增加人民负担之条款,须经立法院之同意。

第二十六条　大总统依法律宣告戒严。

第二十七条　大总统颁给爵位、勋章并其他荣典。

第二十八条　大总统宣告大赦、特赦、减刑、复权。但大赦须经立法院之同意。

第二十九条　大总统因故去职或不能视事时,副总统代行其职权。

第四章　立法

第三十条　立法以人民选举之议员,组织立法院行之。

立法院之组织及议员选举方法,由约法会议议决之。

第三十一条　立法院之职权如下：

一　议决法律；

二　议决预算；

三　议决或承诺关于公债募集及国库负担之条件；

四　答复大总统咨询事件；

五　收受人民请愿事件；

六　提出法律案；

七　提出关于法律及其他事件之意见,建议于大总统;

八　提出关于政治上之疑义,要求大总统答复。但大总统认为须秘密者,得不答复之;

九　对于大总统有谋叛行为时,以总议员五分四以上之出席,出席议员四分三以上之可决,提出弹劾之,诉讼于大理院。

前项第一款至第八款及第二十条、第二十五条、第二十八条、第五十五条、第五十七条事件,其表决以出席议员过半数之同意行之。

第三十二条　立法院每年召集之会期,以四个月为限。但大总统认为必要时,得延长其会期,并得于闭会期内召集临时会。

第三十三条　立法院之会议,须公开之。但经大总统之要求或出席议员过半数之可决时,得秘密之。

第三十四条　立法院议决之法律案,由大总统公布施行。

立法院议决之法律案,大总统否认时,得声明理由,交院复议;如立法院出席议员三分二以上仍执前议,而大总统认为于内治外交有重大危害或执行有重大障碍时,经参政院之同意,得不公布之。

第三十五条　立法院议长、副议长,由议员互选之,以得票过投票总数之半者为当选。

第三十六条　立法院议员于院内之言论及表决,对于院外不负责任。

第三十七条　立法院议员,除现行犯及关于内乱外患之犯罪外,会期中非经立法院许可,不得逮捕。

第三十八条　立法院法,由立法院自定之。

第五章　行政

第三十九条　行政以大总统为首长,置国务员一人赞襄之。

第四十条　行政事务置外交、内务、财政、陆军、海军、司法、教育、农、商、交通各部分掌之。

第四十一条　各部总长依法律、命令,执行主管行政事务。

第四十二条　国务卿、各部总长及特派员,代表大总统出席立法院发言。

第四十三条　国务卿、各部总长有违法行为时,受肃政厅之纠弹及平政院之审理。

第六章　司法

第四十四条　司法以大总统任命之,法官组织法院行之。

法院之编制及法官之资格,以法律定之。

第四十五条　法院依法律独立审判民事诉讼、刑事诉讼。但关于行政诉讼及其他特别诉讼,各依其本法之规定行之。

第四十六条　大理院对于第三十一条第九款之弹劾事件,其审判程序,别以法律定之。

第四十七条　法院之审判,须公开之。但认为有妨害安宁秩序或善良风俗者,得秘密之。

第四十八条　法官在任中不得减俸或转职;非依法律受刑罚之宣告或应免职之惩戒处分,不得解职。

惩戒条规,以法律定之。

第七章 参政院

第四十九条 参政院应大总统之咨询,审议重要政务。

参政院之组织,由约法会议议决之。

第八章 会计

第五十条 新课租税及变更税率,以法律定之。

现行租税未经法律变更者,仍旧征收。

第五十一条 国家岁出岁入,每年度依立法院所议决之预算行之。

第五十二条 因特别事件,得于预算内预定年限,设继续费。

第五十三条 为备预算不足或于预算以外之支出,须于预算内设预备费。

第五十四条 下列各项之支出,非经大总统之同意,不得废除或裁减之:

一 法律上属于国家之义务者;

二 法律之规定所必需者;

三 履行条约所必需者;

四 陆海军编制所必需者。

第五十五条 为国际战争或戡定内乱,及其他非常事变,不能召集立法院时,大总统经参政院之同意,得为财政紧急处分。但须于次期立法院开会之始,请求追认。

第五十六条 预算不成立时,执行前年度预算;会计年度既开始,预算尚未议定时亦同。

第五十七条　国家之岁出岁入之决算,每年经审计院审定后,由大总统提出报告书于立法院,请求承诺。

第五十八条　审计院之编制,由约法会议议决之。

第九章　制定宪法程序

第五十九条　中华民国宪法案,由宪法起草委员会起草。

宪法起草委员会,以参政院所推举之委员组织之,其人数以十名为限。

第六十条　中华民国宪法案,由参政院审定之。

第六十一条　中华民国宪法案,经参政院审定后,由大总统提出于国民会议决定之。

国民会议之组织,由约法会议议决之。

第六十二条　国民会议,由大总统召集并解散之。

第六十三条　中华民国宪法,由大总统公布之。

第十章　附则

第六十四条　中华民国宪法未施行以前,本约法之效力与宪法等。

约法施行前之现行法令与本约法不相抵触者,保有其效力。

第六十五条　中华民国元年二月十二日所宣布之大清皇帝辞位后优待条件、清皇族待遇条件、满蒙回藏各族待遇条件,永不变更其效力。

其与待遇条件有关系之蒙古待遇条件,仍继续保有其效力;非依法律,不得变更之。

第六十六条　本约法由立法院议员三分二以上或大总统提议增修,经立法院议员五分四以上之出席,出席员四分三以上之可决时,由大总统召集约法会议增修之。

第六十七条　立法院未成立以前,以参政院代行其职权。

第六十八条　本约法自公布之日施行。民国元年三月十一日公布之临时约法,于本约法施行之日废止。

中华民国宪法

中华民国十二年十月十日公布

中华民国宪法会议,为发扬国光,巩固国圉,增进社会福利,拥护人道尊严,制兹宪法,宣布全国,永矢咸遵,垂之无极。

第一章 国体

第一条 中华民国永远为统一民主国。

第二章 主权

第二条 中华民国主权,属于国民全体。

第三章 国土

第三条 中华民国国土,依其固有之疆域。
国土及其区划,非以法律,不得变更之。

第四章 国民

第四条 凡依法律所定,属中华民国国籍者,为中华民国人民。

第五条　中华民国人民,于法律上无种族、阶级、宗教之别,均为平等。

第六条　中华民国人民,非依法律,不受逮捕、拘禁、审问或处罚。

人民被羁押时,得依法律,以保护状请求法院提至法庭审查其理由。

第七条　中华民国人民之住居,非依法律,不得侵入或搜索。

第八条　中华民国人民通信之秘密,非依法律,不受侵犯。

第九条　中华民国人民有选择住居及职业之自由,非依法律,不受制限。

第十条　中华民国人民有集会、结社之自由,非依法律,不受制限。

第十一条　中华民国人民有言论、著作及刊行之自由,非依法律,不受制限。

第十二条　中华民国人民有尊崇孔子及信仰宗教之自由,非依法律,不受制限。

第十三条　中华民国人民之财产所有权,不受侵犯。但公益上必要之处分,依法律之所定。

第十四条　中华民国人民之自由权,除本章规定外,凡无背于宪政原则者,皆承认之。

第十五条　中华民国人民依法律有诉讼于法院之权。

第十六条　中华民国人民依法律有请愿及陈诉之权。

第十七条　中华民国人民依法律有选举权及被选举权。

第十八条　中华民国人民依法律有从事公职之权。

第十九条　中华民国人民依法律有纳租税之义务。

第二十条　中华民国人民依法律有服兵役之义务。

第二十一条　中华民国人民依法律有受初等教育之义务。

第五章　国权

第二十二条　中华民国之国权,属于国家事项,依本宪法之规定行使之;属于地方事项,依本宪法及各省自制法之规定行使之。

第二十三条　下列事项,由国家立法并执行之:

一　外交;

二　国防;

三　国籍法;

四　刑事、民事及商事之法律;

五　监狱制度;

六　度量衡;

七　币制及国立银行;

八　关税、盐税、印花税、烟酒税、其他消费税及全国税率,应行划一之租税;

九　邮政、电报及航空;

十　国有铁道及国道;

十一　国有财产;

十二　国债;

十三　专卖及特许;

十四　国家文武官吏之铨试、任用、纠察及保障;

十五　其他依本宪法所定,属于国家之事项。

第二十四条　下列事项,由国家立法并执行,或令地方执行之：

一　农、工、矿业及森林；

二　学制；

三　银行及交易所制度；

四　航政及沿海渔业；

五　两省以上之水利及河道；

六　市制通则；

七　公用征收；

八　全国户口调查及统计；

九　移民及垦殖；

十　警察制度；

十一　公共卫生；

十二　救恤及游民管理；

十三　有关文化之古籍、古物及古迹之保存。

上列各款，省于不抵触国家法律范围内，得制定单行法。

本条所列第一、第四、第十、第十一、第十二、第十三各款，在国家未立法以前，省得行使其立法权。

第二十五条　下列事项，由省立法并执行，或令县执行之：

一　省教育、实业及交通；

二　省财产之经营处分；

三　省市政；

四　省水利及工程；

五　田赋、契税及其他省税；

六　省债；

七　省银行；

八　省警察及保安事项；

九　省慈善及公益事项；

十　下级自治；

十一　其他依国家法律赋予事项。

前项所定之款,有涉及二省以上者,除法律别有规定外,得共同办理。其经费不足时,经国会议决,由国库补助之。

第二十六条　除第二十三条、第二十四条、第二十五条列举事项外,如有未列举事项发生时,其性质关系国家者,属之国家,关系各省者,属之各省；遇有争议,由最高法院裁决之。

第二十七条　国家对于各省课税之种类及其征收之方法,为免下列诸弊,或因维持公共利益之必要时,得以法律限制之：

一　妨害国家收入或通商；

二　二重课税；

三　对于公共道路或其他交通设施之利用,课以过重或妨碍交通之规费。

四　各省及各地方间,因保护其产物,对于输入商品,为不利益之课税。

五　各省及各地方间,物品通过之课税。

第二十八条　省法律与国家法律抵触者无效。

省法律与国家法律发生抵触之疑义时,由最高法院解释之。

前项解释之规定,于省自治法抵触国家法律时,得适用之。

第二十九条　国家预算不敷,或因财政紧急处分,经国会议决,得比较各省岁收额数,用累进率分配其负担。

第三十条　财力不足或遇非常灾变之地方,经国会议决,得由国库补助之。

第三十一条　省与省争议事件,由参议院裁决之。

第三十二条　国军之组织,以义务民兵制为基础。各省除执行兵役法所规定之事项外,平时不负其他军事上之义务。

义务民兵依全国征募区,分期召集训练之。但常备军之驻在地,以国防地带为限。

国家军备费,不得逾岁出四分一。但对外战争时,不在此限。

国军之额数,由国会议定之。

第三十三条　省不得缔结有关政治之盟约。

省不得有妨害他省或其他地方利益之行为。

第三十四条　省不得自置常备军,并不得设立军官学校及军械制造厂。

第三十五条　省因不履行国法上之义务,经政府告诫,仍不服从者,得以国家权力强制之。

前项之处置,经国会否认时,应中止之。

第三十六条　省有以武力相侵犯者,政府得依前条之规定制止之。

第三十七条　国体发生变动或宪法上根本组织被破坏时,省应联合维持宪法上规定之组织,至原状回复为止。

第三十八条　本章关于省之规定,未设省已设县之地方均适用之。

第六章　国会

第三十九条　中华民国之立法权,由国会行之。

第四十条　国会以参议院、众议院构成之。

第四十一条　参议院以法定最高级地方议会及其他选举团体选出之议员组织之。

第四十二条　众议院以各选举区比例人口选出之议员组织之。

第四十三条　两院议员之选举,以法律定之。

第四十四条　无论何人,不得同时为两院议员。

第四十五条　两院议员不得兼任文武官吏。

第四十六条　两院议员之资格,各院得自行审定之。

第四十七条　参议院议员任期六年,每二年改选三分之一。

第四十八条　众议院议员任期三年。

第四十九条　第四十七条、第四十八条议员之职务,应俟次届选举完成,依法开会之前一日解除之。

第五十条　两院各设议长、副议长一人,由两院议员互选之。

第五十一条　国会自行集会、开会、闭会。但临时会于有下列情事之一时行之:

一　两院议员各有三分一以上之联名通告;

二　大总统之牒集。

第五十二条　国会常会于每年八月一日开会。

第五十三条　国会常会会期为四个月;得延长之。但不得逾常会会期。

第五十四条　国会之开会、闭会,两院同时行之。

一院停会时,他院同时休会。

众议院解散时,参议院同时休会。

第五十五条　国会之议事,两院各别行之。

同一议案,不得同时提出于两院。

第五十六条　两院非各有议员总数过半数之列席,不得开议。

第五十七条　两院之议事,以列席议员过半数之同意决之;可否同数,取决于议长。

第五十八条　国会之议定,以两院之一致成之。

第五十九条　两院之议事,公开之。但得依政府之请求或院议,秘密之。

第六十条　众议院认大总统、副总统有谋叛行为时,得以议员总数三分二以上之列席,列席员三分二以上之同意弹劾之。

第六十一条　众议院认国务员有违法行为时,得以列席员三分二以上之同意弹劾之。

第六十二条　众议院对于国务员得为不信任之决议。

第六十三条　参议院审判被弹劾之大总统、副总统及国务员。

前项审判,非以列席员三分二以上之同意,不得判决为有罪或违法。

判决大总统、副总统有罪时,应黜其职;其罪之处刑,由最高法院定之。

判决国务员违法时,应黜其职,并得夺其公权;如有余罪,付法院审判之。

第六十四条　两院对于官吏违法或失职行为,各得咨请政府查办之。

第六十五条　两院各得建议于政府。

第六十六条　两院各得受理国民之请愿。

第六十七条　两院议员得提出质问书于国务员,或请求其到院质问之。

第六十八条　两院议员于院内之言论及表决,对于院外不负责任。

第六十九条　两院议员在会期中,除现行犯外,非得各本院许可,不得逮捕或监视。

两院议员,因现行犯被逮捕时,政府应即将理由报告于各本院。但各本院得以院议,要求于会期内暂行停止诉讼之进行,将被捕议员交回各本院。

第七十条　两院议员之岁费及其他公费,以法律定之。

第七章　大总统

第七十一条　中华民国之行政权,由大总统以国务员之赞襄行之。

第七十二条　中华民国人民,完全享有公权,年满四十岁以上,并居住国内满十年以上者,得被选举为大总统。

(自第七十二条至第七十八条,业于中华民国二年十月四日宣布。)

第七十三条　大总统由国会议员组织总统选举会选举之。

前项选举,以选举人总数三分二以上之列席,用无记名投票行之,得票满投票人数四分三者为当选。但两次投票无人当选时,就第二次得票较多者二名决选之,以得票过投票人数之半者为当选。

第七十四条　大总统任期五年。如再被选,得连任一次。

大总统任满前三个月,国会议员须自行集会,组织总统选举会,行次任大总统之选举。

第七十五条　大总统就职时,须为以下之宣誓:

余誓以至诚遵守宪法,执行大总统之职务。谨誓。

第七十六条　大总统缺位时,由副总统继任,至本任大总统期满之日止。

大总统因故不能执行职务时,以副总统代理之。

副总统同时缺位,由国务院摄行其职务。同时,国会议员于三个月内自行集会,组织总统选举会,行次任大总统之选举。

第七十七条　大总统应于任满之日解职。如届期次任大总统尚未选出,或选出后尚未就职,次任副总统亦不能代理时,由国务院摄行其职务。

第七十八条　副总统之选举,依选举大总统之规定,与大总统之选举同时行之。但副总统缺位时,应补选之。

第七十九条　大总统公布法律,并监督确保其执行。

第八十条　大总统为执行法律或依法律之委任,得发布命令。

第八十一条　大总统任免文武官吏。但宪法及法律有特别规定者,依其规定。

第八十二条　大总统为民国陆海军大元帅,统帅陆海军。陆海军之编制,以法律定之。

第八十三条　大总统对于外国为民国之代表。

第八十四条　大总统经国会之同意,得宣战。但防御外国攻击时,得于宣战后请求国会追认。

第八十五条　大总统缔结条约。但媾和及关系立法事项之条约,非经国会同意,不生效力。

第八十六条　大总统依法律得宣告戒严。但国会认为无戒严之必要时,应即为解严之宣告。

第八十七条　大总统经最高法院之同意,得宣告免刑、减刑及复权。但对于弹劾事件之判决,非经参议院同意,不得为复权之宣告。

第八十八条　大总统得停止众议院或参议院之会议。但每一会期停会不得逾二次；每次期间，不得逾十日。

第八十九条　大总统于国务员受不信任之决议时，非免国务员之职，即解散众议院。但解散众议院，须经参议院之同意。

原国务员在职中或同一会期，不得为第二次之解散。

大总统解散众议院时，应即令行选举，于五个月内定期继续开会。

第九十条　大总统除叛逆罪外，非解职后，不受刑事上之诉究。

第九十一条　大总统、副总统之岁俸，以法律定之。

第八章　国务院

第九十二条　国务院以国务员组织之。

第九十三条　国务总理及各部总长均为国务员。

第九十四条　国务总理之任命，须经众议院之同意。

国务总理于国会闭会期内出缺时，大总统得为署理之任命。但继任之国务总理，须于次期国会开会后七日内提出众议院同意。

第九十五条　国务员赞襄大总统，对于众议院负责任。

大总统所发命令及其他关系国务之文书，非经国务员之副署，不生效力。但任免国务总理不在此限。

第九十六条　国务员得于两院列席及发言。但为说明政府提案时，得以委员代理。

第九章　法院

第九十七条　中华民国之司法权,由法院行之。

第九十八条　法院之编制及法官之资格,以法律定之。

最高法院院长之任命,须经参议院之同意。

第九十九条　法院依法律受理民事、刑事、行政及其他一切诉讼。但宪法及法律有特别规定者,不在此限。

第一百条　法院之审判,公开之。但认为妨害公交或有关风化者,得秘密之。

第一百一条　法官独立审判,无论何人,不得干涉之。

第一百二条　法官在任中,非依法律,不得减俸、停职或转职。

法官在任中,非受刑法宣告或惩戒处分,不得免职。但改定法院编制及法官资格时,不在此限。

法官之惩戒处分,以法律定之。

第十章　法律

第一百三条　两院议员及政府,各得提出法律案。但经一院否决者,于同一会期,不得再行提出。

第一百四条　国会议定之法律案,大总统须于送达后十五日内公布之。

第一百五条　国会议定之法律案,大总统如有异议时,得于公布期内声明理由,请求国会复议。如两院仍执前议时,应即公布之。

未经请求复议之法律案,逾公布期限,即成为法律。但公布期满,在国会闭会或众议院解散后者,不在此限。

第一百六条　法律非以法律,不得变更或废止之。

第一百七条　国会议定之决议案交复议时,适用法律案之规定。

第一百八条　法律与宪法抵触者无效。

第十一章　会计

第一百九条　新课租税及变更税率,以法律定之。

第一百十条　募集国债及缔结增加国库负担之契约,须经国会议定。

第一百十一条　凡直接有关国民负担之财政案,众议院有先议权。

第一百十二条　国家岁出岁入,每年由政府编成预算案,于国会开会后十五日内,先提出于众议院。

参议院对于众议院议决之预算案修正或否决时,须求众议院之同意,如不得同意,原议决案即成为预算。

第一百十三条　政府因特别事业,得于预算案内预定年限,设继续费。

第一百十四条　政府为备预算不足或预算所未及,得于预算案内设预备费。预备费之支出,须于次会期请求众议院追认。

第一百十五条　下列各款支出,非经政府同意,国会不得废除或削减之:

一　法律上属于国家之义务者;

二　履行条约所必需品者;

三　法律之规定所必需品者；

四　继续费。

第一百十六条　国会对于预算案，不得为岁出之增加。

第一百十七条　会计年度开始，预算未成立时，政府每月依前年度预算十二分之一施行。

第一百十八条　为对外防御战争或戡定内乱，救济非常灾变，时机紧急，不能牒集国会时，政府得为财政紧急处分。但须于次期国会开会后七日内，请求众议院追认。

第一百十九条　国家岁出之支付命令，须先经审计院之核准。

第一百二十条　国家岁出岁入决算案，每年经审计院审定，由政府报告于国会。众议院对于决算案或追认案否认时，国务员应负其责。

第一百二十一条　审计院之组织及审计员之资格，以法律定之。

审计员在任中，非依法律，不得减俸、停职或转职。

审计员之惩戒处分，以法律定之。

第一百二十二条　审计院院长，由参议院选举之。

审计院院长关于决算报告，得于两院列席及发言。

第一百二十三条　国会议定之预算及追认案，大总统应于送达后公布之。

第十二章　地方制度

第一百二十四条　地方划分为省、县两级。

第一百二十五条　省依本宪法第五章第二十二条之规定，得自制定省自治法。但不得与本宪法及国家法律相抵触。

第一百二十六条　省自治法，由省议会、县议会及全省各法定之职业团体选出之代表，组织省自治法会议制定之。

前项代表，除由县议会各选出一人外，由省议会选出者，不得逾由县议会所选出代表总额之半数；其由各法定之职业团体选出者亦同。但由省议会、县议会选出之代表，不以各该议会之议员为限。其选举法由省法律定之。

第一百二十七条　以下各规定，各省俱适用之：

一　省设省议会，为单一制之代议机关；其议员依直接选举方法选出之。

二　省设省务院，执行省自治行政，以省民直接选举之省务员五人至九人组织之；任期四年。在未能直接选举以前，得适用前条之规定，组织选举会选举之。但现役军人，非解职一年后，不得被选。

三　省务院设院长一人，由省务员互选之。

四　住居省内一年以上之中华民国人民，于省之法律上一律平等，完全享有公民权利。

第一百二十八条　以下各规定，各县俱适用之：

一　县设县议会，于县以内之自治事项，有立法权。

二　县设县长，由县民直接选举之；依县参事会之赞襄，执行县自治行政。但司法尚未独立及下级自治尚未完成以前，不适用之。

三　县于负担省税总额内有保留权。但不得逾总额十分之四。

四　县有财产及自治经费，省政府不得处分之。

五　县因天灾事变或自治经费不足时，得请求省务院，经省议会议决，由省库补助之。

六　县有奉行国家法令及省法令之义务。

第一百二十九条　省税与县税之划分,由省议会议决之。

第一百三十条　省不得对于一县或数县施行特别法律。但关系一省共同利害者,不在此限。

第一百三十一条　县之自治事项,有完全执行权;除省法律规定惩戒处分外,省不得干涉之。

第一百三十二条　省及县以内之国家行政,除由国家分置官吏执行外,得委任省、县自治机关执行之。

第一百三十三条　省、县自治行政机关,执行国家行政有违背法令时,国家得依法律之规定惩戒之。

第一百三十四条　未设省已设县之地方,适用本章之规定。

第一百三十五条　内外蒙古、西藏、青海,因地方人民公意,得划分为省、县两级,适用本章各规定。但未设省、县以前,其行政制度,以法律定之。

第十三章　宪法之修正、解释及效力

第一百三十六条　国会得为修正宪法之发议。

前项发议,非两院各有列席员三分二以上之同意,不得成立。

两院议员,非有各本院议员总额四分一以上之连署,不得为修正宪法之提议。

第一百三十七条　宪法之修正,由宪法会议行之。

第一百三十八条　国体不得为修正之议题。

第一百三十九条　宪法有疑义时,由宪法会议解释之。

第一百四十条　宪法会议,由国会议员组织之。

前项会议,非总员三分二以上之列席,不得开议,非列席员四分三以上之同意,不得议决。但关于疑义之解释,得以列席员三分二以上之同意决之。

第一百四十一条　宪法非依本章所规定之修正程序,无论经何种事变,永不失其效力。

中华民国临时政府制

中华民国十三年十一月二十四日公布

第一条　中华民国临时政府,以临时执政总揽军、民政务,统帅海陆军。

第二条　临时执政对于外国为中华民国之代表。

第三条　临时政府设置国务员,赞襄临时执政处理国务。

临时政府之命令及关于国务之文书,由国务员副署。

第四条　临时执政命国务员分长外交、内务、财政、陆军、海军、司法、教育、农商、交通各部。

第五条　临时执政召集国务员开国务会议。

第六条　本制自公布之日施行,俟正式政府成立即行废止。

鲍明钤先生学术年表*

1894 年（光绪二十年）

3 月 19 日，出生于浙江余姚，号朝禧。

1906 年（光绪三十二年）

7 月，父亲去世。此后，靠母亲缝纫维持生活，先后在宁波和上海圣约翰学校读书。

1910 年（宣统二年）

考入北京清华学堂（今清华大学的前身）。

1913 年

清华学堂毕业。

1914 年

参加"庚子赔款"公费留学生考试，被录取，赴美国留学，英文名为 Mingchien Joshua Bau。

是年，入耶鲁大学经济系学习。求学期间，先后担任"全球俱乐部"（Cosmopolitan Club）主席、中国学生基督教学会主席、东部清华校友会（隶属中国学生俱乐部）主席。

---

* 本年表由王平原撰写。在相关资料搜集中得到鲍明钤先生的家人鲍丽玲、毛树章之大力协助。

1918 年

获耶鲁大学经济学学士学位。

入哥伦比亚大学学习,同时于纽约协和神学院学习。

1919 年

获哥伦比亚大学硕士学位。

入耶鲁大学宗教学院学习。

1920 年

获耶鲁大学学士学位。

入霍普金斯大学学习政治学。

1921 年

获霍普金斯大学政治学博士学位。

是年,华盛顿会议召开,主要讨论第一次世界大战后远东和太平洋地区事务。针对此次会议,在由美国中国学生联盟编辑出版的《中国与华盛顿会议》第二期上发表"The Shantung Question"("山东问题")一文,并为收回山东、维护中国主权做了大量工作。

英文专著 *The Foreign Relations of China: A History and A Survey*(《中国对外关系:历史及概述》)由美国 Fleming H. Revell Company 出版。

任 *The China Advocate* 编辑。

1922 年

准备回国。于10月1日致信霍普金斯大学校长、导师古德诺(F. J. Goodnow),陈述其回国原因:"如果我只考虑自己的个人利益,我会选择一个获利更多和风险较小的职业,而不是去从事公众服务事业。但我已享受的非同寻常的特殊利益和我的道义感却推动我要走一条甘冒风险的道路。我相信,上帝和我国的人民不会让我失败。"

冬,回国。于南开大学教授政治学。

1923 年

英文著作 The Open Door Doctrine in Relation to China(《门户开放主义与中国的关系》)由美国纽约 Macmillan Company 出版。

英文著作 Modern Democracy in China 由上海商务印书馆出版;次年,经修订后,该书得以再版,并附以中文书名《中国民治主义》。

任北京师范大学英文系教授、主任,及北平大学法学院政治系教授、主任,至 1926 年。

1925 年

8 月,据 Modern Democracy in China 一书 1923 年版翻译而成的《中国民治论》由上海商务印书馆出版。

1927 年

7 月,赴美国檀香山出席第二届"太平洋国交讨论会"(The Institute of Pacific Relations)。讨论会系来自美国、中国、日本、加拿大、澳大利亚、新西兰等国家和地区的代表于 1925 年 7 月在檀香山成立的非官方组织,其宗旨为"研究太平洋各民族之状况,促进太平洋各国之邦交",每两年集会一次。本次会议前三天专门讨论涉华事项,重点为因国民革命军北伐而引起的中英冲突,作为中方代表,据理力争,并最终使英国调整对华政策。会议还讨论了列强强加给中国的领事总裁判权、关税以及上海公共租界等问题。

1928 年

英文著作 China and World Peace: Studies in Chinese International Relations(《中国与世界和平:中国国际关系的研究》)由美国 Fleming H. Revell Company 出版。

1929 年

10 月 23 日—11 月 9 日，赴日本京都出席第三届"太平洋国交讨论会"，该讨论会的主题为因张作霖之死以及"中东路事件"而激化的东北问题。提交专题论文"Relinquishment of Extraterritoriality in China"（"放弃在中国的治外法权"）及"Tariff Autonomy of China"（"中国关税自主问题"），并作为中方代表，就"中国治外法权撤废问题"、"取消租界与租借地"等与其他与会国家代表展开讨论，陈述列举了中国司法的进步，认为治外法权的存在依据已经丧失，其存在会损害中国主权，破坏中国司法，迫使大多数外国代表承认了领事裁判权原则上是错误的。

1930 年

10 月，将其回国后在各地、各校之二十九篇演讲收集整理，定名为《中国现代政治》，由北平大学法学院出版。

1931 年

10 月，出席在上海举行的第四届"太平洋国交讨论会"，提交两篇论文"Foreign Navigation in Chinese Waters"（"外国人在华沿岸及内河航行权问题"）及"The Status of Aliens in China"（"在华外侨之地位"）。

1932 年

赴马尼拉，任菲律宾大学教授。

1933—1936 年

回国，任东北大学政治学系教授。

1937 年

回北平。

"七七"事变后，被日本侵略者胁迫前往东北，始终拒绝就职于伪满洲国外交部。

1938 年

春,被逼任伪满洲国建国大学政治学教授。后称病辞职,回到北平。

1939—1945 年

拒绝与日本侵略者合作,以生病为名在家休养。

1946 年

6 月 10 日,与符定一、陈瑾昆一起赴延安考察。同月 16 日,在延安交际处与到访的中共中央法律问题研究委员会主任委员谢觉哉晤谈宪法,提出不很赞成草拟中的边区宪法规定法院院长民选及厅处长必是参议员,其建立预算审计制度的建议,得到谢觉哉的认可。

1947—1949 年

于朝阳大学、辅仁大学等校兼课。其间,因同情学生运动,曾一度被捕,后经亲属营救始出狱。

1952 年

全国高等院校院系调整,政治学专业被取消,英语课也为俄语课所取代,故赋闲在家。

1961 年

年底,病故,享年六十七岁。

时间虽过　原理犹存

——鲍明钤先生与《中国民治论》

徐　葵　熊先觉

这是一部尘封已久的著作,但它却没有因为岁月流逝而湮灭其思想的光芒。

本书的作者鲍明钤先生,不仅当今的一般读者颇为生疏,就是许多现在从事学术研究的人也对这位20世纪二三十年代曾在南开大学、北平大学和朝阳大学等多所大学讲授政治学以及担任过北京师范大学英文系主任、教授的学者知之甚少。事实上,先生弱冠之年便负笈美国,留学八载之后回到祖国,不惧官僚权贵的威逼,不受名誉待遇的利诱,一直从事着教学、著述等"公众服务事业"。作为学者,20世纪二三十年代,他的中英文著作《中国对外关系:历史及概述》(*The Foreign Relations of China: A History and A Survey*)、《门户开放主义与中国的关系》(*The Open Door Doctrine in Relation to China*)、《中国民治论》(*Modern Democracy in China*)、《中国与世界和平:中国国际关系的研究》(*China and World Peace: Studies in Chinese International Relations*)风行海内外,被当时很多学者奉为圭臬,中美两国的著名出版社争相出版并再版。作为一个爱国者,他努力运用自己的智识与影响力,争取国家权益,促进国家进步。他频频出现在"太平洋国交讨论会"等许多当时具有重大影响的国际学术交流活动中,竭尽全力地为收回山东主权、废除领事裁判权、保卫东三省等进行着斗争,举手投足,都是社会舆论追逐的热点。而他在北平大学、北京师范大学、朝阳大学任教时,更是筚路蓝缕,为这些学校的政治学、英美文学以及法学等学科的建立与发展做出了巨大贡献。作为20世纪40年代后期的朝阳大学学生,我们已无缘当面聆听先生的教诲,但可以肯定地说,先生也同样给予了我们许多恩惠。几十年后,重读先生这曾经被岁月遮蔽的著作,我们再次感受到了思想的力量。

一

自19世纪中叶开始,古老的中华帝国,如李鸿章所语,遭遇了"数千年未有之强敌",经历了"数千年未有之变局"。这一变局在八国联军攻入北京、清王朝被迫签订屈辱的《辛丑条约》而达到极致。

近代中国的出路何在？出路就在宪政民主。这是近代中国无数仁人志士经过长期探索而得出的结论。如果把宪政看作是以民主和法治为原则,以维护人权为目的,创立、实施、实现、发展宪法的过程的话,那么,近代中国的宪政早在"睁眼看世界的第一人"魏源于《海国图志》中介绍美国等"议事听讼,选官举贤,皆自下始"的政治法律制度时即已萌芽。其后,经过洪仁玕《资政新篇》的过渡,到19世纪70年代以后,王韬、郑观应等维新派人士著书立说,宣传西方宪政制度,认为设议院是西方各国富强的根源,也是中国变法自强的关键,把西方近代的民权思想向中国社会做了广泛推介。郑观应主张君主立宪的《盛世危言》一书于1894年刊出后,不但在当时引起朝野轰动,而且产生了深远影响,得到康有为、梁启超、孙中山乃至毛泽东等近现代著名人物的喜爱。1895年,经过明治维新的日本,在甲午战争中打败了中国这个古老的东方大国,并由此参与到西方列强对中国的瓜分狂潮之中。强烈的对比使更多的中国人对西方社会政治制度的功用有了更深刻的认识,从而积极行动起来,推动了1898年的维新变法运动。虽然这场自上而下的变革仅103天便宣告终结,但1900年八国联军攻占北京及义和团运动的失败,让统治集团中最顽固的统治者也不得不承认变法的必要性,由此拉开了变法新政的序幕。1904年日俄战争爆发,立宪政体的"小"日本打败了专制政体的"大"俄罗斯,更使立宪成为不可阻挡的热潮。当代有学者把1908年清王朝颁布《钦定宪法大纲》作为中国宪政运动的开端,实际上,《钦定宪法大纲》更应该算作近代中国宪政运动的第一个结果,或者说是近代中国宪政之树上还未成形即已掉落的"仔果"。

虽然辛亥革命诞生了崭新的共和国,但共和国并没有能够立即将中国救出水火。革命后的分裂割据、军阀混战不仅没有使国家强盛、国势重振,还加重了国家与民族存亡的危机。

此时,鲍明钤先生以其在美国深研的政治学、宪法学理论,结合辛亥革命后中国的复杂形势,写下了其著述中最为重要的一部著作——《中国民治论》,专门探讨中国的宪政问题。"吾国以君主独裁一旦而跃登共和宪政,岂但革命以后旋即陷于无良善政府状态,而军人专政也,内乱也,财政破产也,外国干涉与共管也,类皆足以使吾国陷于四面楚歌,而为世界各国历史上殆未曾有之危机。内睹国内此种情状,外感列强干涉吾国之事实,又恻乎全国无辜小民,以勤以忍,尤爱和平,而均陷于水深火热之中,吾人受良心之督促,能不思拯救之、指导之乎?"在这本书中,表达了他作为一个中国人对国家前途的忧虑,也表达了他想用其所学知识拯救自己积弱积贫的祖国的愿望。

二

《中国民治论》分为两部分,第一部分是研究近代中国的宪政历程与出现的诸多问题,探讨《临时约法》及其缺点,民国建立以来十余年宪政的教训,以及废督、制宪和救济危机等诸多急切需要解决的问题;第二部分则是从政治学、宪法学方面对内阁制与总统制、统一制与联邦制等诸多问题进行理论上的研究。第一部分主要是中国宪政的历史及经验教训等实践层面的展开,第二部分是第一部分的理论升华,完全着眼于对第一部分所提出的若干实际问题加以理论解答,理论与实践的结合最终体现在著述最后专章所列的中华民国宪法草案上。全书力求"不偏于理论及新试验之政制,而立于各国有长久历史的与中国近年来历史所表现的政治经验之上"。

虽然中华民国成立十余年后仍处于风雨飘摇之中,鲍明钤先生对其未来仍充满信心:"中国以其人民天然之才能、良好之意识,必为一共和国家!更数十年,政治娴熟,宪政精深,则必蔚然为大民主国而与西方民治国家遥相颉颃!"而要想成为一个成功的共和国,人民应有宪政知识与政治经验,应有政党来表达民众的意志、调和行政机关与立法机关之间的关系,以及在政治问题上领导和教育人民。他特别强调宪法道德与政治道德的重要性,把其作为共和国获得成功的又一个极其重要的基本条件。他指出,必须将多数派掌权和自我克制、少数派对多数派的服从、允许反对派存在以及遵守法律等政治与宪法道德规范灌输到人民的意识中去,尤其是国务活动家和政治家的意识中去;政党应有国家和人类的幸福高于政党利益的政治道德,如果没有这种政治道德,只顾一党之私利而置国事于不顾,必然会有灭亡的危险。几十年后,政治道德在中国被重新提及,再次证明了鲍氏论述的价值。而现在人们所讨论的"宪德"或宪政的德性,认为宪政的道德底线必须包括人民主权、宪法最高权威、权力制约、保障人权等原则,其基本精神,鲍明钤先生早已贯穿于《中国民治论》一书始终。

作为国家结构形式,统一制(Unitary System,今译单一制)与联邦制各有优劣,各个国家根据其不同的历史社会条件选择不同的结构形式,但放在20世纪初中华民国刚刚建立这一大的历史背景中来看,又和当时的政治形势紧密相关。推翻帝制后,联邦制得到了当时很多人的赞成。但随着形势的发展,推翻帝制后新涌现的地方军阀也出现了打着联邦制的旗号,拥兵一方,实际实行地方军阀割据的趋势。鲍明钤先生以其深厚的政治与宪法学识,分析统一制与联邦制的优劣后明确指出,中国人民有同一之种族、普遍之文字、一贯之法律,虽满、蒙、回、藏等民族略有不同,但于大局无太大妨碍。虽然当时的中国还面临着交通不便等困难,但他认为这可以通过建设铁路等得以弥补;各个地方的人民爱地方,但更爱国家,固不必以"爱地方之观念切"为理由实行联邦制;再者,联邦制采取中央与地方双重政府制度,中国财政支出也难以负担;更重要的是,中国只有建立起强固的中央政府才能攘内御外。他呼吁:"夫中国已由内乱破裂,其共和亦受热烈之洗礼而复生矣,则中国此后决不能再罹各省综合离异之祸,是以联邦制吾人极不愿其实现于中国。尔后制定宪法,若能于此点注意,则独立及内乱可以防止于无穷也。"

辛亥革命后,南北双方通过妥协达成了统一,孙中山把临时大总统的位置让给袁世凯,而袁世凯则接受《临时约法》。鲍明钤先生肯定这是中国宪政史上第一次重大妥协,但却根据政治学、宪法学原理明确指出,"中国的乱源"就是"南北讲和条件,一则承认袁世凯为临时大总统,一则承认'南方约法'为《中华民国临时约法》"。因为行政机关和立法机关需要相互协调,通常要求行政和立法机构的大部分成员具有相同的政治面目才能保证他们之间的和谐。而妥协后形成的是一种难以操作与不可调和的联合,《临时约法》又没有给出一个促使行政与立法之间实现和谐的机制,从而导致实践中两者之间的冲突和僵局无法消解。同时,《临时约法》把制定宪法的全部权力交给了立法机关,立法机关势必受到诱惑而不可阻挡地通过制定宪法把过多的权力集中于自身,而让行政机关的权力降低到弱小和次要的地位上去。单由立法机关或者单由行政部门制宪,权力的分配必然不公。因此,根据"主权在民"这一根本原则,鲍明钤认为,制宪权应由特设机关而不是由立法机关来行使,并专章对这个特设机关——国民会议,及其任务与组成等进行研究。

为了约束野心日益膨胀的袁世凯,国民党主导制定公布的《临时约法》改总统制为责任内阁制,由此导致了民国初期的总统制与责任内阁制之争:国民党主张责任内阁制,而北洋派则更倾向于总统制。尽管袁世凯因复辟帝制而暴亡后,北洋派也不得不接受内阁制,但在详细分析内阁制与总统制各自的优劣之后,鲍明钤先生得出了自己独到的结论:总统制是当时中国唯一所需的最好政体,至少远比内阁制更适合和更可行。他认为,如果存在一个由人民选举的强而干练的立法部门,有机警的公众舆论,并得到媒体、政党和公民武装的支持,必能强有力地克制和消除由总统制而产生君主政体的倾向。更值得注意的是,他设计的总统制已经不是传统意义上或经典意义上的美国式总统制,为克服传统总统制不能敏捷解决立法、行政两部门之间冲突的缺陷,鲍明钤设计的总统制赋予了总统以解散国会、诉诸选民的权力。也就是说,与经典的美国式总统制相比较,他理想中的总统制的行政机关权力更大、立法机关权力更小。几十年后,法国总统戴高乐主导制定的1958年法国《宪法》确立的"半总统制半议会制共和政体"也是一个行政机关权力相对加大、立法机关权力相对缩小的政体,而赋予总统解散议会的权力则是其中极为重要的一个方面。近几十年来,许多国家,尤其是一些国情较复杂的国家均采用了半总统制半议会制政体或类似的政体。世界宪政发展史从实践上证明了鲍氏论述的合理性。

对于国家的立法机关,鲍明钤先生认为,其真正的职责与任务并不在于制定法律。因为立法是一专门工作,需要专门学识,通过选举产生的全国代议士并不能胜任这一工作。在现代宪政运作中,政党实际上主导着立法。同时,立法机关的职责也不是干涉行政。采用合议制的立法机关也不适于干涉行政,因为行政机关需要行政首长指挥行事。立法机关的任务在于将立法与行政委托于具此立法与行政才能者之手,在于表达出人民的所欲所恶,在于批评行政部门以保护人民的利益,在于行使最后的监督权。"质言之,其真正之职务重在监督而不在统治;重在赞否政策而不在制定政策也。"

对民权的提倡与维护是鲍明钤先生著述的又一重大特色。他认为,讨论中国的宪政问题,必须讨论私权问题。他总结英国宪政的历史后得出结论:"私权之卫护及保留,为英国宪法制度之根本作用,实为一切宪法政府之根本的作用也。"他指出,有了英国等西方国家保护民权的经验作参考,"自可为中国造一最良之制度"。他建议,为保护私权,宪法除应首先概括规定"公民之生命、自由、财产,非经正当之法律程序不受侵夺,或取消其法律平等的保障"之外,为完全表示各种私权性质之需要,应具体一一列举生命、自由、财产等基本权利,并在最后还应概括规定人民依法所有之一切权利非依法不受剥夺,由此构成保护私权的宪法体系。正是对个人权利的重视,鲍明钤在各地的讲学与演讲中均把其作为重要内容。1930年,他将这些讲演汇集成《中国现代政治》一书时,仍强调:"人生自由、生命、财产,三者不可缺一。一国政府,应该保障其人民此三种大权。"

鲍明钤先生强调国民教育对于建立真正共和国的意义,认为:"民治国家,人民对于所有政事,皆负有莫大之责,而国家兴亡,亦惟全国人民是赖,此吾人今日谈民治学不可不从根本上彻底以研求民治国必须之要件也。不然,人民不明其所以尽责之方,而欲其拨乱反正,奠国家于磐石之安,不可得也。"正因为人民是民治国家的主人,"主人无相当之智识,而走卒奴隶未有不桀骜跋扈者也。以走卒奴隶而桀骜跋扈,反仆为主,国家尚堪称为民主乎"?因此,他把国民教育列为共和国建立的七大根本之首,并指出,国家所面临的政治问题的解决,无论是国会还是政府,最终都要诉诸于人民,以民众的舆论为基础;而如果民众没有健全的知识,就不可能产生代表民众的舆论。世界文明各国,教育都相当普及,英美国家,其每日报纸之发行动逾百万。与此形成鲜明对比的是,中国则仅数千或数万而已。"百人中受教育者不过一二十,而目不识丁者即居八九十;今试往乡村一考察,则尚不知吾国今日之政体为何如者,亦无怪十数年来干戈扰攘迄无宁日也!"亲身所见使得鲍明钤更强调政府亟宜设立公民教育,授人民普通政治智识,让国民知道其权责之所在,这样才会有新国民兴,才会有健全的舆论;同时,要给人民以参与政治之机会,使其有政治阅历,因此,像社会组织、学校活动及小规模政府监督之参政等,均应提倡与鼓励。

要建立一个真正统一的共和国,必须具备一定的物质经济条件。鲍明钤先生特别强调交通的改善。他认为,美国历史上之所以只有南北战争而没有东西战争,正是因为1850年建成的东西铁路,打破了横亘南北的密西西比河所形成的东西自然分界,使东西迅速融合而不需要通过战争来解决统一问题。以此作为借鉴,中国的统一必自交通始,而交通中最为重要的当是铁路的修建。构成中国南北东西动脉的粤汉路、川汉路等均应立即建设,早日完竣。"夫如是有最便之交通,则可缩各地于一点,而三千余万方里及四万万人民之民国乃有成功团体之望也。"他主张大规模裁军,以裁汰之兵作修路之用,一旦工程完竣,国家军队亦可减少,"如是一举两得,国家实受莫大之赐也"。

三

作为一名政治学和宪法学的研究者,鲍明钤先生希望通过自己的学识为祖国和人民服务,而不是谋取个人利益与权势。他先后拒绝日伪政府和国民党政府高官厚禄的诱惑,身体力行地推广和实践自己的宪政主张。1946年6月,他与符定一、陈瑾昆等访问延安时,仍然基于其研究而力陈己见。中共"五老"之一的谢觉哉还在其日记中记载了他专门去交际处与鲍明钤晤谈宪法之事:"鲍不甚赞成法院院长民选及厅处长必是参议员。理由:被选者虽众望所瞩,但未必是专家。"鲍明钤因接受交际处一双线袜而想到采买制度,提出要建立预算审计制度,谢觉哉对此也极表赞成。这些主张,均可在其几十年前所著《中国民治论》一书中找到相应的论述。

改革开放三十多年来,中国的宪政事业取得了很大成绩,然而,随着法治建设的深入,我们也正面临着很多深层次的问题。每到关键时刻,人类总是回望过去,从历史中获得希望与动力。于是,鲍明钤先生数十年前的著作《中国民治论》重新又回到了我们的视野中。时间虽过,原理犹存。我们在感谢具有很高学术眼光的出版者的同时,更应该从这本著作中汲取更多有益于当代中国法治建设的养料。